Friedrich von Bernhardi

Vom Kriege der Zukunft

Nach den Erfahrungen des Weltkrieges

Verlag
der
Wissenschaften

Friedrich von Bernhardi

Vom Kriege der Zukunft

Nach den Erfahrungen des Weltkrieges

ISBN/EAN: 9783957004802

Auflage: 1

Erscheinungsjahr: 2015

Erscheinungsort: Norderstedt, Deutschland

Hergestellt in Europa, USA, Kanada, Australien, Japan
Verlag der Wissenschaften in Hansebooks GmbH, Norderstedt

Cover: Horace Vernet "Schlacht bei Friedland"

Vom Kriege der Zukunft

Nach den Erfahrungen des Weltkrieges

Friedrich v. Bernhardi
General der Kavallerie z. D.

Berlin 1920 / Ernst Siegfried Mittler und Sohn

Vorwort.

Die nachfolgenden Blätter sind zum Teil schon während des Feldzuges selbst, zum Teil kurz darauf niedergeschrieben worden. Die Gedanken, die sie enthalten, stammen sämtlich aus dem Kriege. Das Buch verfolgte zunächst den Zweck, den Offizieren, die nicht in der Lage waren, den Krieg von zentraler Stelle aus zu sehen, einen Überblick über das Wesen des heutigen Kampfes zu gewähren, einen Rahmen, in den sie ihr besonderes Wissen hineinpassen könnten. Auch sollten Gesichtspunkte für die Weiterentwicklung der Armee gegeben werden.

Dieser Zweck ist jetzt vollkommen hinfällig geworden.

Ein großer Teil unseres herrlichen Offizierkorps liegt draußen auf den Schlachtfeldern; ein anderer ist durch Wunden und Krankheit gezwungen worden, seinen schönen Beruf zu verlassen; der Rest hat sich mit der Armee zugleich aufgelöst und sucht auf anderen Gebieten des Lebens sein mühseliges Fortkommen. So wird die Leserzahl aus diesen Kreisen eine geringe sein.

Aber noch mehr! Eine deutsche Armee gibt es überhaupt nicht mehr. Denn die wenigen Leute, die wir nach dem Friedensvertrage noch halten dürfen, können als solche nicht gelten. Unsere Kolonien sind dahin. Unsere Flotte ruht auf dem Grunde des Meeres. Es wäre ein Wahn, den Krieg jetzt, wenn auch nur theoretisch, vorbereiten zu wollen; denn es ist eine schiere Unmöglichkeit, ihn führen zu wollen; es wäre ein Verbrechen, ihn jetzt anzustreben, wo der Friede soeben geschlossen ist, wo alles darauf ankommt, unſer Volk wirtſchaftlich erſtarken zu laſſen. Zudem will unſere jetzige Regierung den Krieg überhaupt aus dem Völkerverkehr ausſchalten, und es unterliegt keinem Zweifel, daß es freudig zu begrüßen wäre, wenn dieſer Verſuch gelänge, ſofern Vorteil und Ehre des deutſchen Volkes dabei gewahrt werden könnten. Ob das gelingen wird, iſt eine andere Frage. Ich glaube nicht daran, wenn Deutſchland ſich nicht blindlings den umringenden Staaten unterwirft, und die menſchliche Natur ſich nicht vollkommen ändert. Immerhin ſoll der Verſuch dazu ungeſtört und unter möglichſt günſtigen Bedingungen vor ſich gehen, und es wäre unter dieſen Umſtänden falſch, auf einen kommenden Krieg hinzuweiſen.

Wenn ich trotz alledem die vorliegende Arbeit veröffentliche und auch einen Verleger gefunden habe, der die undankbare Aufgabe übernimmt, ſie für die Öffentlichkeit zu drucken, ſo verfolge ich damit einen doppelten Zweck. Zunächſt möchte ich zeigen, wie völlig unmöglich für das verarmte und gebrochene Deutſchland ein Krieg überhaupt iſt, d. h. ein Krieg auf moderner Grundlage. Zweitens aber iſt zu bedenken, daß das militärwiſſenſchaftliche Intereſſe am Weltkriege, der mit ſeinen Folgeerſcheinungen zweifellos eine neue Periode der Weltgeſchichte einleitet, ſehr bald und überall erwachen wird. Darum iſt es unſere Pflicht, rückblickend die wichtigen Lehren dieſes großen Kampfes, unter deſſen friſchem Eindrucke wir ſtehen, zuſammenzufaſſen und uns zu vergegenwärtigen, damit ſpätere Geſchlechter, wenn ſie dieſe Lehren brauchen ſollten, uns nicht unverantwortlicher Läſſigkeit und Saumſeligkeit zeihen. Dieſem theoretiſchen Bedürfnis ſoll dieſe Schrift entgegenkommen, dieſe Unmöglichkeit ſoll ſie predigen. Sie iſt alſo weit davon entfernt, den Krieg ſelbſt predigen zu wollen; ſie ſoll nur zeigen, daß wir das unter den obwaltenden Umständen nicht mehr können, und soll den Krieg lehren, den zu führen wir nicht mehr imstande sind.

Im übrigen wird meine Schrift zweifellos manche Lücken enthalten; es ist das nur natürlich, denn ich fuße im wesentlichen auf persönlicher Erfahrung, und die kann immer nur eine beschränkte sein. Ich werde jedem dankbar sein, der die vorstehenden Darlegungen zu ergänzen sich berufen fühlt.

Der Gebirgskrieg ist absichtlich nicht behandelt worden, weil ich ihn nicht selbst erlebt habe. Ich überlasse es einem Berufeneren, darüber zu schreiben. Nur so viel will ich hier aus dem, was ich erfahren habe, mitteilen: daß sich zweifellos viele Vergleichspunkte mit dem Stellungskriege in Frankreich finden lassen, daß daher das, was ich über diesen niederschrieb, vielfach auch auf jenen anwendbar ist.

Cunnersdorf, Februar 1920.

v. Bernhardi,

General der Kavallerie z. D.

Inhalt.

Einleitung.

Ich habe in meinem Buch „Vom heutigen Kriege", das im
Jahre 1911 erschienen ist*), darauf hingewiesen, daß
die großen grundlegenden Gesetze des Krieges zu allen Zeiten
und unter allen Umständen die gleichen sind, weil sie in der
Natur des Menschen und in dem Wesen der Kraftanwendung
wurzeln, daß aber seine Erscheinungsformen vielfach wechseln, je nach den staatlichen Einrichtungen und dem Kultur-
zustand der kämpfenden Völker, je nach den hierbei für den
Krieg verwendeten Mitteln. Auch diese äußeren Erscheinungsformen haben einen zwingenden Charakter und bringen
eine Gesetzmäßigkeit mit sich, jedoch nur eine solche, die sich
periodisch ändert mit den wechselnden Lebens- und Kampfbedingungen.

So bewegt sich die Kriegskunst zwischen bleibenden und
periodisch wechselnden, immer von neuem sich entwickelnden
Gesetzen und stellt nur innerhalb dieser Grenzen dem kriegerischen Handeln Erfolg in Aussicht.

Weder die bleibenden noch die periodischen Gesetze dürfen
straflos verletzt werden, und Aufgabe des Heerführers ist es,
das allgemein Gültige innerhalb der zeitlich beschränkten
Eigentümlichkeiten und Besonderheiten zu entscheidender Geltung zu bringen.

Gerade hierin aber liegt die Schwierigkeit, denn es besteht
dauernd die Gefahr, daß der Truppenführer das, was unter
gewissen gegebenen Verhältnissen gesetzmäßig und daher
gerechtfertigt war, immer noch als gültig und maßgebend

---

*) Im Verlage von E. S. Mittler & Sohn, Berlin.

betrachtet, auch wenn die bedingenden Verhältnisse sich bereits geändert haben, und daß er daher unter dem Zwange vorgefaßter Meinungen handelt, die ihn angesichts der veränderten Verhältnisse ins Verderben und in die Niederlage führen müssen. So rückte die preußische Armee 1806 mit einer Lineartaktik ins Feld, die den veränderten Kampfformen der napoleonischen Periode nicht mehr gewachsen war, und erlebte trotz allem Heldenmute eine schwere Niederlage. So hatten 1866 die Österreicher die Bedeutung der Hinterladewaffen nicht rechtzeitig erkannt, hielten an den alten Perkussionsgewehren und an ihrer napoleonischen Kolonnen- und Stoßtaktik fest und wurden von der preußischen Infanterie, die im Vertrauen auf ihre Waffe in aufgelösten Verbänden focht, einfach niedergeschmettert. Derartige Beispiele lassen sich beliebig vermehren. In solcher Lage ist es der Feldherr, der die Folgen mangelnder Voraussicht und Tatkraft der Regierungen tragen muß, die den Fortschritt und die Entwicklung der Kriegskunst nicht rechtzeitig erkannten oder dieser Entwicklung nicht durch zeitgemäße Reformen Rechnung zu tragen verstanden.

Aber auch für den Feldherrn selbst besteht die Gefahr, daß er den äußeren Verhältnissen erliegt und unter ihrem Druck die großen entscheidenden und bleibenden Grundsätze der Kriegführung nicht zur Geltung zu bringen vermag, sei es aus mangelndem Verständnis für diese Grundsätze selbst, sei es, daß er der Kriegsmaschine nicht so weit Herr wird, sie seiner Erkenntnis nach zu gebrauchen. Hierfür bieten uns die letzten russischen Feldzüge beredte Beispiele. Im Japanischen Kriege beispielsweise unterschätzte Kuropatkin vollständig die Bedeutung der Initiative und der Offensive und beschränkte sich von vornherein auf einen Verteidigungskrieg ohne offensive Rückwirkung. Anderseits vermochte er

auch die geistig wenig bewegliche unbeholfene Masse des rufsischen Heeres nicht derart zu bewegen und einzusetzen, daß
sie seinen Absichten gerecht werden konnte. An der mangelnden Urteilsfähigkeit und Entschlußkraft seiner Unterführer
scheiterten — auch abgesehen von dem fehlenden Offensivgedanken und manchen anderen Unzulänglichkeiten — immer
von neuem seine Pläne. Er vermochte der Reibungen der
Heeresmaschine, die sich im Kriege stets ergeben und sich in
den großen Massen des russischen Heeres besonders geltend
machten, offenbar nicht Herr zu werden und sie nicht unter die
großen Gesetze des Krieges zu beugen.

Diese Schwierigkeiten, die in der Sache selbst begründet
sind, haben sich in der jüngsten Zeit sehr wesentlich vermehrt;
denn auch wir leben in einer Zeit vielfacher Veränderungen in
den äußeren Erscheinungen des Kriegswesens und einer tiefgreifenden Entwicklung und Umwertung vieler militärischen
Werte, die wohl geeignet erscheinen, das Urteil zu verwirren
und auf Irrbahnen zu leiten. Diese Entwicklung hat der
Hauptsache nach während des Weltkrieges selbst eingesetzt und
war in mancher Hinsicht überraschend. In einigen Richtungen
war allerdings eine Weiterentwicklung vorausgesehen worden, ohne daß man sich klar gemacht hätte, welchen Umfang
sie annehmen würde. In anderer Hinsicht hatte die Voraussicht völlig gefehlt, und man hatte sich in falschen Bahnen bewegt; die Stimmen aber, die auf diese Irrwege hinwiesen,
waren überhört worden.

Daß der schweren Artillerie eine gesteigerte Bedeutung
zukommen werde, war erwartet und in gewissen Grenzen
auch vorbereitet worden. Der ganze Umfang dieser Bedeutung aber war nicht erkannt worden. Die eigenen Festungen
waren völlig überschätzt worden, weil man die gegnerische
Artillerie unterschätzte.

Nicht vorausgesehen hatte man ferner, welche ungeheuren Massen an Streitern für den Weltkrieg würden aufgeboten werden müssen. Ein solches Aufgebot war daher auch gar nicht vorbereitet worden. Die unbedingte Friedenspolitik, die wir führten, und die ganz unberechtigte Zuversicht, daß sie sich würde durchführen lassen, hatten unseren maßgebenden Stellen die Augen geblendet; die Warner wurden als gewissenlose Kriegshetzer verschrien oder dienstlich verwarnt, und die Militärvorlagen der letzten Jahre vor dem Kriege blieben völlig unzulänglich.

Durchaus verkannt wurde die Bedeutung der Kavallerie, die man als Attackenwaffe beurteilte trotz der handgreiflichen Wirkung der modernen Feuerwaffen. Völlig verkannt hatte man die Bedeutung des Luftkrieges und für den Seekrieg der Unterseebootwaffe, deren Entwicklung im Verhältnis zu der der Schlachtflotte in den Anfängen steckengeblieben war; völlig verkannt war endlich die Bedeutung der wirtschaftlichen Verhältnisse, obgleich es auch in dieser Hinsicht an warnenden Stimmen nicht gefehlt hat. In keiner Weise hatte man sich auf die Blockade aller unserer Häfen und Grenzen, auf unsere völlige Aussperrung vom Seeverkehr mit unseren Einfuhr- und Ausfuhrländern vorbereitet. Die ganze dadurch bedingte Umgestaltung unserer Wirtschaftsgebarung mußte improvisiert werden. Ja, man hatte nicht einmal daran gedacht, unsere im Auslande fahrenden Handelsschiffe zu warnen und heimzuberufen, so wenig glaubte man an den Ausbruch des Krieges, als die russische Mobilmachung schon im Gange war.

Man möchte fast sagen: mit verbundenen Augen gingen wir infolge einer völligen Verkennung der Weltlage in die Netze, mit denen unsere Gegner uns umstellt hatten. Den Kampf aber begannen wir sozusagen mit den etwas erweiterten militärischen und politischen Anschauungen, wie sie sich aus dem 1870er Kriege und etwa nach den Erfahrungen des Russisch-Japanischen Krieges entwickelt hatten. Im Generalstabe war man sich freilich in unermüdlicher Arbeit über manche Anforderungen der Zeit klar geworden, wenn auch nicht über alle; die völlige Auswertung dieser Erkenntnisse aber scheiterte immer von neuem an der politisch falschen Beurteilung der Lage, die nicht nur in Regierungskreisen herrschte, sondern auch in der chronischen Kurzsichtigkeit und Voreingenommenheit des Reichstages eine Stütze fand, der sich von inneren Parteifragen beherrschen ließ und jeden freien Blick für die bedrohlichen äußeren Verhältnisse verloren hatte. Man stieß vor dem Kriege in diesen Kreisen auf ein völliges und hoffnungsloses Mißverstehen, wenn man auf die wahre Bedeutung der politischen Entwicklung hinwies.

So sahen wir uns denn, als der Krieg eine Ausdehnung annahm, die nicht vorausgesehen worden war, unvorbereitet vor völlig neue Verhältnisse gestellt und mußten, um ihnen Rechnung zu tragen, mitten im Kriege Neues schaffen. Heer und Flotte haben sich dieser gewaltigen Aufgabe völlig gewachsen gezeigt und im Kampfe gegen fast die ganze, seit Jahren auf diesen Krieg vorbereitete Welt auf allen Gebieten die führende Überlegenheit zu erlangen gewußt. Auch die deutsche Wissenschaft hat Glänzendes geleistet, um der Streitmacht den Krieg zu erleichtern, und die deutsche Arbeiterschaft hat sich, wenigstens im Anfang, mit verhältnismäßig wenigen Ausnahmen bei der Herstellung der Kriegsmittel als eine Hilfskraft ersten Ranges bewährt. Versagt haben nur die Zivilverwaltung trotz aller hingebenden Arbeit zahlreicher Beamter und die leider nur allzuoft vom Reichstage beeinflußte Politik, die den Heldenkampf des deutschen Volkes durch ihre verfehlten Maßnahmen nicht unwesentlich erschwert hat.

Auf diese Verhältnisse soll hier, wo es sich um rein militärische Fragen handelt, im einzelnen nicht eingegangen werden. Nur muß natürlich der unmittelbare Einfluß der Politik und der wirtschaftlichen Fragen auf die Kriegführung, wie er sich unter den heutigen Verhältnissen herausgebildet hat, geprüft und erörtert werden, da es sich hierbei um Einflüsse von weittragender militärischer Bedeutung handelt.

Im übrigen aber wird es im wesentlichen darauf ankommen, die Bedeutung aller neuen, die Kriegführung bestimmenden, teils erschwerenden, teils fördernden Erscheinungen der Neuzeit nach ihrem Wesen und ihrer Wirkungsweite zu prüfen und anderseits zu erwägen, wie unter den so veränderten Umständen die großen bleibenden und entscheidenden Grundsätze, die im Kriege zum Erfolg führen, auch heute noch zur Geltung gebracht werden können: die Behauptung der Initiative; die Verwendung des Angriffs als der entscheidenden Kampfform; die Versammlung der Kraft in der entscheidenden Richtung; die Bestimmung dieser Richtung selbst; die Überlegenheit der moralischen Kraftfaktoren über die rein materiellen Machtmittel; die Beziehungen zwischen Angriff und Verteidigung; der Wille zum Siege; die unbedingte Abhängigkeit der Politik von den Forderungen und Ergebnissen der Kriegführung bzw. von der kriegerischen Macht.

Für jedes Heer und infolgedessen für jeden Staat ist es von ausschlaggebender Bedeutung, sich über alle diese Fragen völlig klar zu sein: nur dann werden Politik und Krieg erfolgreich geführt werden, nur dann werden die Staaten ihre Macht wirklich zur Geltung bringen können. Es ist zwar ein schöner Traum, daß die Staaten friedlich nebeneinander leben, sich selbst Beschränkungen auferlegen und den berechtigten Bedürfnissen und Wünschen anderer

Staaten Rechnung tragen sollen, daß dennoch die sittlich und geistig stärksten Völker in der Lage sein sollen, sich als kultur-bestimmend zur Geltung zu bringen, was doch immer nur durch eine mehr oder weniger beherrschende, das gleiche Recht brechende Stellung ermöglicht werden kann: aber es ist eben nur ein Traum. Immer, solange Menschen Menschen sind, wird die Kraft in ihrem umfassendsten Sinn die politische und kulturelle Bedeutung der Staaten bestimmen. Ist sie doch in letzter Linie die Wurzel alles geistigen und sittlichen Fort-schritts.

1. Die bestimmenden Elemente des heutigen Krieges.

Wenn man den weiten Kreis der Lehren und Erfahrungen prüfend überschaut, die der Weltkrieg hervorgebracht hat, erkennt man bald, daß sie sich in zwei große Gruppen zusammenfassen lassen, die bestimmend für die heutige Kriegführung sind: einerseits die Verwendung ungeheurer Heeresmassen, wie sie die Weltgeschichte noch nicht gesehen hat, mit allen ihren Folgeerscheinungen, anderseits die gewaltige Entwicklung der Technik und der Chemie, die eine ganze Reihe neuer oder in ihrer Wirkung gesteigerter Kriegsmittel zur Folge gehabt hat. Beide vereint haben ganz veränderte Kampfbedingungen geschaffen.

Die erste Gruppe beeinflußt vornehmlich das strategische Handeln, hat aber auch eine gewisse taktische Bedeutung, während die Neuerrungenschaften der Kriegstechnik in erster Linie taktische Veränderungen hervorgebracht haben und nur — gewissermaßen indirekt — sich auch bei den strategischen und operativen Bewegungen geltend machen.

I. Massen.

Als wir im Jahre 1914 mobil machten, stellten wir ein gewaltiges Heer auf. Zahlreiche Reserve-Divisionen wurden planmäßig gebildet und eine Anzahl Landsturm-Bataillone einberufen zum Grenz- und Eisenbahnschutz und zu anderen Nebenaufgaben. Von einer allgemeinen Volksbewaffnung aber konnte keine Rede sein; auf eine solche waren wir nicht vorbereitet. Für sie waren auch weder Ausrüstung noch Bewaffnung vorhanden. Dagegen schien unser Heer stark genug,

um unferen Kriegsplan durchzuführen. Diefer lief im großen
und ganzen wohl darauf hinaus, im Vertrauen auf die Lang-
famkeit der ruffifchen Mobilmachung Frankreich zunächft entfcheidend zu fchlagen und fich dann mit ftarken Kräften gegen
Rußland zurückzuwenden, das mittlerweile durch einige
wenige Armeekorps und eine öfterreichifche Offenfive in
Schach gehalten werden follte.

Diefer Plan fchlug fehl, weil die ruffifche Mobilmachung
— wenn auch nicht offiziell angeordnet — dennoch tatfächlich
längft im Gange war, als wir noch immer an die Erhaltung
des Friedens glaubten und Schritte in diefem Sinne taten.
Oftpreußen wurde vom Feinde überfchwemmt, bevor wir es
für möglich gehalten hatten; vom Weften wurden Truppen
fortgezogen, um die preußifchen Kernlande zu fchützen, und
in Frankreich reichten infolgedeffen die Kräfte nicht aus, um
die errungenen taktifchen Erfolge ftrategifch auswerten zu
können. Man mußte in die Defenfive zurückfallen und die
Front bis zum Meer ausdehnen, um fich gegen die Umfaffung
des rechten Flügels zu fchützen.

Da nun mittlerweile auch die Ruffen ihre Gefamtkräfte
hatten aufmarfchieren laffen und auf breiten Fronten vor-
drängten, erwies fich eine Verftärkung der Heere als unab-
weisbar, und nun fchritt man dazu, die gefamte Volkskraft
für das Heer aufzubieten. Neue Armeekorps wurden aus
den bisher dienftfrei gewefenen Mannfchaften gebildet, der
gefamte Landfturm mußte zu den Waffen gerufen werden,
felbft Erfatztruppenteile wurden an die Front geworfen, um
die klaffenden Lücken zu füllen. Der Gegner aber antwortete
mit gleichen Maßnahmen. In Frankreich wurde der letzte
Mann aufgeboten; wilde Völkerfchaften wurden auf die euro-
päifchen Schlachtfelder geführt; Italien fchloß fich unferen
Feinden an; Rumänien und fchließlich Amerika folgten feinem

Beiſpiel; in England wurde die allgemeine Wehrpflicht eingeführt; Indien mußte ſeine braunen Söhne, Afrika ſeine
ſchwarzen Kinder nach Europa ſenden.

So entſtanden allmählich jene Maſſenheere, die ihre
Linien von Meer zu Meer ausdehnen mußten, einerſeits um
ſich gegen Umfaſſung zu ſichern, anderſeits um ihre Waffen
überhaupt zur Geltung bringen zu können: eine Kräfteverteilung, die man als Linearſtrategie bezeichnen kann. Um
aber dieſe ausgedehnten, jede Umfaſſung allerdings aus-
ſchließenden Linien auch gegen überlegene Frontangriffe
widerſtandsfähig zu machen und zugleich bei länger dauernder
Verteidigung die Verluſte durch feindliche Waffenwirkung
herabzumindern, ſchritt man zu einem feſtungsartigen Ausbau der Stellungen. Tiefe Gräben und ſchußſichere Einbauten ſollten dem Verteidiger wie dem Angreifer Deckung
gewähren, ohne die eigene Waffenwirkung zu behindern;
Hinderniſſe ſollten die Annäherung des Feindes erſchweren
und ihn im Feuer des jedesmaligen Verteidigers feſthalten.

Dieſe Kampfform übte auch auf den Angreifer einen
zwingenden Einfluß aus. Zunächſt mußte er, um die feindlichen Linien immer wieder umfaſſen zu können, ihre taktiſche
Flanke bedrohen, ihre rückwärtigen Verbindungen ſtören und
unterbrechen zu können, ſelbſt immer weiter ausholen, bis
ihm das Meer oder die Landesgrenzen Halt geboten; dann
aber mußte er das Angriffsverfahren vollſtändig ändern.
Vor dem Kriege galt die Umfaſſung eines oder beider feindlichen Flügel als die entſcheidende Angriffsform. Sie ſtrategiſch einzuleiten und ſchließlich taktiſch herbeizuführen, galt
als die eigentliche Aufgabe des Heerführers. Mit dieſen
Ideen ſind wir in den Krieg gezogen, nach ihnen haben wir
zu Beginn des Krieges operiert, und es iſt bekannt, in wie
genialer Weiſe Feldmarſchall v. Hindenburg dieſe Theorie in

feinen großen Vernichtungsschlachten im Osten in die Tat
umgeſetzt hat.

Aber dieſe Schlachtform ließ ſich bei der neu ent-
ſtandenen Linearſtrategie nur unter beſonders günſtigen Bedingungen durchführen. Wo keine faßbare Flanke vorhanden
war, mußte man zur Frontalſchlacht greifen, um den Feind
zu ſchlagen. Damit hatte man bei uns im Frieden nicht gerechnet. Die Stimmen — unter anderen auch die meinige —,
die darauf hinwieſen, daß doch auch Durchbruchsſchlachten
möglich ſeien und ſich angeſichts der modernen Maßnahmen
als Notwendigkeit ergeben könnten, wurden überhört und
nicht beachtet. Dennoch haben ſich die Verhältniſſe gerade in
dieſer Richtung entwickelt. Heute gibt es im Stellungskriege
keine Flanke, die man umfaſſen könnte; faſt überall ſieht man
ſich einer langen, zuſammenhängenden Front gegenüber; die
Flanke, die man umfaſſen könnte, muß erſt durch den Durchbruch durch die feindlichen Linien geſchaffen werden, und der
Gegner ſetzt alles daran, um einen ſolchen zu verhindern und
etwa entſtandene Lücken durch Reſerven wieder zu ſchließen.
So iſt die Frontalſchlacht zur Notwendigkeit und zur charak-
teriſtiſchen Erſcheinung des Maſſenkrieges geworden. Sie
vorzubereiten und erfolgreich durchzuführen, iſt die große
entſcheidende — aber ebenſo ſchwierige — Aufgabe des Feldherrn geworden, die wir und unſere Gegner oft vergeblich zu
löſen verſucht haben. Die Kriegskunſt hat damit ein ganz
anderes Geſicht bekommen, denn nun heißt es, wenigſtens zunächſt, nicht operieren, ſondern vor der feindlichen Front an
einer gegebenen Stelle ſo viele Kräfte überraſchend verſammeln und ſo einſetzen, daß der Erfolg gewährleiſtet wird.
Das iſt, wie wir ſpäter ſehen werden, keine leichte Aufgabe.

Wenn ſomit der Frontalangriff infolge der Maſſenheere
zum bleibenden Faktor der Kriegführung geworden iſt, muß

man ſich dennoch vor der Annahme hüten, daß dem immer
ſo ſein müßte. Dieſe Auffaſſung der Kampfform darf nicht
zu einer ſchematiſchen werden. Das können wir ſchon an den
Anfangsſchlachten dieſes Krieges erkennen, ferner an den
Kämpfen in Rumänien und an den Endkämpfen in Rußland.
Dieſe Art der Schlachtführung wird nämlich nur dann nötig,
wenn es dem Verteidiger wirklich gelingt, eine zuſammen=
hängende, nirgends zu umgehende Front herzuſtellen, wie
beiſpielsweiſe in Frankreich von der Schweizer Grenze bis
zur Nordſee oder in Italien ebenfalls von der Schweizer
Grenze bis zur Adria. Iſt das nicht der Fall, dann treten
die früheren Verhältniſſe wieder in die Erſcheinung, und
wieder wird es ſich hauptſächlich um ſtrategiſche und taktiſche
Umfaſſung handeln. Es beſteht eben ein beſtimmtes Ver=
hältnis zwiſchen der Ausdehnung des Kriegsſchauplatzes und
der Stärke der auf ihm verwendeten Armee.

Der reine Frontalkampf iſt in Frankreich zu einer Not=
wendigkeit geworden, weil die franzöſiſch=engliſchen Heere
zahlreich genug waren, die ganze Front reſtlos zu umſpannen
und etwa entſtandene Lücken durch Reſerven wieder zu
ſchließen. In Rußland dagegen war das gleiche Verfahren
nur in beſchränktem Maße durchführbar, weil die Aus=
dehnungen an ſich ſehr groß ſind, und der Kriegsſchauplatz
ſich nach Oſten zu fortwährend erweitert, je mehr die Armeen
unſerer Gegner gezwungen wurden, zurückzuweichen. Von
der Donaumündung an den Karpathen entlang und dann
nordwärts bis zur Dünamündung gelang es den vereinigten
ruſſiſch=rumäniſchen Heeren noch einigermaßen, eine zuſam=
menhängende Linie zu bilden, obgleich ihnen die nötigen Re=
ſerven ſcheinbar fehlten. Als aber dieſe Linie einmal durch=
brochen war, gingen die feindlichen Heere, den geographiſchen
Verhältniſſen entſprechend, exzentriſch auseinander, und es

war ihnen nicht mehr möglich, eine einheitliche Front herzuſtellen. Da traten dann auch die Verhältniſſe des Bewegungskrieges wieder in ihre Rechte, und wir haben erlebt, wie die
verhältnismäßig ſchwachen deutſchen Truppen erſt die rumäniſchen und dann die ruſſiſchen Heere zerſchmettert haben,
ohne daß es dieſen jemals wieder gelungen iſt, dem Gegner
eine geſchloſſene Front dauernd entgegenzuſtellen.

Dieſes Verhältnis der Maſſe zum Raum muß alſo immer
in Rechnung geſtellt werden, wenn man den Krieg unter
modernen Verhältniſſen betrachten will, ſonſt verfällt man
in eine Linearſtrategie ohne genügende Reſerven, die den
Keim der Niederlage in ſich trägt.

So ergeben ſich gewiſſermaßen zwei Formen der modernen Kriegführung: der Stellungskrieg mit frontaler Durch-
bruchsſchlacht — und der Operationskrieg, der überall da in
ſeine Rechte tritt, wo es dem Verteidiger aus geographiſchen
und numeriſchen Rückſichten unmöglich iſt, eine nicht zu umgehende Front herzuſtellen, oder wo eine ſolche Front, die
anfangs vorhanden war, durch den Angreifer endgültig aus-
einandergeſprengt und durchbrochen iſt. Immer aber wird
es Aufgabe der Heerführung ſein, die operative Kampfform
herbeizuführen, weil in ihr die Möglichkeit entſcheidender
Erfolge leichter herbeizuführen iſt als im reinen Frontalkampf. Daraus ergibt ſich, daß letzten Endes auch für den
ſtrategiſchen Frontalkampf der Gedanke der Flügelumfaſſung
maßgebend bleiben muß.

Zunächſt wird man immer beſtrebt ſein, wenn möglich, vor-
ſpringende Teile des feindlichen Stellungsſyſtems umfaſſend
anzugreifen. Dann aber muß das letzte Ziel des Frontal-
angriffs doch immer auf Umfaſſung gerichtet ſein. Man will
die feindliche Linie an einer Stelle durchbrechen, um dann
die an die Durchbruchsſtelle anſtoßenden Teile ihrer Stellung,

die nun zu Flügeln und ungeſicherten Flanken geworden ſind, umfaſſend angreifen und von ihnen aus die ſtehengebliebenen Fronten aufrollen zu können.

Gelingt es dem Gegner, auch wenn er geſchlagen und zurückgeworfen wird, die entſtandene Lücke zu ſchließen, an den Bruchpunkten ſeiner Linie deren Zuſammenhang durch eingeſchobene Reſerven zu wahren und damit das Aufrollen ſeiner Anſchlußfronten zu verhindern, ſo kann der Sieg des Angreifers wohl als ein ſchwerwiegender taktiſcher Erfolg, nicht aber als ein entſcheidender Sieg im ſtrategiſchen Sinne bezeichnet werden. Gelingt es dagegen, wirklich die Flanke des Gegners freizubekommen und zu umfaſſen, von hier aus womöglich gegen deſſen rückwärtige Verbindungen zu wirken und nun, ſei es nach innen, ſei es nach außen, die noch haltende Front des Gegners aufzurollen, dann kann mit einem vollen ſtrategiſch = taktiſchen Erfolge gerechnet werden.

Das Schlieffenſche Prinzip der Umfaſſung bleibt — wie man ſieht — unter allen Umſtänden maßgebend für die Kriegführung und iſt es zu allen Zeiten geweſen, wenn es auch in den verſchiedenſten Formen in die Erſcheinung tritt, ſei es in der ſchiefen Schlachtordnung des Epaminondas und Friedrichs des Großen, ſei es in der Doppelumfaſſung Hanni= bals bei Cannae, ſei es in der Napoleoniſchen Durchbruchs= ſchlacht, ſei es in der Einkreiſungsſtrategie Hindenburgs bei Tannenberg und in Maſuren.

Im modernen Kriege kann es freilich oft nur auf einem Umwege als Folgeerſcheinung des Durchbruchs zur Geltung gebracht werden.

Der Einfluß der Maſſe auf die Strategie iſt jedoch mit der Einwirkung auf die ſtrategiſche Kampfform und die Aus= dehnung der Kriegstheater nicht erſchöpft. Sie äußert ſich

zunächst noch in allen Fragen der Verpflegung und der Ver-
forgung der Heere mit Kriegsmaterial.

Noch 1870/71 konnte man zum großen Teil aus dem
Lande leben, und die heimatlichen Zufuhren waren im allgemeinen nur eine Ergänzung der an Ort und Stelle vor-
gefundenen Vorräte. Bei länger dauernden Belagerungen
freilich — wie bei der Belagerung von Paris — trat das
umgekehrte Verfahren ein, aber das war ein Ausnahmefall
von der Regel, und auch hierbei wurde aus dem Lande felbst
noch genug an Lebensmitteln beigesteuert. Wer diese Belagerung mitgemacht hat, erinnert sich wohl noch mit einem
gewissen Grauen des französischen Hammels, der neben der
gelieferten Erbswurst unsere tägliche Speise bildete.

Diese Verhältnisse haben sich völlig geändert. Nur sehr
reiche Landstriche sind imstande, ein modernes Massenheer
für kurze Zeit zu erhalten. Ist aber der Krieg einmal über
eine Gegend hinweggegangen, oder sieht sich das Heer ver-
anlaßt, längere Zeit in einer Stellung zu verharren, dann
muß sein ganzer Bedarf aus der Heimat herangeführt
werden, und es bedarf eines reichverzweigten Netzes von
Straßen und Eisenbahnen sowie eines ungeheuren Wagen-
parks, um dessen Transport zu bewältigen. Gesteigert
werden die Anforderungen an das Netz der Verbindungswege
noch dadurch, daß — wie wir sehen werden — der Bedarf an
Kampfmitteln der verschiedensten Art und an Munition gegen
frühere Kriege ganz gewaltig gesteigert ist und seinerseits die
rückwärtigen Verbindungen auf das schwerste belastet. Diese
werden aber noch weiter in Anspruch genommen durch die
Bewegungen der Truppen felbst.

Bei den riesigen Ausdehnungen der heutigen Kriegsschauplätze und den Massen, die oft auf weite Strecken hin
und her geschoben werden müssen, ist es unmöglich, diese nur

auf den Fußmarsch zu verweisen. Man könnte sie dann nur verhältnismäßig langsam bewegen und setzte sie in erhöhtem Maß der feindlichen Erkundung aus. Es ist also unbedingt erforderlich, strategische Truppenverschiebungen, soweit als irgend angängig, durch Eisenbahnbeförderung vorzunehmen und diese der Kenntnis des Feindes nach Möglichkeit zu entziehen.

Eine Entwicklung des Straßen- und Eisenbahnnetzes, wie es diesen Anforderungen entspricht, ist wohl in keinem Lande der Welt zu finden. Man ist also gezwungen, Bahnlinien und Straßenzüge neu herzustellen und dauernd im Stande zu halten. Dazu aber sind große Scharen von Arbeitskräften nötig, die nun ihrerseits wieder die Heeresmassen vermehren und die Anforderungen an den Nachschub von Verpflegung und sonstigem Truppenbedarf steigern, zugleich aber auch einen riesigen Apparat von Behörden und Beamten nötig machen, so daß der Troß eines modernen Heeres mit allen den Truppen, die besonders in Feindesland den Schutz der rückwärtigen Verbindungen zu übernehmen haben, ins schier Unermeßliche wächst.

Durch alle diese Verhältnisse werden auch die Heeresbewegungen selbst ganz außerordentlich erschwert. Es bedarf eines außerordentlichen Apparates und einer bis ins einzelne gehenden Systematik, um operative Bewegungen, Versammlungen und Richtungsänderungen einzelner Heeresgruppen vorzunehmen.

Für diese sämtlichen Fragen liegt ein weiteres erschwerendes Element in dem Einfluß, den das Massenaufgebot auf den taktischen Wert der Truppe selbst ausüben mußte und ausgeübt hat. Je mehr Neuformationen aus Rekruten und älteren Jahrgängen früher ausgebildeter Mannschaften aufgestellt werden, desto geringer muß unter ihnen der Prozentſatz aktiver Mannſchaften und Unteroffiziere, deſto geringer auch die Zahl aktiver Offiziere bei der einzelnen Truppe werden. Reſerve- und Landwehr-Offiziere und -Unteroffiziere treten an ihre Stelle, und dieſe Elemente können, trotz beſten Willens, bei ihrer geringeren Fachausbildung und Erfahrung, niemals einen ſo feſten Rahmen für die Truppe bilden und ſie im Kampfe ſo führen als Männer, denen das Soldatenhandwerk Lebensberuf iſt. Da auch die Mannſchaften ſelbſt bei ſolchen Truppen, teils als Rekruten eine meiſt verkürzte Ausbildung genoſſen, teils als ältere Leute ſchon längere Zeit aus dem Soldatenberuf ausgeſchieden ſind, iſt es natürlich, daß der taktiſche Wert ſolcher Truppen nicht der gleiche ſein kann als der aktiver normal mobil gemachter Regimenter.

Wenn nun bei längerer Dauer des Krieges die Mannſchaften des Friedensſtandes durch Tod und Verwundung allmählich ausſcheiden, gleicht ſich das taktiſche Niveau aller Regimenter, aktiver wie neu aufgeſtellter, allmählich aus, und es bleibt den alten aktiven Truppenteilen nur ein Vorzug übrig, der allerdings einen ſchwerwiegenden Faktor für den taktiſchen Wert einer Truppe bildet: die Tradition und der Geiſt, der in den Friedensregimentern lebendig war. Der läßt ſich in neugebildeten Truppenteilen nicht ſo leicht erſetzen, weil die Elemente von Hauſe aus fehlen, die die Vertreter und Erblaſſer dieſes Geiſtes ſind. Erſt ſehr allmählich kann ſich dieſer Nachteil im Lauf eines langen Krieges ausgleichen, wenn ſich aus einer Reihe ruhmreicher Taten eine eigene, wenn auch nur junge Tradition bildet, und ſo ein Korpsgeiſt entſteht, der nichts Schwaches und Unwürdiges in ſeinem Bereich duldet.

Auch das Offizierkorps, das nicht aus Berufsoffizieren beſteht, kann nur allmählich durch Kriegserfahrung zu voller

Leistungsfähigkeit heranreifen und wird dieses Ziel nur selten erreichen, da der Schlachtentod immer wieder blutige Lücken reißt und meistens gerade die besten und tüchtigsten hinrafft, die ihren Untergebenen mit leuchtendem Beispiel voranzugehen trachten und sich den feindlichen Kugeln daher am meisten aussetzen. Das gleiche gilt für das Unteroffizierkorps, das unter gewöhnlichen Verhältnissen den festen Halt einer Truppe bildet. Dazu kommt, daß bei dem Massenaufgebot aller körperlich irgend Leistungsfähigen auch moralisch minderwertige Elemente in die Truppe gelangen, unter den Einflüssen des Krieges ihren sittlichen Halt meist noch weiter verlieren und häufig schädigend auf moralisch weniger gefestigte Kameraden einwirken.

Endlich ist natürlich bei Mannschaften älterer Jahrgänge die körperliche Leistungsfähigkeit geringer als bei jungen frischen Leuten. Auch fehlen ihnen der Schwung und die Begeisterungsfähigkeit der Jugend, während sie anderseits oft weniger erregbar und standhafter sind. Trotz dieses Umstandes kann der Wert einer Truppe für allseitige Verwendung durch einen starken Prozentsatz älterer Mannschaften sehr wesentlich herabgedrückt werden. Truppen aber, die lediglich aus solchen älteren Mannschaften bestehen, wie beispielsweise die meisten Landsturmtruppen, sind überhaupt nur für wenige besondere Aufgaben des Krieges verwendungsfähig.

So hat der Führer eines modernen Heeres auch in der Verwendung seiner Truppen für die verschiedenen an ihn herantretenden Aufgaben mit den größten Schwierigkeiten zu kämpfen. Einerseits können für besondere Zwecke meist nur besondere Truppenteile verwendet werden, anderseits müssen Kriegsverwendung und Vertiefung der Ausbildung immerwährend Hand in Hand gehen, um besonders bei länger

dauerndem Kriege und wiederholter Neuauffüllung schwer
mitgenommener Truppenteile den neuen, nicht immer voll-
wertig ausgebildeten Ersatz in seine Kriegsaufgaben einzu-
führen und mit der Feldtruppe zu einem taktisch Ganzen zu
verschmelzen.

So ergibt sich die merkwürdige, früher niemals in dem
gleichen Grade beobachtete Tatsache, daß der Kriegsschauplatz
nicht nur ein Kampfgebiet, sondern zugleich ein Manöverfeld
ist, auf dem man den wechselnden Aufgaben des modernen
Krieges — Stellungs- und Bewegungskrieg, Abwehr- und
Angriffstaktik — immer von neuem Rechnung zu tragen sucht.

Das aber ist um so notwendiger, als mit der Vervoll-
kommnung der Waffen und der Kampfmittel — wie sie sich im
Weltkriege dauernd vollzogen hat — immer neue Anforderungen an die taktischen Leistungen der Truppe gestellt
werden mußten. Diesen Verhältnissen wollen wir jetzt unsere
Aufmerksamkeit zuwenden.

II. Kriegstechnik.

Unter allen Neuerscheinungen auf dem Gebiet der
Kriegstechnik bildet die Verbesserung und Vervielfältigung
der Waffen den springenden Punkt, von dem alle Veränderungen der Taktik ausgegangen sind, die ihrerseits wieder
vielfach bestimmend auf das Gebiet der Operationen und der
Strategie zurückwirkten. Gewiß haben auch andere Er-
findungen einen in mancher Hinsicht bestimmenden Einfluß
auf die Kriegskunst ausgeübt. Von ihnen muß natürlich ebenfalls gehandelt werden. So tiefgreifend aber, wie der der
modernen Waffenwirkungen, ist ihr Einfluß nicht gewesen.
Dieser ist schlechthin bestimmend geworden für die neuere
Kriegführung.

Es ist daher von tiefem Interesse, zu erforschen, nicht

nur wie diese neuen Wirkungen sich geltend machen, sondern auch, wie Wirkung und Gegenwirkung sich gegenseitig bedingt und gesteigert haben, denn nur aus dieser Wechselbeziehung läßt sich ein Schluß auf die zukünftige Weiterentwicklung ziehen. Das aber ist immer die wesentlichste Aufgabe der Wissenschaft vom Kriege. Nur wenn es gelingt, sie einigermaßen fruchtbringend zu gestalten, ist man gegen Überraschungen durch einen weiter vorausschauenden Gegner gesichert und kann späteren Entscheidungen zuversichtlich entgegensehen.

In unserer Armee waren — wie gesagt — schon vor dem Kriege Ansätze zu einer gesunden Weiterentwicklung gemacht. Die letzten Konsequenzen waren aber nicht gezogen worden; in mancher Hinsicht war man hinter dem Notwendigen zurückgeblieben, in anderer ging man von falschen Gesichtspunkten aus, und in anderer Richtung wieder war die Entwicklung widerspruchsvoll.

Man über schätzte sehr bedeutend die Wirkungen der Artillerie und glaubte daher, mit einer immerhin beschränkten Anzahl von Batterien auskommen zu können — auch ich bin in diesen Irrtum verfallen. Man unter schätzte anderseits die Abwehrkraft der modernen Schnellfeuerwaffen und war demnach nicht energisch genug an ihre Verstärkung herangetreten. Man hatte allerdings mit der Einführung schwererer Artillerie des Feldheeres und von Maschinengewehren einen Anfang gemacht und damit einen zukunftsreichen Weg beschritten, aber man war mit diesen Einführungen, wie sich nur zu bald zeigte, lange nicht weit genug gegangen.

Das schwere Flachfeuer war im Frieden sehr vernachlässigt worden. Man hatte seine hohe Bedeutung nicht erkannt. Völlig hatte man sich in dem Bedarf an Munition verschätzt, was wiederholt zu ernsten Krisen Veranlassung gegeben hat.

Unſere Kavallerie war auf ganz falſcher Grundlage erzogen. Der ruſſiſch-türkiſche und mehr noch der ruſſiſch-japaniſche Krieg hatten ſchon vielfach zu Stellungskämpfen geführt und erkennen laſſen, welche Bedeutung eine ſolche Kampfführung unter Umſtänden gewinnen könne. Auch bei uns war der Kampf um befeſtigte Stellungen Gegenſtand der Erwägung und der Übung geworden. Aber er wurde doch immer nur in Verbindung mit dem operativen Gedanken betrachtet, und nur flüchtige Feldbefeſtigungen wurden dabei in Betracht ge- zogen. An einen eigentlichen frontalen Grabenkrieg dachte noch niemand. Die wenigen Mörſer, ſchweren Feldhaubitzen und 10- und 13-cm-Geſchütze, über die das Heer verfügte, wurden für den Feldkrieg genügend gehalten, und nur gegen die feindlichen Feſtungen waren ſchwerere und allerſchwerſte Geſchütze vorgeſehen, die es ermöglichen ſollten, den feind- lichen Feſtungsgürtel raſch zu durchſtoßen. Damit war aller- dings ein großer Schritt vorwärts getan, der uns für den Anfang eine gewaltige Überlegenheit dem Feinde gegenüber ſicherte: die ganze Bedeutung der Artillerie für den kom- menden Krieg war damit aber keineswegs voll gewürdigt. Zu ihrer Erkenntnis führten erſt die Kriegsereigniſſe ſelbſt.

In dieſe traten wir demnach mit gewiſſermaßen un- fertigen, nicht zu Ende gedachten Anſchauungen und Ein- richtungen ein, und ihnen entſprachen auch die verwendeten Mittel. Ebenſo wie wir uns von den Maſſen, die der Krieg fordern würde, kein Bild gemacht hatten und dieſe erſt im Kriege improviſieren mußten, waren wir auch ſehr bald in der Bewaffnungsfrage den Anforderungen der Wirklichkeit nicht gewachſen, ſchon weil wir uns von der modernen Waffenwirkung ſelbſt wohl keine ganz zutreffende Vorſtellung gebildet hatten. Unſere Infanterie erlitt bei unſeren erſten ſiegreichen Schlachten ſehr ſchwere Verluſte, die die Blüte unserer Jugend dahinrafften, und unsere Reiterei wurde in nußlosen Attacken, teils sogar gegen Hindernisse, geopfert, weil sie in einer völlig verfehlten Friedensausbildung so gut wie ausschließlich zu dieser Kampfart erzogen worden war. Das alles ist bereits erörtert worden*).

Als sich nun die Fronten nach der Marneschlacht immer mehr ausdehnten, und man genötigt war, in langen, dünnen Linien feindliche Massenangriffe abzuwehren, sah man sich gezwungen, sich einzugraben, um sich dem vernichtenden feindlichen Feuer zu entziehen, die Verluste zu vermindern und damit die Widerstandskraft zu erhöhen. Auch suchte man die Truppe durch Stahlhelme wie durch Einbau von Panzern gegen die Wirkungen des feindlichen Feuers zu schützen. Das alles erschwerte natürlich den Angriff um so mehr, als man sehr bald dazu kam, das eigene Feuer durch vermehrten Einsatz von Maschinengewehren zu verstärken. Nun sah sich der Angreifer zu Gegenmaßregeln gezwungen. Das Anrennen der Infanterie gegen den eingegrabenen Verteidiger erwies sich als wenig erfolgversprechend, weil es noch verlustreicher war als der Angriffskampf im freien Felde. Man mußte daher darauf bedacht sein, das Feuer des Verteidigers niederzuhalten.

Maschinengewehre allein reichten dazu im Angriff nicht aus. So war die Vermehrung und Verbesserung der Artillerie die natürliche Folge. Die feindlichen Gräben und Hindernisse mußten zerstört, die Infanterie des Feindes mußte niedergehalten, seine Artillerie bekämpft und womöglich zum Schweigen gebracht werden, um dem eigenen Angriff freie Bahn zu schaffen. Auch mußte die Flachbahn-Feldkanone in immer weiterem Maße durch Steilfeuer ersetzt

---

*) Vgl. Einleitung S. 4.

werden, um den Gegner hinter seinen Deckungen treffen zu
können. Dieser aber antwortete einmal durch Verstärkung
seiner Gräben mit schußsicheren betonierten Einbauten, dann
aber auch durch Verstärkung der Verteidigungsartillerie, der
nun die Aufgabe zugewiesen wurde, nicht nur die Angriffs=
artillerie erfolgreich zu bekämpfen, sondern auch die Anmarsch=
straßen des Feindes, seine Versammlungen und Bereit=
stellungen zum Angriff unter vernichtendes Feuer zu nehmen
und durch Bestreichen des Geländes unmittelbar vor den
Verteidigungslinien der eigenen Infanterie einen Feuervor=
hang vor diese zu legen, den der Angreifer nur unter schwer=
sten Verlusten sollte durchstoßen können (Sperrfeuer).

Der Angreifer sah sich nun seinerseits ebenfalls ge=
zwungen, weitere Aufgaben für seine Artillerie ins Auge zu
fassen. Es galt jetzt, nicht nur die feindlichen Verteidigungs=
anlagen zu zerstören und des Gegners Infanterie unter Ver=
nichtungsfeuer zu nehmen, sondern es mußte auch die Ar=
tillerie des Verteidigers möglichst vollständig niedergekämpft
werden, um ihre verheerende Wirkung gegen die Angriffs=
Artillerie und vor allem auch =Infanterie womöglich ganz
auszuschalten.

Endlich kam es darauf an, die feindlichen Flieger auch
von der Erde aus zu bekämpfen, und ferner durfte man
im eigentlichen Gebirge auf Artilleriewirkung nicht ver=
zichten. So mußte die Artillerie sowohl der Zahl als auch
der Art nach vermehrt, verstärkt und mit ausreichender Mu=
nition ausgestattet werden. Das wirkte wieder auf den Ver=
teidiger zurück, und so ergab sich eine wachsende Bedeutung
der Waffe für beide Parteien. Es wurden den verschiedenen
Aufgaben entsprechend die verschiedensten Arten von Ge=
schützen eingeführt und mit entsprechend verschiedener Muni=
tion ausgerüstet.

Daß die feindlichen Einbauten und Befestigungsanlagen eine starke Vermehrung des Steilfeuers von den leichtesten bis zu den schwersten Kalibern nötig machten, wurde schon dargelegt. Daneben aber ergab sich die Notwendigkeit, auch die feindlichen Anmarschstraßen und Unterkünfte, Magazine und wichtigen industriellen Werke zu schädigen, die feindliche Artillerie von weither niederzukämpfen und weitere Strecken durch flankierendes Feuer, womöglich mit den weit ausgedehnten Geschoßgarben der Schrapnells, zu bestreichen. So behielt auch die Feldkanone ihren Wert, wurde jedoch durch weitertragende Konstruktionen ersetzt; neben ihr entwickelte sich außer weittragenden Steilfeuerbatterien das schwerere und daher sehr weittragende Flachbahnfeuer zu einer nicht voll vorausgesehenen Bedeutung und gipfelte schließlich in der Konstruktion eines Geschützes, mit dem man auf etwa 120 Kilometer Entfernung Paris von deutscher Seite aus beschießen konnte.

Abgesehen jedoch von dieser besonderen Leistung, wurden Geschütze gebaut, die der großen Mehrzahl nach das 15-cm-Kaliber nicht überschritten, aber doch auch Kaliber bis zu 38 cm aufwiesen. Sie wurden zum Teil mit Motorzug versehen, zum Teil auf Eisenbahnwagen beweglich gemacht, so daß sie als Eisenbahngeschütze, ohne die Schienen der Bahn zu verlassen, zu feuern vermochten. Da, wo keine für die Schußrichtung passenden Kurven vorhanden waren, wurden Schienenklauen oder Ausweichkurven abgezweigt, die dem Geschütz als Aufstellungsort dienten. Für die Abwehr der feindlichen Flieger wurden Geschütze konstruiert mit Erhöhungsmöglichkeit bis zu 85 Grad, die teils von festem Stande aus feuerten, teils auf Kraftwagen eingebaut und daher beweglich waren. Endlich wurde für besondere Zwecke auch eine Gebirgsartillerie geschaffen, wie wir sie vor dem

Weltkriege überhaupt nicht besaßen. In den Karpathen sowohl wie in den Alpen, wo ja auch genugsam von deutschen
Truppen gekämpft und gesiegt worden ist, war es durchaus
nötig, unseren Truppen eine Artillerie mitzugeben, die sie
überall hin begleiten konnte. Dieser Zweck ist durch besondere
Konstruktionen auch erreicht worden.

Wenn in allen diesen Richtungen für das Fernfeuer in
ausgiebiger Weise gesorgt wurde, stellte sich anderseits auch
das Bedürfnis heraus, auf nächste Entfernungen vor der
eigenen Linie — besonders im Stellungskriege — Wirkungen
zu erzielen, die denen der Artillerie gleichkämen, ohne daß
man diese Waffe ihrer eigentlichen Aufgabe, ferner stehende
Ziele zu beschießen und die feindlichen Truppen — besonders
auch die gegnerische Artillerie — nach Möglichkeit zu schädigen, für die Bekämpfung ganz nahe liegender Ziele zu
entziehen brauchte.

Diesem Zwecke dienen die Minenwerfer, die in oder
dicht hinter der vordersten Infanterielinie aufgestellt werden
und im wesentlichen die Aufgabe haben, die nächstgelegenen
feindlichen Linien unter ein vernichtendes Steilfeuer zu
nehmen. Auch hier sind verschiedene Kaliber eingeführt, so
daß sich nach Wirkung und Beweglichkeit die Werfer in
schwere, mittlere und leichte gliedern. Die letzteren vermögen
die Infanterie auch im Angriff zu begleiten und können gleich=
falls als Flachbahngeschütze auf nahe Entfernungen verwendet
werden, wenn im Laufe des Vorgehens die Infanterie auf
Ziele stößt, die sie mit ihren eigenen Waffen nicht niederzu=
kämpfen vermag.

Dem gleichen Bedürfnis sollen auch die Infanteriegeschütz=
Batterien entsprechen, die ein leichtes Flachbahn=Feldgeschütz
führen. Sie haben die Aufgabe, die Infanterie unmittelbar zu
begleiten und im direkten Schuß feindliche Stützpunkte zu be=

kämpfen, während die leichten Minenwerfer dieselbe Aufgabe
nur auf höchstens 800 bis 1000 m erfolgreich zu lösen vermögen, aber, wie gesagt, zugleich im Steilfeuer zu verwenden sind. Auch die mittleren Minenwerfer, die eine sehr
bedeutende Spreng- und Detonationswirkung besitzen, können
beweglich gemacht und gegen schwer zu bekämpfende Angriffs-
ziele verwendet werden. Die schweren dagegen werden lediglich gegen befestigte Stellungen gebraucht und müssen fest eingebaut werden.

Zur verstärkten Abwehr feindlicher Angriffe auf Graben-
stellungen kommen schließlich Grabengeschütze zur Verwendung, Schnellfeuergeschütze leichten Kalibers von 3,7 bis
5 cm, die auf nahe Entfernungen bei großer Feuergeschwindigkeit eine erhebliche Wirkung zu erzielen vermögen.

Was die Geschosse anbetrifft, hat die Granate dem
Schrapnell gegenüber selbst gegen freistehende lebende Ziele
wieder an Bedeutung gewonnen, teils wegen ihrer größeren
moralischen Wirkung, teils der leichteren und rascheren Bedienung wegen, teils aber auch, weil es der Kriegsmassen-
industrie bei vielfach mangelnden Rohstoffen nicht gelungen
ist, die Brennzünder so zuverlässig herzustellen, daß sie genau
bestimmte Brennlängen ergeben. Gegen die vielen eingedeck-
ten Ziele und solche hinter Deckungen ist vor allem das Steilfeuer geboten. Man hat zwar zu diesem Zweck auch Bz.-
Granaten konstruiert, weil bei ihnen die Sprengstücke nicht nur
nach vorwärts, sondern auch nach unten und rückwärts wirken;
ihre Verwendung aber verbietet sich im allgemeinen aus den
gleichen Gründen wie die der Schrapnells, vor allem wegen der
Unmöglichkeit, im Kriege zuverlässige Brennzünder in großer
Zahl herzustellen. So ist man im großen und ganzen auf die
bewährte und leicht zu handhabende Granate angewiesen. Die
Zünder jedoch werden teils mit Verzögerung konstruiert, so

daß sie das Geschoß erst nach dessen Eindringen in das Ziel
zur Explosion bringen, was die Minenwirkung erhöht, teils
sind sie sehr empfindlich und führen schon im Augenblick, wo
das Geschoß das Ziel berührt, die Detonation herbei, um so
die seitliche Splitterwirkung zu erhöhen. Man verwendet
ferner Granaten mit gehärteter Spitze gegen widerstandsfähige Ziele. Schließlich sind zur Erreichung besonders
großer Schußweiten Geschosse von besonderer Form (C- und
Haubengeschosse) hergestellt worden.

Kleinere Variationen in den Geschoßkonstruktionen, die
lediglich von technischer Bedeutung sind, brauchen hier, wo es
sich nur um das Wesentliche handelt, nicht besprochen zu werden; dagegen muß im Zusammenhang mit der Artillerie eines
neuen Kampfmittels Erwähnung geschehen, das besonders
in dieser zu großer Bedeutung gelangt ist: der Kampf-
gase. Es sind das giftige Gase und Reizstoffe von verschiedener Zusammensetzung und Wirkung, die zunächst als selb-
ständiges Kampfmittel während des Krieges aufgetreten sind.
Solche Gase wurden zunächst in zusammengepreßtem Zustande in stählerne Flaschen gefüllt und dann, nachdem die
Flaschen im Kampfgraben in Stellung gebracht waren, bei
günstigem Winde gegen den Feind abgeblasen, auf den sie
— wenn es gelang, ihn zu überraschen — eine verheerende
Wirkung ausübten.

Dieses System bewährte sich jedoch auf die Dauer nicht
sonderlich. Es hängt zu sehr vom Winde ab, der unter Umständen das Gas in die eigenen Linien zurücktreiben kann.
Auch kann die eigene Truppe dadurch gefährdet werden, daß
von der feindlichen Artillerie die Gasflaschen zertrümmert
werden. Immerhin sind auf diese Weise, solange der Gegner
gegen dieses Kampfmittel noch nicht vorbereitet war, erhebliche Erfolge erzielt worden. Die Nachteile aber erwiesen sich

auf die Dauer als überwiegend, und ſo ging man dazu über, Gasgranaten und Gasminen zu konſtruieren.

Das bot den Vorteil, daß man vom Winde weniger ab= hängig war wie bisher, da man den Treffpunkt der Geſchoſſe je nach der Windrichtung vor, hinter oder ſeitwärts vom Ziel verlegen konnte und auch bei ungünſtiger Windrichtung der Entfernung wegen ſelbſt weit weniger gefährdet war als beim Gasabblaſen aus der eigenen Stellung. Auch konnte man nun Truppen und Gegenden weit hinter der feindlichen Front vergaſen oder verſeuchen, was beſonders mit Rückſicht auf die feindliche weit abſtehende Artillerie von Wich= tigkeit war.

Die Wirkung der Gaſe beſteht je nach ihrer Art darin, daß ſie entweder Reizzuſtände in den Atmungsorganen, Naſe und Augen, veranlaſſen und den Betroffenen dadurch für eine Zeitlang kampfunfähig machen oder aber beim Einatmen tödlich wirken oder endlich eine ganze Gegend, die ſtark mit Gas beſchoſſen wird, auf längere Zeit verſeuchen, ſo daß ſie noch nach Tagen nicht ſtraflos betreten werden kann. Solche Gaſe wirken nicht nur beim Einatmen oft tödlich, ſondern ſchädigen auch die Haut, die mit ihnen in Berührung kommt, und führen Erblindung herbei — während die Wirkung der erſtgenannten Gaſe zwar auf weithin, aber nur auf kurze Zeitdauer verderblich iſt.

Als Abwehrmittel gegen das Gas ſind jetzt überall Gas= masken eingeführt, die beim Atmen das gefährliche Gas auf= ſaugen und ſo unſchädlich machen. Sie ſchützen natürlich nicht gegen alle Gaſe und behindern jedenfalls, wenn ſie längere Zeit getragen werden müſſen, die militäriſche Tätigkeit ſowohl bei der Infanterie wie auch bei der Artillerie.

Ein den Gasgeſchoſſen verwandtes, wenn auch in der Wirkung ganz verſchiedenes Kampfmittel ſind die Nebel=

granaten und Nebelbomben. Sie schädigen den Gegner nicht
unmittelbar, verhindern ihn aber oft am wirksamen Waffengebrauch, indem sie besonders Angriffsbewegungen dem Auge
des Feindes entziehen, so ein verdecktes Herankommen an
dessen Kampflinien ermöglichen und das Moment der Überraschung zu steigern vermögen. Freilich behindern sie auch
vielfach die eigenen Bewegungen, da es nicht immer leicht ist,
im vernebelten Gebiet die Orientierung zu behalten oder gar
von der Waffe Gebrauch zu machen.

Wenn somit die Zusammensetzung der Artillerie und ihre
Wirkungsweise tiefgreifenden Änderungen unterworfen worden sind, hat sich auch das Schießverfahren sehr wesentlich
geändert. Vor dem Weltkriege war man im allgemeinen auf
Erdbeobachtung angewiesen, und diese ist auch heute noch,
wenigstens im Bewegungskriege, die Regel. Gute Beobach-
tungsstellen haben an Wert gewonnen. Bei den großen Schußweiten der modernen Geschütze aber ist eine solche durchaus
nicht in allen Fällen möglich, ja sie beschränkt sich im allgemeinen auf den Nahkampf. Auch nutzt die Artillerie alle
Geländebedeckungen in weitestgehender Weise aus, um sich
gegen Sicht zu schützen. Fernziele spotten daher meist der
direkten Beobachtung. Diese kann in solchem Falle durch
Beobachtung aus der Luft ersetzt werden, aus dem Fesselballon oder durch Artillerieflieger, die die Lage der Schüsse
der schießenden Batterie auf funkentelegraphischem Wege oder
durch Fernsprecher mitteilen, so daß eine Korrektur möglich wird.

Aber auch dieses Verfahren läßt sich nicht überall durchführen, teils wegen der Gegenwirkung feindlicher Flieger,
teils weil beim Kampf zahlreicher nebeneinander eingesetzter
Batterien ein Auseinanderhalten der Geschoßeinschläge sehr
schwierig ist. Es ist daher erforderlich, auch ohne direkte

Beobachtung ein Ziel mit Aussicht auf Erfolg beschießen zu können. Diesen Zweck hat man durch die verschiedenen Meßverfahren erreicht. Zunächst wird der Standort der Batterie, die schießen soll, trigonometrisch festgelegt, dann werden an verschiedenen Stellen im Nebengelände Meßstationen ebenfalls trigonometrisch eingemessen. Von ihnen aus wird entweder die Lichterscheinung des feindlichen Abschusses von verschiedenen Seiten angeschnitten und so die feuernde Batterie im Gelände festgelegt (Lichtmeßverfahren), oder es wird die Lage der feindlichen Batterie dadurch bestimmt, daß man den Unterschied der Zeit mißt, den die Schallwelle des Abschußknalles braucht, um zu den eigenen Meßstellen zu gelangen. Aus diesen Messungen läßt sich die Lage der feuernden feindlichen Batterie einwandfrei ermitteln (Schallmeßverfahren). In gleicher Weise werden bei diesem Verfahren die Schüsse der eigenen schießenden Batterie beim Einschlag ihrem Schall nach angeschnitten, und es wird ihre Lage auf dem Plan nach dem Schall bestimmt. Dementsprechend werden sie dann ins Ziel korrigiert. Beim Lichtmeßverfahren anderseits wird der Rauch des Geschoßeinschlages wenn möglich angeschnitten, danach der Treffpunkt bestimmt und die Korrektur vorgenommen.

Wo das Einschlaggelände von den Meßstellen aus nicht einzusehen ist, kann man mit Hilfe des Höhenmeßplanes die Lage der Schüsse dadurch bestimmen, daß man zunächst einen mit Absicht sehr hoch gelegten Brennzündersprengpunkt vermißt und dann den Punkt berechnet, wo das Geschoß einschlagen würde, wenn es seinen Weg hätte fortsetzen können. Danach nimmt man nun die Korrektur vor.

Wenn eine Beobachtung der Schüsse weder von der Erde noch sonst möglich ist, kann schließlich ein reines unbeobachtetes Planschießen stattfinden, das jedoch stets eine Ausnahme bleiben soll. Voraussetzung für Wirkung ist hierbei genaue Kenntnis der eigenen Stellung, des Zieles, gutes Kartenmaterial und Berücksichtigung der atmosphärischen „Tageseinflüsse" sowie der „besonderen Einflüsse" auf die Flugbahn der Geschosse. Einen hohen Entwicklungsgrad hat unter diesen Umständen das gesamte Meß- und Kartenwesen erreicht. Auch sind die meteorologischen Beobachtungen der Armee dienstbar gemacht worden.

Windrichtung und -stärke, Feuchtigkeitsgehalt der Luft, Luftdruck und andere Faktoren beeinflussen die Flugbahn der Geschosse in ziemlich erheblicher Weise. Es kommt darauf an, beim Schießen diese Tageseinwirkungen zu berücksichtigen. Wetterwarten sind daher eingerichtet worden, die diese atmosphärischen Einflüsse täglich feststellen und den Batterien mitteilen, so daß diese in der Lage sind, den Einfluß der verschiedenen Faktoren, der tabellarisch festgelegt ist, beim praktischen Schießen zu berücksichtigen (Frontwetterwarten). Schon hierdurch wird die Treffgenauigkeit wesentlich erhöht.

Es machen sich aber noch besondere Einflüsse geltend, die bei den einzelnen Geschützen verschieden sind, entstanden im wesentlichen aus der verschieden starken Beanspruchung der einzelnen Rohre. Diese besonderen Einflüsse werden durch Anschießen jedes einzelnen Geschützes auf eine gegebene Entfernung immer von neuem festgestellt, und danach wird dann für jedes Geschütz der Aufsatz für alle Entfernungen berechnet (Pulkowski-Verfahren). Das ergibt zwar eine gewisse Erschwerung des Schießens, dafür aber eine erheblich gesteigerte Treffgenauigkeit der ganzen Batterie.

Wenn somit die Feuerkraft der Verteidigungsinfanterie und der Umstand, daß sie zu weit ausgedehnten befestigten Stellungen greifen mußte, den ersten Anstoß zu einer außerordentlichen Vermehrung der Artillerie und im Verlauf der

Ereignisse zur Einführung verschiedenster Geschützarten und eines komplizierten Schießverfahrens geführt hat, so hat auch die Infanterie selbst eine weitgehende Veränderung ihrer Bewaffnung und damit ihrer gesamten Taktik erleben müssen.

Vor dem Kriege berechtigten die Feuergeschwindigkeit, Tragweite, Rasanz und Treffgenauigkeit des modernen Infanteriegewehrs, die auf nahe Entfernungen eine vernichtende Wirkung versprachen, zu der Annahme, daß der Kampf sich vornehmlich auf weite Entfernungen abspielen, und daß es der Angriffsinfanterie nur sehr allmählich gelingen werde, die Feuerüberlegenheit zu erringen und sich auf Sturmnähe an den Verteidiger heranzuarbeiten. Auf dieser Voraussetzung war unsere ganze Taktik aufgebaut, und die ersten Kämpfe des Weltkrieges haben sich wohl in diesen Formen abgespielt. Auch ist anzunehmen, daß auch fernerhin, wo es zu Begegnungskämpfen im Bewegungskriege kommen sollte, ähnliche Bedingungen zu ähnlichen Kampfformen führen werden.

Ganz anders aber gestalteten sich die Dinge, als der Stellungskrieg begann. Hier rückten die Gegner oft auf unmittelbarste Nähe aneinander heran, und es kam für den Angreifer wie für den Verteidiger darauf an, sei es den im Graben gedeckten und unsichtbaren oder nur teilweise sichtbaren Gegner zu treffen, sei es aus dem Graben heraus den in unmittelbarer Nähe heranstürmenden Feind mit Feuer zu fassen, ohne sich selbst der Waffenwirkung des Feindes allzu offen auszusetzen. Zunächst wurden Scharfschützen eingeführt, die, mit Zielfernrohrbüchsen bewaffnet und hinter Schutzschilden gedeckt, auch die kleinsten Ziele zu treffen vermochten. Dann aber wurde die Handgranate eingeführt, wie sie in der vorfriderizianischen Zeit bereits im Gebrauch gewesen und schon im Russisch-Japanischen Krieg systematisch verwendet worden war. Sie wurde nunmehr ein Hauptnahkampfmittel der Infanterie, da sie nicht nur beim frontalen Angriff, sondern auch beim Aufrollen der durch Schulterwehren gegen Flankenfeuer geschützten Gräben ein unbedingtes Erfordernis war; ebenso beim überraschenden Nahangriff auf einzelne Posten und Widerstandsnester.

Damit aber war die Veränderung der Infanteriebewaffnung noch nicht abgeschlossen. Je mehr Feinde uns Deutschen mit der Zeit erstanden — Italiener, Rumänen, die neugebildeten englischen Massenheere, Asiaten, Afrikaner und endlich Amerikaner —, je mehr anderseits die Verluste in ungezählten Schlachten und Gefechten sich häuften, je mehr es in der Verteidigung der langen Stellungslinie darauf ankam, Reserven zu sparen, um sie an bedrohten Punkten einsetzen zu können, im Angriff aber die Feuerkraft zu konzentrieren, desto mehr ward bei uns und als Gegenwirkung auch bei unseren Gegnern, die uns durch Massenwirkung vernichten wollten, die Notwendigkeit empfunden, die Feuerkraft der Infanterie zu steigern und zugleich so wenig Leute als möglich in den vordersten Linien dem feindlichen Feuer auszusetzen, um Verluste nach Möglichkeit zu vermeiden.

Dieser scheinbare Widerspruch der Forderungen wurde durch das leichte Maschinengewehr gelöst, das sich allmählich zur Hauptwaffe der Infanterie entwickelte und einen — wie wir sehen werden — tiefgreifenden Einfluß auf deren Taktik ausübte. Dieses leichte, von einem Mann getragene Gewehr ersetzt etwa das Feuer eines mit Infanteriegewehren ausgerüsteten Zuges und gestattet daher in der Verteidigung wie im Angriff mit einer verhältnismäßig geringen Zahl von Mannschaften in vorderster Linie auszukommen und entsprechend Reserven zu sparen, was ja der gestellten Forderung entspricht. Wenn auch die Notwendig-

keit, das Gewehr von einer Anzahl Patronenträger begleiten
zu laſſen, vorhanden iſt, blieb damit der Menſcheneinſatz
doch weſentlich geringer, als wenn es notwendig geweſen
wäre, die gleiche Feuerkraft durch Infanteriſten zu erzielen.

Die ſchweren Maſchinengewehre, deren Aufgabe es von
vornherein war, den Gegner aus überhöhenden und flankierenden Stellungen auch von weither unter Feuer zu
nehmen, blieben daneben natürlich beſtehen und bilden heute
auch durch indirektes Feuer eine weſentliche Unterſtützung
des Infanteriekampfes, beſonders in der Verteidigung. Eine
weitere Hilfe für die Verteidigung wurde in den Granatwerfern geſchaffen, die das Sperrfeuer zu verſtärken geeignet
waren, und in den Gewehrgranaten, die allerdings eine ziemlich primitive Waffe ſind. Doch zeigte ſich bald die Notwendigkeit, die Kampfkraft der Infanterie, beſonders im Angriff,
noch weiter zu verſtärken, nachdem in der Verteidigung der
gleiche Zweck bereits durch Grabenkanonen und Minenwerfer
erreicht war.

In der Erkenntnis und durch die Erfahrung, daß die
vorderen Grabenlinien von der Angriffsartillerie und den
Minenwerfern ſo zugedeckt werden könnten, daß es unmöglich
werden mußte, in ihnen die eigene Infanterie gefechtsfähig
zu erhalten, griff der Verteidiger dazu, das ganze Gelände
hinter den vorderſten Linien zu einer verteidigungsfähigen
Tiefenzone zu geſtalten. Es wurden nicht nur mehrere
Linien und Stellungen hintereinander angelegt, ſondern
auch im Zwiſchengelände befeſtigte Widerſtands- und Ma-
ſchinengewehrneſter, womöglich ſchachbrettförmig, eingerichtet,
die von der feindlichen Artillerie meiſt nur ſchwer aufzufinden
waren und den eingedrungenen Feind immer von neuem
aufhalten ſollten. So mußte ſich die Angriffsinfanterie, auch
nachdem ſie die vorderſten feindlichen Stellungen genommen

hatte, immer wieder vor Aufgaben gestellt sehen, die sie mit den eigenen Mitteln nicht zu lösen vermochte. Die weit rück= wärts stehende eigene Artillerie aber konnte in dem entstan= denen Kampfgewühl und zwischen all den verschiedenen zer= streuten Widerstandspunkten, die teils vor der eigenen Infanterie lagen, teils von dieser schon seitlich umgangen waren, nicht immer wirksam unterstützen.

Das Beobachten und genaue Schießen ist unter solchen Umständen aus der gewöhnlichen Aufstellung der Artillerie nicht immer möglich. Der Artillerist kann die einzelnen Phasen des Infanteriegefechts aus ihr nicht genau verfolgen und daher auch nicht rasch genug an entscheidender Stelle ein= greifen. Es ist mithin erforderlich, der Angriffsinfanterie die notwendigen Kampfmittel unmittelbar beizugeben und sie mit Begleitbatterien — leichten Feld= und eigens konstruierten Infanteriegeschützbatterien — und leicht beweglichen fahr= baren Minenwerfern auszurüsten, die bei Erdbeobachtung und direktem Schuß imstande sind, die feindlichen Wider= standsnester zu erledigen. Zu dem gleichen Zweck gibt man der Infanterie heute Flammenwerfer mit, die dem Gegner eine brennende Masse entgegenschleudern und ihn auf diese Weise, allerdings nur aus verhältnismäßiger Nähe, ver= nichten.

Auch damit aber schien der Angriff noch nicht genügend verstärkt, um sicher durchbringen zu können. Man konstruierte daher Selbstfahrer, zunächst bei unseren Gegnern, völlig ge= schlossene und mit Maschinengewehren und Schnellfeuerge= schützen bestückte Panzerwagen — sogenannte Tanks —, die, mit starkem Motor versehen und gegen Infanteriefeuer un= verletzlich, gegen die Linien des Verteidigers losgelassen wer= den sollten, um der nachfolgenden Infanterie die Gasse zu bahnen. Sie sind derartig eingerichtet, daß sie Hindernis=

anlagen niederwalzen, Grabenanlagen und aufgesetzte Deckungen leicht überwinden und die durchbrochenen Linien des Verteidigers unter flankierendes Vernichtungsfeuer nehmen können.

Diese zunächst etwas plump geratenen Wagen mit ziemlich langsamer Fahrt sind dann allmählich wesentlich verbessert worden und heute als das Hauptangriffsmittel der Ententeheere zu betrachten. Es läßt sich sogar noch gar nicht voraussehen, wohin diese Entwicklung führen kann, und ob die Tanks sich auf die Dauer wirklich bewähren werden. Von unseren Gegnern wurden sie jedenfalls zu Tausenden hergestellt und haben zunächst große Überraschungserfolge erzielt.

Sie wurden in den verschiedensten Typen konstruiert. Die anfangs gebauten schwerfälligen und wenig wendigen Tanks wurden später nur noch dazu verwendet, Munition und anderen Kriegsbedarf in die vorderen Linien vorzuführen. Die eigentlichen Kampftanks dagegen wurden im wesentlichen in zwei Typen gebaut, dem eigentlichen schweren Schlachttank und einem leichteren und schnelleren Tank, der bestimmt ist, möglichst schnell tief in die feindlichen Linien hineinzustoßen und die rückwärtigen Verbindungen des Gegners zu stören. Außerdem gibt es noch größere Tanks, die nicht nur selbst kämpfen sollen, sondern eine größere Anzahl Mannschaften und Maschinengewehre zu transportieren vermögen, um diese hinter den durchbrochenen feindlichen Linien ausladen und jene von rückwärts her bekämpfen zu können.

Je nach ihrer Bewaffnung unterscheidet man männliche und weibliche Tanks und Zwitter. Als männliche werden die bezeichnet, die neben Maschinengewehren mit zwei Schnellfeuerkanonen ausgerüstet sind, als weibliche die, die nur Maschinengewehre führen, und als Zwitter solche, die außer

mit Maschinengewehren mit je einer Schnellfeuerkanone versehen sind. Alles in allem bedeuten diese Kampfwagen ein
nicht zu unterschätzendes Angriffsmittel. Man kann sie aber
vielleicht mit den Kriegselefanten vergleichen, die Pyrrhus
zuerst gegen die Römer ins Feld führte, vor seiner Infanterie
vorgehen ließ und damit bei seinen Feinden zunächst einen
gewaltigen sachlichen und moralischen Erfolg davontrug. Bald
aber fanden die Überraschten die geeigneten Gegenmittel, und
der Elefantenangriff versagte vor ihrer besonnenen Tapferkeit.

Auch in Deutschland sind dann ähnliche Panzerwagen
gebaut worden, die den feindlichen zum mindesten als gleichwertig zu betrachten sind.

Diese Verstärkungen des Angriffs haben natürlich
Gegenwirkungen bei der Verteidigung ausgelöst. Es
wurde eine Infanteriemunition verfertigt, die imstande
war, die Panzerung der Tanks zu durchschlagen. Es
wurden besondere Tankabwehrgewehre eingeführt, mit denen
dieser Zweck noch sicherer erreicht werden konnte. Im
Verteidigungsgelände wurden zur Bekämpfung der Tanks
besondere Geschütze aufgestellt und mit Panzerkopfgranaten
ausgerüstet, denen die Aufgabe zufiel, die vorgehenden Tanks
auf nahe Entfernungen mit direktem Schuß zu zerstören. Es
wurden Engen, die die Tanks passieren mußten, mit Beton-
durchlässen versehen, die die gefürchteten Kriegsmaschinen nicht
passieren konnten — diese besonders im Hintergelände —,
und es wurden endlich die Befestigungsanlagen derart konstruiert, daß sie dem Überschrittenwerden durch die Tanks
erhebliche Schwierigkeiten entgegensetzten: sogenannte Tankfallen. So gelang es, die Wirkung dieser Kriegsmaschinen
sehr wesentlich zu paralysieren. Sie sind in großer Anzahl
von uns erledigt oder erobert worden. Immerhin bilden
sie — zweckmäßig angewendet — ein gutes Kampfmittel.

Wenn somit die Neubewaffnung der Infanterie und besonders der Artillerie mit den diesen beiden Hauptwaffen zugeteilten neuen Kampfmitteln die heutige Schlachtenführung
und den Charakter der Entscheidungskämpfe in maßgebender
Weise bestimmen, so haben doch auch noch andere Neuerrungenschaften auf dem Gebiete der Kriegsmittel einen in
vieler Beziehung sehr tiefgreifenden Einfluß ausgeübt. Hier
ist in erster Linie das Flugwesen zu nennen.

Schon vor dem Kriege waren in der Entwicklung der
Luftwaffe bemerkenswerte Anfänge gemacht worden. Die
lenkbaren Luftschiffe hatten bereits eine recht bedeutende
Vollkommenheit erreicht. Der Fesselballon war allerdings
einer erheblichen Unterschätzung verfallen, aber das Flugwesen, dessen steigende Bedeutung allerdings noch nicht voll
erkannt war, befand sich — wenn es auch noch in seinen Anfängen steckte — dennoch in erfreulicher Entwicklung. Das
alles änderte sich aber sehr bald mit dem einsetzenden Kriege.
Der Fesselballon kam als Beobachtungsstation sowohl im
Stellungs- wie im Bewegungskriege wieder voll zu Ehren,
und das Flugwesen gelangte sehr bald zu einer hohen strategischen und taktischen Bedeutung, mit der die Konstruktion
der Flugmaschinen Schritt hielt, und die den Lenkballon, der
anfangs noch eine gewisse Rolle gespielt hat, immer mehr in
den Hintergrund drängte, je mehr es gelang, Flugzeuge mit
großer Tragfähigkeit und bedeutendem Aktionsradius zu
konstruieren.

Heute ist dieses Problem im vollen Maße gelöst. Man
unterscheidet jetzt: Arbeitsflugzeuge, Bombengeschwader,
Schlachtstaffeln und Jagdstaffeln, die in geordneten taktischen
Verbänden — deren Notwendigkeit ich schon in meinem Buche
vom „Heutigen Kriege" betont hatte — oder einzeln jede ihre
besonderen Aufgaben zu erfüllen haben.

Den Arbeitsflugzeugen fällt vor allem die Aufgabe zu, die feindlichen Stellungen photographisch festzulegen und die Vorgänge beim Gegner bis weit hinter dessen Front aufzuklären. Das Photographieren vom Flugzeug aus und ebenso das Auswerten der oft unter einem Winkel aufgenommenen Bilder zum praktischen Gebrauch haben einen hohen Grad der Vollendung erreicht. Auch vom Fesselballon aus können derartige Bilder hergestellt werden. So bildet die Luftaufklärung besonders für die strategische und taktische Fernaufklärung einen Ersatz für die Kavallerie, die im Stellungskriege durch die Natur der Dinge ausgeschaltet ist und im Bewegungskriege durch die Fernaufklärung der Flieger wesentlich unterstützt wird. Diese haben ferner die Nahaufklärung im Verein mit den Infanteriepatrouillen zu besorgen, während diese Tätigkeit im Stellungskriege ausschließlich der Infanterie zufällt.

Aufgabe der Arbeitsflieger ist es ferner, bei dem Einschießen der Artillerie durch Beobachtung und Meldung der Einschläge in ihrer Lage zum Ziel mitzuwirken und im Gefecht die Verbindung der vorderen Infanterielinien mit den rückwärtigen Kommandostellen aufrechtzuerhalten. Auch Munition und Lebensmittel können sie unter Umständen der im Kampfe stehenden Infanterie zuführen (Infanterieflieger). Um die Verbindung mit den Truppen zu ermöglichen, sind besonders die Artillerieflieger mit Apparaten zum telegraphischen Wechselverkehr ohne Draht und zur Telephonie ohne Draht ausgestattet, während die Truppe mit entsprechenden Apparaten ausgerüstet ist.

Die Bombengeschwader bestehen aus Flugzeugen mit teilweise sehr großer Tragfähigkeit, so daß sie Bomben bis zu 1000 kg Gewicht tragen können. Man unterscheidet Groß und Riesen-Flugzeuge, von denen die letzteren die größten sind. Sie sind mit Abwurfbomben ausgerüstet und haben die Aufgabe, feindliche Unterkünfte, Materiallager, Eisenbahnen, Flughäfen, wichtige Industrieanlagen und dergleichen aus der Luft anzugreifen. Die Wirkung ihrer Abwurfgeschosse ist zum Teil eine außerordentliche. Auch sie können einen sehr empfindlichen oder einen mit Verzögerung wirkenden Zünder haben, je nachdem es darauf ankommt, entweder große, weitreichende und rasante Splitterwirkung zu erzielen oder widerstandsfähige Ziele zu durchschlagen. Für Sonderaufgaben werden den Bombengeschwadern auch kleinere Flugzeuge zugeteilt, die die Aufgabe haben, z. B. Eisenbahnzüge anzugreifen und dazu sehr tief auf das zu treffende Ziel herabzustoßen, um es mit sogenannten Minenkoffern zu treffen und zu vernichten.

Die Schlachtgeschwader ihrerseits haben die Aufgabe, unmittelbar in den Kampf der anderen Waffen auf der Erde einzugreifen; der Zweck der Jagdstaffeln aber ist es, die anderen Flugzeuge bei ihrer Arbeit zu schützen, den feindlichen Fliegern offensiv zu Leibe zu gehen und die Überlegenheit in der Luft zu erkämpfen. Sie sind eigens zu diesem Zweck konstruiert und daher besonders rasch und wendig.

Alle Flugzeuge sind bewaffnet, teils von vornherein in offensiver Absicht, teils um sich feindlicher Luftangriffe erwehren zu können. Die Arbeitsflugzeuge, Schlachtstaffeln und Bombengeschwader führen je ein starr befestigtes und ein bewegliches Maschinengewehr. Eine Ausnahme bilden die gepanzerten Infanterieflieger, die eben vermöge ihrer Panzer eine möglichst große Sicherheit gegen Infanterie- und Maschinengewehrfeuer gewähren sollen. Sie führten zunächst am Boden des Beobachtersitzes zwei gekuppelte Maschinengewehre zum senkrechten Abwärtsschießen und außerdem ein bewegliches Maschinengewehr für den Beobachter.

Später aber sind die gekuppelten Maschinengewehre als un-
zweckmäßig durch ein einzelnes ersetzt worden. Die Jagd-
flugzeuge endlich sind nur mit zwei starr eingebauten Maschinengewehren bewaffnet.

Neben ihren besonderen Aufgaben sind natürlich auch
alle Flugzeuge zur Nachrichtenübermittlung zu verwenden,
sei es durch funkentelegraphische Meldungen an die rückwärtigen Behörden oder Truppenteile (Batterien), sei es durch
Abwurf von weithin erkennbaren Rauchpatronen, die in besonderer Kapsel Meldungen enthalten. Auch Brieftauben
können aus dem Flugzeug abgeworfen werden.

So bildet die Luftwaffe in ihrer Vielseitigkeit eine über-
aus bedeutende Neuerrungenschaft für alle Armeen und
scheint berufen, einen in mancher Hinsicht bestimmenden Einfluß auf die Entwicklung der strategischen und taktischen Verhältnisse auszuüben. Auch die Festungsfrage wird durch sie
— wie ich schon vor dem Kriege voraussagte — beeinflußt
werden. Sie hat schon heute insofern einen sehr bedeutenden
strategischen Einfluß ausgeübt, da man gezwungen ist, alle
strategischen und operativen Bewegungen bei Nacht auszuführen, um sie der Fliegersicht zu entziehen. Auch zwingt sie
zu zahlreichen Verschleierungsmaßnahmen, um Batteriestellungen, Verteidigungsanlagen und ähnliches dem Auge
und dem Apparat des feindlichen Fliegers unkenntlich zu
machen.

Noch in einer anderen sehr wesentlichen Richtung hat
die Kriegstechnik entscheidenden Einfluß geübt und die Führung der modernen Massenheere auf so ausgedehnten Kriegs-
theatern, wie sie den Weltkrieg kennzeichnen, allererst möglich
gemacht: nämlich auf dem Gebiete des Nachrichten- und
Meldewesens.

Der gewöhnliche Morse-Telegraph, der noch heute im

telegraphischen Kleinverkehr verwendet wird und bis lange nach 1870/71 die Vermittlung zwischen den einzelnen Heeres- und Truppenteilen besorgte, ist aus der Armee völlig verschwunden. Das gewöhnliche Verständigungsmittel zwischen den einzelnen Teilen des Heeres untereinander und mit der Heimat bildet der Fernsprecher. Zwischen der Division und ihren sämtlichen Unterorganen ist er das wesentlichste Verständigungsmittel, wenn erforderlich mit einem Schlüsseltext, der das Mithören durch den Feind gefahrlos macht. Zwischen den Divisionen und den Generalkommandos ist der sogenannte Klopfer im Gebrauch, mit dem man imstande ist, 600 Worte in der Stunde zu übermitteln: ein Telegraphenapparat, der dem Morsealphabet entsprechende Klopflaute gibt, die vom Empfänger abgehört werden.

Zwischen den Generalkommandos, den Armee-Oberkommandos und den Heeresgruppen wird der Fernschreiber (Hughes-Apparat) benutzt, der durch eine sinnreiche in Amerika erfundene Einrichtung 1000 Worte in der Stunde schriftlich zu entsenden vermag, so daß der Empfänger die Mitteilung als geschriebenes Telegramm erhält, das niemand mitlesen kann. Zwischen den Heeresgruppen und dem Großen Hauptquartier, sowie zwischen diesem, den heimatlichen Zentralbehörden und anderen, oft weit abgelegenen Kriegsschauplätzen verwendet man den Siemensschen Schnelltelegraphen, der 5000 Worte in der Stunde zu befördern vermag, die der Empfänger als geschriebenes Telegramm erhält. Die hierzu erforderlichen Apparate sind allerdings bodenständig und bedürfen zu ihrem Transport eigenartig gefederter Sonderwagen.

Zu solch staunenswerter Höhe und Vollkommenheit hat sich die Telegraphie mit Draht zu entwickeln vermocht.

Daneben besteht — ebenfalls im praktischen Gebrauch der

Armee — die Funkentelegraphie. Sie gestattet, je nach der Konstruktion der Apparate, einseitigen Verkehr oder Wechselverkehr. Beim ersten können Nachrichten nur empfangen, beim anderen empfangen und gegeben werden. Jeder Division ist eine Funker-Abteilung zugeteilt, vermittels deren sie sich mit ihren Unterbehörden — Brigade-,Regiments-,Kampftruppenkommandeuren, Artilleriebefehlsstellen usw. — in Wechselverbindung setzen kann. Doch empfiehlt es sich, darin eine gewisse Beschränkung zu üben, da sich sonst die einzelnen Stationen leicht gegenseitig stören. Nur geben können z. B. die Artillerieflieger, die das Feuer der Artillerie zu leiten haben; nur empfangen die betreffenden Batterien. Auch die höheren Verbände stehen miteinander in Funkenverbindung.

Den Divisions-Funkerabteilungen sind die Erdtelegraphen angeschlossen, die unter Ausnutzung der elektrischen Leitungsfähigkeit der Erde eine Verbindung herzustellen vermögen, ohne daß besondere Vorrichtungen nötig sind. Die Erde selbst leitet die Mitteilung. Die Vorrichtung, die einen einfachen Apparat darstellt, kann sowohl zum Nehmen wie zum Geben benutzt werden. Ein Lautverstärker ermöglicht es, auch schwächere durch die Erde geleitete Ströme dem menschlichen Ohr vernehmbar zu machen. Auf dem gleichen Prinzip beruhen die Abhörstationen, die es ermöglichen, unter Umständen feindliche Gespräche, die beim Feinde telegraphisch oder telephonisch geführt werden, in den eigenen Linien mitzuhören, indem die durch den Gegner benutzten, teilweise im Erdboden abirrenden elektrischen Ströme durch den eigenen Apparat aufgefangen werden.

Neben diesen elektrischen Verständigungs- und Nachrichtenmitteln bedient man sich auch noch der Blinkerverbindung. Starke elektrische Lampen werfen Lichtzeichen, die der Morseschrift entsprechen, von der Front

nach rückwärts oder von rückwärts nach vorn. Sie ſind
im allgemeinen bei den Diviſionen eingeführt und verbinden dieſe mit den vorderſten Kompagnien oder den
Artilleriebeobachtern. Es gibt, je nach der Lichtſtärke
und entſprechenden Reichweite, große, mittlere und kleine
Blinkapparate. Bei Nebel und Regen iſt jedoch ihr Aktionsradius ein ſehr beſchränkter.

Für den Fall aber, daß alle dieſe Mittel verſagen, bedient man ſich der Meldehunde und Brieftauben, die den
Truppen mitgegeben werden. Letztere kehren ſehr raſch zu
ihrem Heimatſchlage zurück, von wo die mitgebrachten Meldungen durch Fernſprecher weiterbefördert werden. Schon
oft haben die Brieftauben gute Dienſte geleiſtet, wo alle
anderen Nachrichtenmittel verſagten; ſie gelten im allgemeinen als beſonders zuverläſſig.

Auch der Nachrichtengeſchoſſe kann man ſich unter Umſtänden bedienen. Entſprechend konſtruierte Geſchoſſe werden
durch leichte Minenwerfer oder Granatwerfer aus der vorderſten Linie nach einer vorher beſtimmten Empfangsſtelle
rückwärts geſchoſſen, zerſpringen dort mit ſtarker Rauch-
erſcheinung und liefern ſo die in beſonderer Kapſel enthaltene
Meldung dem Empfänger ab. Endlich kann man noch durch
Leuchtkugeln von verſchiedener Farbe und Lichterſcheinung
vorher verabredete Zeichen geben: Anfordern von Artilleriefeuer nach einer beſtimmten Stelle, Vor- oder Zurückverlegen
dieſes Feuers und ähnliches. Auch Schallinſtrumente,
Sirenen und ähnliche weittönende Vorrichtungen können
z. B. als Alarmzeichen oder in einem beſtimmten, vorher ver-
abredeten Sinn verwendet werden.

Dieſes bis ins einzelne vorbereitete Nachrichtenweſen ermöglicht es meiſt, zwiſchen den rückwärtigen Kommando-
ſtellen und den vorderſten Kampftruppen ſelbſt im heftigſten

Trommelfeuer der Artillerie eine einigermaßen zuverlässige Verbindung herzustellen und anderseits auch den Verkehr zwischen räumlich weit auseinanderliegenden Behörden einwandfrei zu sichern. Anstandslos vermittelt z. B. der Siemenssche Schnelltelegraph den Verkehr zwischen Berlin und Konstantinopel.

Neben der raschen Verständigung zwischen den Zentralstellen und den einzelnen Gruppen des Massenheeres muß aber auch dieses selbst in seiner Beweglichkeit nach Möglichkeit gesteigert werden. Auf die Bedeutung der Eisenbahnen und der Straßen in dieser Hinsicht ist schon hingewiesen worden. Die schnell gelegte Feldbahn bildet heute neben dem raschen Ausbau der Hauptbahnlinien und ihrer eventuellen Ergänzung auf dem Kriegsschauplatz ein notwendiges Bewegungsmittel moderner Armeen. Da ein solches Bahnnetz aber nicht beweglich gemacht werden kann, sondern stets eine gewisse Starrheit aufweist, mußte es noch eine Ergänzung finden, die durch den Pferdezug allein nicht gewährleistet werden kann.

Diese Lücke füllt der Kraftwagen für Personen und Lasten aus, der den gesamten Nachschub der Armee — wenigstens da, wo feste Straßen vorhanden sind — in der wesentlichsten Weise erleichtert und allererst möglich macht. Es wird durch diese Erfindung die Möglichkeit geschaffen, einerseits größere Lasten auf verhältnismäßig wenigen Wagen fortzubewegen und dadurch die Kolonne zu verkürzen, anderseits die Transporte sehr wesentlich zu beschleunigen, endlich auf Kriegsschauplätzen mit reichem und festgebautem Straßennetz Pferdekräfte zu sparen und diese dafür in unwegsamen Gegenden, die den Gebrauch schwerer Lastautos ausschließen, in erhöhtem Maße einzusetzen.

Eine besondere Verwendung finden die Kraftwagen bei

der Artillerie; hier werden sie in umfassender Weise zum Munitionstransport benützt, dienen aber auch zum Bewegen schwerer Geschütze. Auch können solche auf den Wagen selbst eingebaut sein, die ihnen dann sowohl als Bewegungsmittel wie als Aufstellungsort zum Feuern dienen. Auch für die Beschleunigung des Verwundetentransports und zum Reisen der Vorgesetzten bieten die Kraftwagen ein erwünschtes Mittel. So gewähren sie in ihren verschiedenen Formen und Verwendungsarten eine sehr erhebliche Hilfe bei der Führung und Bewegung der Massenheere. Unter Umständen können sogar ganze Truppenteile auf Kraftwagen-kolonnen rasch von einem Teil des Operationsraumes auf einen anderen verschoben werden. Im Westen haben unsere Gegner von dieser Art des Truppentransports ausgiebigen Gebrauch gemacht. Ja, es ist sogar zu erwägen, ob es sich nicht ermöglichen lassen wird, noch in weit größerem Umfange als bisher Motorwagen zum Bewegen der Artillerie, vielleicht sogar auf dem Schlachtfelde, zu verwenden.

Wie zum Vorbewegen die Tanks benutzt werden, ist bereits erwähnt worden.

2. Taktik.

Es liegt auf der Hand, daß eine Umwandlung des ganzen Heerwesens, wie sie während des großen Krieges stattgefunden hat, auch auf die Kampfweise der einzelnen Waffen einen tiefgreifenden Einfluß ausüben mußte. Die Einführung neuer Kampfmittel veränderte durchaus die Fechtart; der Umstand anderseits, daß die Stärke der Heere im Verhältnis zu der Ausdehnung der Kriegsschauplätze eine ganz verschiedene Kriegführungsweise notwendig zur Folge hat, wie ich bereits nachgewiesen habe, und daß auch die Verschiedenartigkeit der Ausrüstung und der durch die Massen bedingte verschiedene Ausbildungsgrad der Truppen in dem gleichen Sinne wirken, bringt in der Fechtweise der Truppen ein Moment der Veränderlichkeit mit sich, das überall zu berücksichtigen ist, wenn man zweckmäßig handeln will.

Um sich also ein Bild von der heutigen Taktik zu machen, muß man zuvörderst feststellen, welchen Einfluß alle die Neuerungen, die der Weltkrieg hervorgerufen hat, auf die Bewegungs- und Kampfformen der einzelnen Waffen ausgeübt haben; dann erst wird es möglich sein, taktische Grundsätze zu entwickeln, die einen gewissen Anspruch auf Allgemeingültigkeit erheben können. Dabei muß im wesentlichen vom Infanteriekampf ausgegangen werden, wenn auch die Artillerie im heutigen Kampf eine weit gesteigerte und vielfach entscheidende Bedeutung gewonnen hat. Denn die Infanterie ist immerhin die Waffe, die den Erfolg, wenigstens in der Offensive, auch wenn er durch die Schwesterwaffe herbeigeführt wurde, durch ihren Angriff zu einem greifbaren machen und durch

Geländegewinn oder Gefangennahme des Gegners zum praktischen Ausdruck bringen kann. Sie ist es auch, der die strategische Ausnutzung der taktischen Erfolge im wesentlichen zufällt. Der Einfluß, den die Neuerscheinungen des Krieges auf sie ausgeübt haben, muß also in allererster Linie ins Auge gefaßt werden.

I. Infanterie.

Die Ansicht, daß der Kampf der Infanterie auf weiten Entfernungen beginnen und erst allmählich zum Nahkampf heranreifen würde, hat sich mit der Zeit als irreführend erwiesen, denn je mehr die Stärke der beiderseitigen Artillerie im Verhältnis zur Infanterie zunahm, je mehr anderseits diese letztere infolge der Verluste während eines mehrjährigen Krieges, wenigstens in Deutschland, an Stärke abnahm, desto mehr trat der Nahkampf von vornherein in den Vordergrund. Der Angriff setzt für beide Waffen die numerische Überlegenheit voraus, bei der Infanterie zum mindesten die moralische. Dadurch kommt — wie wir sahen — die Angriffsartillerie in die Lage, zunächst die feindliche Artillerie niederzuringen und gleichzeitig im Verein mit den Minenwerfern die Verteidigungsinfanterie derart hinter ihre Deckungen zu zwingen, daß sie während des artilleristischen Vernichtungsfeuers von ihrer Waffe keinen Gebrauch machen und diese erst dann verwenden kann, wenn die Angriffsartillerie ihr Feuer vorverlegt, um der eigenen Infanterie das Vorgehen zu ermöglichen. Diese aber kann unter dem Schutze ihrer überlegenen Artillerie ohne allzu schwere Verluste an den Feind herangehen, kann aber ihrerseits von ihrer Waffe erst dann wirksamen Gebrauch machen, wenn der Verteidiger sich zur Feuerabgabe hinter seinen Deckungen zeigt. So wird der Infanteriekampf meist erst auf nächsten Entfernungen beginnen.

Das schließt aber keineswegs aus, daß es oft auch ganz anders kommen kann. Wenn aus dem einen oder dem anderen Grunde, besonders im Bewegungskriege, eine ausgesprochene Überlegenheit nicht besteht, wird wahrscheinlich auch der Charakter des Infanteriekampfes sich ändern, und es erscheint durchaus möglich, daß die Infanteriekämpfe unter solchen Verhältnissen wieder auf größere Entfernungen beginnen und der Sieg auf andere Weise herbeigeführt werden muß als durch artilleristische Überlegenheit. Ein Mittel, den Frontalkampf auch ohne diese letztere erfolgreich zu führen, ist schon angewendet worden.

Unsere Gegner haben wiederholt versucht, das Vorgehen der Angriffsinfanterie auch ohne die Notwendigkeit vorheriger Niederkämpfung der Verteidigungsartillerie dadurch zu ermöglichen, daß der Angriff möglichst überraschend ausgeführt wurde. Mehrere Reihen mit geringen Zwischenräumen fahrender Tanks verschleierten das Vorgehen der Infanterie und sollten zugleich die Aufmerksamkeit des Verteidigers so vollständig fesseln, dessen Feuer so völlig auf sich ziehen, daß es unter dem Schutz dieser Panzerkraftwagen der Angriffsinfanterie möglich würde, nicht nur ohne allzu große Verluste an den Gegner heranzukommen, sondern auch seine Linien zu durchbrechen und aufzurollen. Oft wurde der Angriff auch noch vernebelt, um ihn der Sicht des Feindes zu entziehen. Diese Angriffsmethode hat unseren Gegnern wiederholt bedeutende Erfolge eingetragen und forderte ihrerseits wieder veränderte, den Verhältnissen angepaßte Verteidigungsmaßnahmen.

Beeinflußt wird die gesamte Fechtweise der Infanterie ferner dadurch, daß das Maschinengewehr ihre Hauptwaffe geworden ist. Die Notwendigkeiten der Verteidigung führten zunächst wohl zur Vermehrung der schweren, dann — um

den Angreifer wieder ebenbürtig zu machen — zur Einführung der leichten Maschinengewehre, die es ermöglichen,
auch mit schwachen Schützenlinien im Angriff eine bedeutende
Feuerkraft zu entwickeln, wenn nur die nötige Munition mitgeführt wird. Der Verteidigung kommen sie zugleich dadurch
zugute, daß sie vom Gelände ganz unabhängig sind und eine
rasche Verdichtung des Feuers an entscheidender Stelle gestatten. Daneben sind, wie gesagt, auch die schweren Maschinengewehre bei der Truppe vermehrt worden, die besonders in der Verteidigung eine sehr wesentliche Verstärkung
der Feuerkraft darstellen und einem unvorsichtigen Angreifer
sehr bedeutende Verluste beizubringen vermögen.

Die gesamte taktische Gruppierung der Infanterie ist
durch diese Einführung verändert worden; es ergibt sich eine
gegen früher durchaus veränderte Kampfgliederung.

Wenn die Notwendigkeit der Abwehr auch eines
verstärkten Angriffs zur Einführung der Maschinengewehre
als Hauptwaffe der Infanterie geführt hat, so gaben die dadurch geschaffenen Verhältnisse Veranlassung, die Infanterie
überhaupt mit neuen Mitteln für den Kampf auszustatten.
Diese Verstärkung der Gefechtskraft war zugleich mitbedingt
durch taktische Maßnahmen der Verteidigung, die die Er-
höhung der Feuerabwehr zu ergänzen bestimmt waren.

Diese Maßnahmen bestanden hauptsächlich in der Anlage einer Verteidigungszone, wie sie schon besprochen
worden ist. Es kam nämlich häufig vor, daß die Angriffsinfanterie die ersten Stellungen einfach überrannte und die
Besatzungen gefangennahm.

Der Verteidiger gliederte daher seine Abwehrtruppen
nach der Tiefe und verteilte sie, bei verhältnismäßig schwacher
Besetzung der vordersten Linie, auf zahlreiche rückwärtige
Stützpunkte, Maschinengewehrnester, Minenwerfergruppen

und einzelne Batteriestellungen, die keine zusammenhängende Linie bildeten und daher nicht gleichzeitig unter Feuer genommen werden konnten, wenn sie geschickt und unauffällig im Gelände angebracht wurden. So fand sich der Angreifer, auch wenn er die vordersten Linien genommen hatte, immer von neuem vor Widerstandspunkten, die oft nur artilleristisch niedergekämpft werden konnten, um schließlich erst nach Überwindung einer solchen befestigten Tiefenzone vor die Hauptwiderstandslinie des Gegners zu gelangen, in der ihn dann der Gegenstoß der feindlichen Reserven und das Feuer der weiter rückwärts stehenden Verteidigungsartillerie traf, häufig ohne daß die eigene Artillerie ihn genügend unterstützen konnte.

Es kam also für den Angreifer darauf an, diese Tiefenzone — auch wenn sie von der eigenen Artillerie nicht völlig sturmreif geschossen war — rasch zu überwinden und dem feindlichen Gegenstoß auch artilleristisch entgegentreten zu können.

Das alles machte es notwendig, wie das bereits dargelegt worden ist, der stürmenden Infanterie Begleitbatterien und fahrbare leichte Minenwerfer unmittelbar beizugeben, die auf nahe Entfernungen, möglichst im direkten Schuß, die feindlichen Widerstandsnester niederkämpfen konnten und, den Infanteriegruppen unmittelbar unterstellt, jeden Augenblick zur Hand sein sollten, wo sie gerade gebraucht wurden. So bildeten die einzelnen Sturmgruppen aus Infanterie, Maschinengewehr-Abteilungen, Feldartillerie und Minenwerfern zusammengesetzte Abteilungen, denen eine gewisse taktische Selbständigkeit innewohnte, denen dann aber auch der Verteidiger ähnlich zusammengesetzte Kampfgruppen entgegenstellte.

Diese Anordnung setzt natürlich bestimmte Verhältnisse

voraus, die es gestatten, die Hauptwiderstandslinie nach rückwärts hinter den vordersten Rand der besetzten Zone zu verlegen und so unter Umständen besetztes Gelände dem Feinde
preiszugeben. Wo das nicht der Fall ist, wo es gilt, eine
bestimmte Linie — etwa Wasserlauf oder Höhenzug — zu
halten, ohne ein Vorfeld davor besetzen zu können, da müssen
die Anordnungen natürlich andere sein; aber ein unmittel-
bares Zusammenwirken der Infanterie mit Minen- und
Granatwerfern, mit Artillerie in der Form von Graben-
oder Stellungsgeschützen und mit schweren Maschinengewehren hat sich auch in diesem Falle als vorteilhaft erwiesen;
ebenso wie beim Begegnungsgefecht im Bewegungskriege.

Das alles hängt von den Verhältnissen ab. Stets wird
nur die jedesmalige Lage die Maßnahmen bedingen, die ge-
troffen werden müssen. Eine ein für allemal feststehende
Taktik, wie wir sie vor dem Kriege hatten, kann es unter diesen
Umständen gar nicht geben; wohl aber lassen sich einzelne
Grundsätze aufstellen, nach denen das Handeln von Fall zu
Fall bestimmt werden muß, und die, neben einigen formalen
Vorschriften, die Grundlage der Reglements bilden müssen.
Jedes zu weit gehende Reglementieren wäre unter solchen
Umständen vom Übel.

Vor allem wird man als allgemeine Grundlage für die
Taktik der Infanterie festhalten müssen, daß das leichte Maschinengewehr, das wohl noch der Verbesserung fähig ist, die
Hauptwaffe der Infanterie bleibt, daß sämtliche Mannschaften damit umzugehen verstehen müssen, daß aber jeder
einzelne zugleich mit dem Gewehr ausgebildet sein muß, das
nicht entbehrt werden kann. Nicht immer wird man die
Möglichkeit haben, das Maschinengewehr in Anwendung zu
bringen, oft werden sich Ziele bieten, die sich für die Bekämpfung durch diese Waffe nicht eignen. Auch bei Schleich-

patrouillen und ähnlichen Unternehmungen wäre das Maschinengewehr mehr eine Behinderung als ein Vorteil. Es
fordert breite Ziele, um seine Feuerkraft zu voller Wirkung
bringen zu können. Auch die Verwendung der Handgranate
muß jedem Manne geläufig sein, denn jeder kann in die Notwendigkeit versetzt werden, sich ihrer zu bedienen. Gegen
Ziele hinter Deckung, z. B. im Graben- und Häuserkampf,
ist sie von unschätzbarem Wert.

Es muß ferner der Gesichtspunkt festgehalten werden,
daß ein Kampf von Infanterie gegen Infanterie — abgesehen
von kleinen, durch besondere Verhältnisse bedingten Unternehmungen — niemals mehr ohne Artillerieunterstützung
durchgeführt werden kann, weil die Waffenwirkungen einer
nicht durch Artillerie niedergehaltenen Infanterie viel zu
groß und vernichtend sind, als daß sie selbst von einer sehr
überlegenen Truppe ohne Mithilfe der Schwesterwaffe überwunden werden könnten. Besonders der Angreifer bedarf
daher unbedingt einer kräftigen artilleristischen Unterstützung;
aber auch der Verteidiger wird sie nötig haben, wenn seine
eigene Infanterie durch das feindliche Geschützfeuer am ausgiebigen Waffengebrauch gehindert wird.

Diese allgemeinen Grundlagen für die taktische Verwendung der Truppe vorausgesetzt, wird man — wie bereits
gesagt — zwei große Gruppen von Kampfarten annehmen
müssen, die ganz verschiedene Gefechtsbedingungen darstellen:
den Kampf um befestigte Stellungen und den Kampf im
freien Felde. Im eigentlichen Gebirgskriege sind diese beiden
charakteristischen Gruppen ebenfalls zu unterscheiden, die
Eigentümlichkeiten des Geländes üben hier aber einen vielfach so bestimmenden Einfluß aus, daß dieser Krieg eine besondere Betrachtung fordert. Wir wollen daher hier nur
den Krieg im Hügellande und in der Ebene ins Auge fassen.

In diesem muß man sich zunächst darüber klar sein, daß die erste Gruppe die verschiedensten Modalitäten zuläßt, und die zweite wohl niemals mehr wie früher ganz ohne Anwendung der Feldbefestigung sich abspielen wird. Der Verteidiger wird immer bestrebt sein zu schanzen, und nur da, wo zwei Angriffe aufeinanderstoßen, wird es so lange zu einem reinen Bewegungskampf kommen, bis der eine der beiden Gegner sich entschließt, in die Defensive überzugehen, und dann wieder zum Spaten greift, wenn er nicht durch operative Bewegung des Gegners gezwungen wird, auch die Verteidigung operativ zu führen, z. B. einer Umfassung durch Gegenstoß zu begegnen.

Feste, einheitliche Formen kann man also auch für diese beiden großen Gruppen nicht bestimmen. Immer muß ein Spielraum bleiben, innerhalb dessen Grenzen Freiheit gelassen wird den besonderen Verhältnissen Rechnung zu tragen. Immerhin werden gewisse Forderungen unter allen Bedingungen gestellt werden müssen. Dahin gehört in erster Linie,

daß bei allen taktischen Anordnungen und Formen das gegen früher außerordentlich gesteigerte Artilleriefeuer voll berücksichtigt werden muß;

daß zweitens bei jeder Verwendung von Fußtruppen eine gewisse Tiefengliederung eingehalten wird;

und daß endlich kein Angriff ohne einen bestimmten Schwerpunkt geführt werden darf.

Niemals wird man die ganze gegnerische Linie gleichmäßig angreifen dürfen. Immer wird an einer Stelle die Haupt-Feuer- und Stoßkraft des Angriffs zusammengefaßt werden müssen, um hier den Sieg zu erzwingen, der dann auf die übrigen Teile der Schlachtfront ausstrahlen soll. Dementsprechend wird niemals eine Verteidigung ohne Referven geführt werden dürfen, um sie dem entscheidenden Stoß des Gegners entgegenwerfen zu können. Diesen bestimmenden Verhältnissen entsprechend wird auch das Maß der Tiefengliederung verschieden sein, ebenso wie die Stärke der einzelnen Glieder im Verhältnis zu den anderen, und die Aufgabe, die den einzelnen nach der Tiefe gestaffelten Abteilungen zufällt.

Betrachten wir zunächst den Angriff.

Im eigentlichen Bewegungskriege wird der Grundgedanke der Tiefengliederung der gleiche sein wie bisher. Die vorderste Gefechtslinie wird bestehen müssen: aus möglichst dünnen Schützenlinien, um Verluste zu sparen, und aus sehr zahlreichen Maschinengewehren, um trotzdem eine tunlichst große Feuerkraft zu entfalten. Dahinter werden außerhalb des Strichfeuers — wie bisher — Unterstützungen folgen, deren Aufgabe es ist, die in der vordersten Linie entstandenen Verluste auszugleichen und diese Linie, wenn es die Umstände fordern, zu verstärken. Sie können sich sowohl in losen Schützenlinien bewegen und müssen sich dann jedesmal eingraben, wenn sie längere Zeit an einer Stelle festgehalten werden; sie können aber, wenn es die Umstände fordern, auch in Reihen vorgehen.

Noch weiter rückwärts wird man Reserven folgen lassen, um nach Verbrauch der Unterstützungen den Kampf weiterzunähren oder bei schwankender Gefechtslage durch geschlossenen, aber in lichten Formen geführten Stoß die Entscheidung zu erzwingen bzw. einen feindlichen Gegen- oder Flankenangriff abzuwehren. Auch sie bedienen sich, wo es das feindliche Feuer nötig macht, aufgelöster Formen. Begleitbatterien und Infanteriegeschütze wird man den Reserven mitgeben müssen, um rasch eingreifen und die Sturmtruppen unterstützen zu können, sobald die eigentliche Kampfartillerie

durch ungünstige Beobachtungsverhältnisse oder sonst ver-
hindert ist, den Infanteriekampf unmittelbar und überall mit
ihrem Feuer zu begleiten.

Beim Angriff gegen befestigte Stellungen des Gegners
sind zwei Fälle zu unterscheiden, je nachdem der Verteidiger
durch die örtlichen Verhältnisse gezwungen ist, seine vorderste
Linie zu behaupten, oder ob er zunächst ein Vorfeld besetzt
hält — gewissermaßen eine Vorpostenzone — und erst allmählich auf seine Hauptwiderstandslinie kämpfend zurück-
weicht, um auch dann, wenn diese durchbrochen werden sollte,
in einer rückwärtigen, vorbereiteten Kampfzone den Widerstand fortzusetzen.

Im ersten Falle wird der Gegner stets versuchen, einen
Artilleriefeuervorhang — Sperr- oder Vernichtungsfeuer —
vor die eigene Linie zu legen, um das rasche Herankommen
der Angriffsinfanterie zu verzögern und es der eigenen
Truppe zu ermöglichen, rechtzeitig die Deckungen zu verlassen,
in die das Artilleriefeuer des Angreifers sie gezwungen hatte.

Hierbei kommt es für die Infanterie des letzteren
weniger darauf an, eine starke Feuerkraft in der vordersten
Linie zu entwickeln, weil es meist nicht nötig sein wird, die
Verteidigungsinfanterie durch das eigene Feuer niederzukämpfen, sondern darauf, das feindliche Sperr- oder Vernichtungsfeuer möglichst rasch und mit möglichst geringen
Verlusten zu unterlaufen.

In solchem Falle wird es häufig erforderlich sein, mit der
vordersten Kampflinie in zahlreichen tiefgegliederten Wellen
mit großen Zwischenräumen zwischen den einzelnen Schützen
oder Maschinengewehrträgern vorzubrechen, wobei dann den
einzelnen Wellen besondere Aufgaben zufallen. Die erste
wird im allgemeinen bis zu einer gewissen, vorher zu bestimmenden Grenze über die vorderste feindliche Linie hin-

weg vorzustürmen haben und hier von der zweiten aufgefüllt werden. Die folgenden Wellen werden teils die genommenen feindlichen Gräben aufzuräumen und noch vorhandene Feinde niederzumachen haben; andere wieder werden Befestigungsmaterial, Munition und Maschinengewehre so rasch als möglich vortragen müssen, um die genommene Stellung sofort zur Verteidigung einrichten zu können. Ist der Angriff der Breite nach begrenzt, werden besondere Stoßtrupps mit der Aufgabe betraut werden müssen, die genommenen feindlichen Linien nach den Flanken hin abzuriegeln, um örtliche feindliche Gegenangriffe abwehren zu können. Reserven endlich werden folgen, um den Erfolg wenn möglich zu erweitern, den Angriff weiter vorzutragen und das gewonnene Gelände vollends zu sichern.

Handelt es sich nicht um die Behauptung einer bestimmten Linie, sondern um eine bewegliche Verteidigung, die bestrebt ist, den Angreifer schon im Vorfeld zur Entwicklung zu bringen, ihn hierbei zu erschüttern und ihm erst in einer weiter rückwärts gelegenen Linie mit den Hauptkräften zum Entscheidungskampf entgegenzutreten, wird die Aufgabe der Tiefengliederung und damit auch ihre Anordnung wiederum eine verschiedene sein. Jetzt muß die Infanterie in mehreren Treffen vorgehen, die in sich wieder nach der Tiefe gestaffelt sind, und deren Zahl sich nach der Tiefe des feindlichen Vorfeldes und der Zahl und Stärke seiner Verteidigungsanlagen richtet.

Der Angreifer wird in solchem Falle darauf vorbereitet sein müssen, auf zahlreiche kleinere Maschinengewehr- und Minenwerfernester zu stoßen, die das Bestreben haben, ihn im Vormarsch aufzuhalten, und die im allgemeinen schwer zu nehmen sind, da das ungedämpfte Maschinengewehrfeuer frontal meist nicht überwunden werden kann. Auch einzelne schwerer zugängliche Artilleriegruppen, -züge und einzelne Geschütze werden sich häufig im Vorfelde befinden. Aufgabe des Angreifers aber ist es, sich nicht aufhalten zu lassen, sondern möglichst rasch und mit möglichst starken Kräften vorwärts zu kommen. Unter solchen Umständen müssen — wie bereits dargelegt — Begleitbatterien und leichte Minenwerfer den Sturmtruppen unmittelbar folgen, um die Widerstandszentren des Gegners rasch niederzukämpfen.

Die Infanterie des ersten Treffens aber darf sich durch die feindlichen Verteidigungsmaßnahmen nicht aufhalten lassen. Sie muß vielmehr bestrebt sein, die feindlichen Stützpunkte, die frontal anzugreifen zu viel Opfer kosten würde, zu umgehen und sich im Vorwärtsstürmen durch sie nicht aufhalten zu lassen. Ihre Wegnahme muß den rückwärtigen Treffen überlassen werden, die versuchen müssen, sie von seitwärts und wenn möglich von rückwärts her zu erobern, nachdem Begleitbatterien und leichte Minenwerfer sie im direkten Schuß sturmreif geschossen haben.

Mit allen Mitteln muß man bestrebt sein, starke Kräfte vor die Hauptwiderstandslinie des Gegners zu bringen, und in diesem Augenblick noch frische Reserven zur Hand haben, denn hier ist entweder der Gegenstoß des Verteidigers oder eine besonders fest ausgebaute und stark verteidigte feindliche Stellung zu erwarten. Diese kann entweder aus einer Reihe fester Stützpunkte oder aus zusammenhängenden Linien bestehen, erfordert also jedenfalls einen großen Kräfteeinsatz; auch liegt es auf der Hand, daß die Kampfartillerie des Angreifers bestrebt sein muß, diese Stellung möglichst frühzeitig sturmreif zu schießen und auch das Gelände hinter ihr stark unter Feuer zu nehmen, um das Heranführen feindlicher Reserven und deren Gegenangriff treffen zu können.

Unter solchen Umständen ist — wie gesagt — eine sehr tiefe Staffelung der Angriffsinfanterie in zwei, drei und mehr Treffen von ausschlaggebender Bedeutung. In den einzelnen Kompagnien wird im allgemeinen eine Dreiteilung erforderlich sein: in eine vordere Schützenlinie, eine ihr folgende Unterstützung und einen Stoßtrupp zur Verfügung des Kompagnieführers, der diesem einen Einfluß auf den Verlauf des Gefechts zu sichern bestimmt ist. Die schweren Maschinengewehre wird man versuchen aus überhöhenden oder flankierenden Stellungen da einzusetzen, wo die Entscheidung gesucht wird, und zwar möglichst geschlossen, um ihre große Feuerkraft voll zur Geltung zu bringen.

Hier ist ferner der Tankangriff am Platze, auf den schon hingewiesen wurde. Die Tanks fahren mit 50 bis 100 Schritt Zwischenraum der Infanterie voraus, um alle Hindernisse niederzuwalzen, die feindliche Linie zu durchbrechen und so der Infanterie den Einbruch zu ermöglichen, den Feind aber in Verwirrung zu bringen und ihn im Rücken anzugreifen. Sie haben, besonders im bewegten Gelände und unter dem Einfluß der Vernebelung, die sie gegen gezieltes feindliches Feuer schützen soll, nur eine verhältnismäßig geringe Feuerwirkung, da die Treffsicherheit ihrer Waffen in der Bewegung und unter den genannten Umständen stark beeinträchtigt ist. Dagegen sind sie zum Teil in der Lage, Maschinengewehre und Mannschaften hinter der durchbrochenen feindlichen Linie auszusetzen und so den Gegner im Rücken zu bedrohen.

Vor ihnen her geht eine Feuerwalze der Artillerie, um die feindliche Infanterie in ihre Deckungen zu zwingen und das Feuer der Tankabwehrgeschütze zu verhindern. Doch kann diese Walze selten eine sehr gleichmäßige und zusammenhängende sein, da die Tanks in wechselndem Gelände ungleich rasch vorwärts kommen — auf festem, ebenem Boden rascher, in schwierigem Gelände langsamer —, und ihre Linie daher sehr bald gebrochen sein wird. Treten sie schließlich aus der Nebelwolke heraus, die sie während der Vorbewegung umhüllt, um selbst mit ihren Waffen wirken zu können, und gelangen sie aus dem Vernichtungsfeuer des Feindes heraus, das ihren Vormarsch begleitet, in den Bereich des gezielten Feuers der Tankabwehrgeschütze, dann werden sie in der Regel bald zusammengeschossen und zur Umkehr gezwungen, da jede Führung in den Tankgeschwadern aufhört.

Nimmt man alle diese Umstände zusammen, so ergibt sich, daß ihre Wirkung hauptsächlich eine moralische ist. Für die den Tanks folgende Angriffsinfanterie kommt es also wesentlich darauf an, den moralischen Eindruck auszunutzen, den diese auf den Verteidiger ausüben. Sie wird also möglichst unmittelbar hinter den Tanks folgen müssen, um die durch diese angerichtete Verwirrung sofort ausnützen und in die feindliche Stellung einbrechen zu können. Bleibt sie weit ab, geht ihr auch der Schutz der Feuerwalze verloren. Schon aus der Rücksicht hierauf werden oft auch zwischen den Tanks Infanterietrupps vorgehen, um den Erfolg des Angriffs unmittelbar auszunutzen, das seitliche Ausweichen der angegriffenen Infanterie verhindern und das Angriffsfeuer verstärken zu können.

Alle diese Vorteile werden zum Teil dadurch aufgewogen, daß die Angriffsinfanterie unter dem gegen die Tanks gerichteten Artilleriefeuer desto mehr zu leiden haben wird, je dichter auf sie ihnen folgt. Es ergibt sich daraus, daß auch bei diesem Angriff die Infanterie nicht in zusammenhängenden dichten Schützenlinien vorgehen darf, sondern in einzelnen lockeren Stoßtrupps, die vom Artilleriefeuer weniger zu leiden haben, und in einer gewissen Tiefenstaffelung, die es ermöglicht, Verluste von rückwärts her zu ergänzen und Widerstandsnester, die von den Tanks beim Durchbruch nicht vernichtet werden konnten, wegzunehmen, ohne daß die vordersten Abteilungen sich im Vorgehen aufzuhalten brauchen, sondern in der Lage bleiben, an den erfolgreich durchbrochenen Stellen den Tanks unmittelbar zu folgen. Auch Artillerie wird man den rückwärtigen Staffeln dieser Infanterie mitgeben müssen, um ihr die Überwindung der feindlichen, etwa noch besetzten Stützpunkte zu erleichtern und die Tankabwehrgeschütze direkt zu bekämpfen.

Da eine befehlsmäßige Leitung der Tanks während des Gefechts selbst nahezu ausgeschlossen, jedenfalls aber sehr schwierig ist, wird man der Schlachtwagenlinie von vornherein ein bestimmtes Ziel geben müssen und einen Abschnitt bestimmen, bis zu dem sie die Angriffsinfanterie vorzuführen hat, um dann in Reserve zurückzukehren, da sich die Sturmwagen für die Verteidigung natürlich gar nicht eignen. Nur die leichten Tanks werden nun noch über die genommene Stellung hinaus gegen das Gelände hinter der feindlichen Schlachtfront vorzustoßen suchen, um Verwirrung hinter die gegnerische Front zu tragen und dort soviel Schaden als möglich anzurichten. Auch ihr Vorgehen aber wird bis zu einem gewissen Grade beschränkt werden müssen, da sonst ihre Rückkehr doch außerordentlich gefährdet sein dürfte, besonders wenn der Feind auf ihr Erscheinen vorbereitet ist.

Wie der Angriff mit den möglichen Verteidigungsarten zu rechnen hat, so muß umgekehrt der Verteidiger die möglichen Angriffsformen im Auge haben.

Wenn man diesen Grundsatz berücksichtigt, wird man sehr bald zu der Überzeugung kommen, daß die Verteidigung mehr wie jemals früher offensiv geführt werden muß. Da man im heutigen Kriege stets mit einer sehr bedeutenden, im allgemeinen sehr überlegenen Artillerie des Angreifers wird rechnen müssen, ergibt sich als notwendige Folgerung, daß jeder Verteidiger, der sich darauf beschränkt, eine bestimmte Linie rein defensiv zu halten, mit der Gefahr sich abfinden muß, in dieser Linie bereits von der Angriffsartillerie derart niedergekämpft zu werden, daß er sie mit Infanterie nicht zu behaupten in der Lage ist.

Das wird schon im Bewegungskriege überall da zum Ausdruck kommen, wo der Angreifer in der Lage ist, den Angriff gegen die Verteidigungsfront planmäßig vorzubereiten. Der Verteidiger muß also darauf bedacht sein, diese Vorbereitung nach Möglichkeit auszuschalten, was auf verschiedene Weise geschehen kann, immer aber nur durch unvorherzusehende Gegenstöße, entweder zur Wiedernahme der vom Gegner erstürmten Front oder gegen dessen Flanken. Dabei wird es sich um ein Zusammenwirken der Infanterie mit der Artillerie handeln. Die Frontbesetzung jedoch muß im allgemeinen schwach gehalten werden, um nicht allzuviel Truppen den Wirkungen der feindlichen Artillerie auszusetzen; hinter der Front aber müssen starke Reserven zum Gegenstoß und zur Wiedernahme der etwa verlorenen Linie bereitstehen. Von diesem Grundsatz wird nur da abgewichen werden dürfen, wo der Gegner nicht in der Lage ist, überlegene Artillerie zur Vorbereitung des Angriffs heranzubringen. Solche Lagen herbeizuführen, ist Sache der Gefechtsleitung.

Sieht sich ein Angreifer durch einen Gegenangriff in die Verteidigung zurückgedrängt, dann muß er zunächst zum Spaten greifen, um dem Feinde an vorteilhafter Stelle einen Damm entgegenzustellen; er wird dann aber seine Reserven nicht zu starrer örtlicher Verteidigung einsetzen, sondern muß stets bestrebt sein, sie nach Möglichkeit so zu gruppieren, daß er sie offensiv zu verwenden vermag, weil nur dadurch die feindliche Artilleriewirkung, wenigstens teilweise, ausgeschaltet werden kann. Die taktischen Formen der Infanterie werden dabei im allgemeinen ebenso wie beim Angriff die gleichen sein wie vor dem Kriege, mit dem Unterschiede, daß nicht das Gewehr, sondern, noch mehr beim Verteidiger als beim Angreifer, das Maschinengewehr als Hauptwaffe der Infanterie betrachtet werden muß.

Für den Bewegungskrieg hat sich also auch in der Verteidigung nur das geändert, daß man mit erhöhten Artilleriewirkungen, mit Maschinengewehren und Minenwerfern rechnen muß. Anders da, wo es sich um einen Stellungskampf handelt.

Muß eine bestimmte Linie unbedingt gehalten werden, so ist es von Vorteil, über diese hinaus Vortruppen gegen den Feind vorzuschieben und die Befestigungsarbeiten so anzulegen, daß der Gegner nicht zu erkennen vermag, in welcher Linie der Hauptwiderstand geleistet werden soll. Dann ist er nicht in der Lage, sein Artilleriefeuer auf diese Linie zu vereinigen. Auch Scheinstellungen können zur Täuschung des Gegners von Vorteil sein. Die Vorfeldtruppen anderseits müssen energischen Widerstand leisten und in stark befestigten Stützpunkten den Gegner aufzuhalten und sein Zerstörungs- und Vernichtungsfeuer auf sich zu ziehen suchen. Der Kampf im Vorfeld muß auf Täuschung des Gegners berechnet sein und darauf, Zeit zu gewinnen, um die Bereitschaften kampffertig zu machen und Reserven heranzuführen.

In der Hauptwiderstandslinie, die gehalten werden soll, ist die Besatzung möglichst schußsicher unterzubringen, damit sie beim Herannahen des Feindes möglichst kampfkräftig auftreten kann. Ist Zeit vorhanden, werden betonierte Unterstände am Platze sein. Zugleich sind Reserven bereitzustellen, um einen etwa eingedrungenen Gegner durch Gegenstoß sofort wieder zurückzuwerfen. Gelingt solcher Gegenstoß nicht, dann ist ein artilleristisch gut vorbereiteter Gegenangriff mit frisch herangebrachten stärkeren Reserven durchzuführen, während diejenigen Besatzungsteile, die ihre Stellungen behauptet haben, sich gegen den eingedrungenen Feind abriegeln und jedem Versuch, die Stellung aufzurollen, den hartnäckigsten Widerstand entgegensetzen.

Ist es wegen der Nähe des Feindes oder aus anderen Gründen nicht möglich, ein Vorfeld mit Vortruppen zu besetzen, so muß man versuchen, die Besatzung der Hauptwiderstandslinie möglichst gesichert unterzubringen, die Hindernisse vor der Front zu verstärken und ein dicht geschlossenes Artilleriesperrfeuer vor die Verteidigungslinie zu legen, um im Falle eines Angriffs der Besatzung die Zeit zu verschaffen, die Stellung zu besetzen und das Feuer auf den Angreifer zu eröffnen, sobald dieser sein Artilleriefeuer von der Stellung vorverlegt, um seinen Sturmtruppen den Raum freizugeben.

Immerhin sind die Aussichten auf einen Erfolg des Angriffs in solchem Falle sehr groß, und muß daher das Hauptgewicht der Verteidigung auf den Gegenangriff gelegt werden, der von vornherein zu planen und vorzubereiten ist. Die Artillerie des Verteidigers muß so aufgestellt sein, daß sie unmittelbar nach gelungenem Sturm die bisherige eigene Stellung unter Vernichtungsfeuer nehmen und zugleich die feindliche Artillerie niederhalten kann. Auch aus den Nebenabschnitten muß Artillerie gegen die Einbruchsstelle wirken. Unter dem Schutz dieses Feuers muß dann der Gegenangriff rechtzeitig bereitgestellter Reserven die verlorene Stellung wiedernehmen, während die Artillerie sich bereithält, den zurückflutenden Gegner unter Feuer zu nehmen, und bestrebt bleibt, mit verdoppelter Kraft die Artillerie des zurückgewiesenen Angreifers niederzuhalten.

Handelt es sich bei der Verteidigung nicht um die Behauptung einer bestimmten Linie oder Stellung, sondern um die Verteidigung einer gewissen Zone, dann wird das Verfahren ähnlich sein wie bei der Verteidigung einer Stellung mit Vorfeld, nur mit dem Unterschiede, daß die Hauptwiderstandslinie hierbei keine so bedeutende Rolle spielt wie in den bisher erörterten Fällen. Man wird energisch um sie kämpfen, aber man ist nicht gezwungen, sie durch Gegenangriff wiederzunehmen, sondern man wird den Widerstand in einer ebenfalls befestigten rückwärtigen Zone, auf die und in der die Verteidigungstruppen sich zurückziehen, mit gleicher Zähigkeit fortsetzen wie im Vorfeld. Unter Umständen wird es möglich sein, den Gegner so weit nach sich zu ziehen, daß dessen Artillerie, um weiter wirken zu können, einen Stellungswechsel vornehmen und neu eingemessen werden muß, während die eigene Artillerie, die auf diesen Fall vorbereitet war und auf eingemessene Stellungen zurückgehen kann, nun erst recht ihre volle Wirksamkeit zu entfalten vermag.

Während dieses Schwächemoments des Gegners wird man bestrebt sein müssen, mit starken Reserven unter dem Schutze kräftigster Artilleriewirkung zum Gegenangriff vorzugehen, der die Kräfte des Angreifers voraussichtlich in einer gewissen Zersplitterung treffen und daher große Aussichten auf Erfolg haben wird. Dieser Gegenangriff wird zugleich den Vorteil bieten, daß die nun ihrerseits zum Stellungswechsel vorwärts gezwungene Artillerie des bisherigen Verteidigers ihre früheren, fertig eingemessenen Stellungen vorfindet und daher den Stellungswechsel mit großer Schnelligkeit vornehmen kann.

Auch bei solcher Verteidigung wird es sich taktisch um Kampf, Widerstand, Rückzug und Gegenangriff einzelner Kampfgruppen handeln, die sich gegenseitig unterstützen und verständnisvoll zusammenwirken müssen, nicht jedoch um den Kampf geschlossener Linien. Ein solcher Kampf aber — darüber muß man sich völlig klar sein — ist nur möglich, wenn man über eine festgefügte, taktisch gut geschulte, vollständig zuverlässige Infanterie verfügt, die bis in die unteren Chargen von Offizieren und Unteroffizieren geführt wird, die, zur Selbständigkeit erzogen, auch unter den schwierigsten Verhältnissen ihren Mann stehen, und den Zusammenhang zwischen den einzelnen Kampfgruppen zu wahren vermag; über eine Truppe, die sich durch das Zurückgehen niemals zur Flucht verleiten läßt. Hat man eine solche Truppe nicht, dann kämpft man besser in und um eine festbestimmte Verteidigungslinie.

Auch zu einer erfolgreichen Abwehr des Tankangriffs ist eine nervenstarke und selbstbewußte Infanterie die notwendige Voraussetzung.

Die Tanks selbst anzugreifen und unschädlich zu machen, wird der Verteidigungsinfanterie vorderster Linie immer nur in beschränktem Maße möglich sein. Sie wird sich, soweit es die Umstände gestatten, durch Tankfallen und Tankminen örtlich zu schützen suchen; im übrigen aber ist es die Aufgabe der vorderen Infanterie-Verteidigungslinie, gegen die den Tanks folgende oder zwischen ihnen vorgehende Infanterie zu wirken und diese aufzuhalten.

Um das zu ermöglichen, muß sie die Tanks — seitwärts ausweichend — durch ihre Linie durchlassen und darf daher niemals selbst in geschlossener Linie fechten. Sie muß gruppenweise verteilt sein, um den feindlichen Schlachtwagen ausweichen und im Gelände oder in der angegriffenen Stellung selbst Deckung nehmen zu können. Auch die Feuerwalze des Gegners muß sie ruhig über sich hinweggehen lassen. Die Infanterie des Verteidigers muß aber auch nach der Tiefe

gestaffelt sein, um feindliche Infanterie und Maschinen⸗
gewehrgruppen, die die Transporttanks etwa hinter der
eigenen vordersten Linie ausladen, sofort unter Feuer neh⸗
men und womöglich vernichten zu können, bevor sie in der
Lage sind, Unheil und Verwirrung anzurichten. Die rück⸗
wärtigen Staffeln haben zugleich den Zweck, die im Gelände
verteilten, teils fest eingebauten, teils beweglichen Tank⸗
abwehrgeschütze und leichten Minenwerfer zu sichern und es
ihnen dadurch zu ermöglichen, in voller Sicherheit die vor⸗
gehenden Tanks zusammenzuschießen oder zur Umkehr zú
zwingen. Kavallerie, die, wie das häufiger vorgekommen ist,
den Tanks folgt, wird sie dann mit Leichtigkeit unschädlich
machen.

Auch hier also sehen wir wieder ein gruppenweises
Fechten der Infanterie in engstem Zusammenwirken mit
Artillerie und Minenwerfern. Man wird sogar kleine selb⸗
ständige Gruppen dieser drei Waffen in geschlossenen Ab⸗
wehrstellungen bilden können — sogenannte Tankforts —,
die in der Lage sein werden, den Tanks einen unüberwind⸗
lichen Widerstand entgegenzusetzen. Oft wird man auch be⸗
wegliche Tankgeschütze zur Abwehr bereitstellen müssen. Ist
es dann außerdem gelungen, die hinter den Wagen folgende
feindliche Infanterie durch Schützen⸗ und Maschinengewehr⸗
gruppen, die die Tanks vorbeiließen, aufzuhalten und sie
ihres Schutzes durch die Tanks zu berauben, dann wird ein
artilleristisch gut vorbereiteter Gegenangriff oft eine Lage
antreffen, die ihm die größten Erfolgsaussichten bietet.
Hauptsache ist, daß die Infanterie sich nicht moralisch er⸗
schüttern läßt, die Tankabwehrgeschütze richtig verteilt sind
und das ganze Gelände systematisch für die Tankabwehr vor⸗
bereitet ist.

Überblickt man nun im Zusammenhange die Anforde⸗

rungen, die im Angriff wie in der Verteidigung an die In-
fanterie gestellt werden — und zwar im Bewegungs- wie im
Stellungskriege —, so erkennt man bald, daß eine gewaltige
Veränderung in allen taktischen Verhältnissen der Waffe
Platz gegriffen hat, und daß Organisation und Vorschriften
diesem Umstande in vollem Maße Rechnung tragen müssen.

Die Kompagnie wird zwar immer die unterste taktische
Einheit der Waffe bilden, aber ihre innere Gliederung muß
völlig geändert werden. Die Einteilung in drei Züge hat sich
bewährt, die Züge selbst aber müssen in Gruppen gegliedert
sein, die sich aus Maschinengewehrträgern und Schützen zu-
sammensetzen. Außerdem müssen sich bei der Kompagnie
Fernsprecher und Meldegänger befinden. Nötigenfalls ist
ein Stoßtrupp als besondere Reserve des Kompagnieführers
aufzustellen. Er würde eine letzte Reserve in der Hand des
Führers zum Einsatz an entscheidender Stelle sein. Sämtliche Mannschaften müssen sowohl mit dem Gewehr wie am
Maschinengewehr und mit Handgranaten ausgebildet sein,
wie das bereits erwähnt worden ist. Die schweren Maschinengewehre müssen in besonderen Kompagnien formiert sein, um möglichst geschlossen an den entscheidenden Kampfstellen eingesetzt zu werden. Nur in der Verteidigung wird man oft gezwungen sein, sie zugweise
zu verwenden. Die bisherige Kriegsstärke der Infanterie-
kompagnie von 250 Mann hat sich im heutigen Gruppen-
kampf als zu hoch erwiesen. Der Führer verliert die Übersicht. Eine Stärke von 150 Mann — abgesehen von den
Trainmannschaften und notwendigen Abkommandierun-
gen — dürfte das Gegebene sein.

Die Teilung des Regiments in drei Bataillone hat
sich bewährt. Zweckmäßig wird es auch sein die
Bataillone zu vier Kompagnien beizubehalten, damit der

Bataillonskommandeur eine Reserve in der Hand hat, auch wenn er gezwungen ist, einen verhältnismäßig breiten Raum zu besetzen und taktisch zu umspannen oder in großer Tiefengliederung zu fechten. Dem Bataillon wird ferner eine schwere Maschinengewehrkompagnie unterstellt und eine Arbeitskompagnie aus weniger kriegsbrauchbaren Leuten gebildet werden müssen, die den Zweck hat, die Fahrer für die Truppenfahrzeuge, die Burschen, Schreiber und alle die Kommandos zu stellen, die fortwährend hinter der Front nötig werden: für Lebensmittelempfänge, Arbeiten in den verschiedenen (Proviant-, Munitions-, Pionier-, Materialien-) Depots und ähnliche Notwendigkeiten. Auch ein Fernsprecherzug muß dem Bataillonsstab in nicht zu geringer Stärke angegliedert sein. Heute zehren alle diese Kommandos, die zum größeren Teil keine volle Kriegsbrauchbarkeit fordern, in verderblicher Weise am Gefechtsstande der Truppe.

Schließlich werden auch dem Regimentskommando einzelne Gruppen direkt unterstellt werden müssen. In erster Linie kommen hier Fernsprecher mit allen ihren Nebenzweigen und Arbeitsabteilungen in Frage. Dann müssen die Minenwerfer, in besondere taktische Einheiten zusammengefaßt, dem Regimentskommandeur unterstehen, und endlich würde ich für zweckmäßig halten, jedem Regiment eine Infanteriegeschützbatterie zu sechs Geschützen — die nötigenfalls auf die Bataillone verteilt werden können — dauernd beizugeben. Diese Batterien würden in technischer und artilleristischer Beziehung einem Artilleriekommando, taktisch dem Infanterie-Regimentskommandeur unterstellt sein.

Ob es nötig ist, wenn die Division aus drei Infanterieregimentern zusammengesetzt ist, diese einem Brigadekommandeur zu unterstellen, ist eine in der Truppe viel umstrittene Frage. Oft ist die Brigade lediglich zu einer Durchgangsstelle geworden. Ich halte sie dennoch für unbedingt erforderlich, da der Divisionskommandeur selbst gar nicht in der Lage ist, die Regimenter und deren taktischen Zusammenhang so eingehend und fortgesetzt zu kontrollieren wie der Brigadekommandeur, der gerade darin und in der einheitlichen Gefechtsführung der Infanterie seine Hauptaufgabe zu erfüllen hat. Im Frieden wie im Kriege ist zudem eine Übergangsstellung zwischen Regiments- und Divisionskommandeur auch vom praktischen Gesichtspunkt aus durchaus erforderlich.

Die Bewegungen und Kampfformen der Infanterie müssen — wie das ja auch während des Krieges selbst geschehen ist — auf das Allereinfachste beschränkt, das Hauptgewicht der ganzen Ausbildung aber muß auf die körperliche und vor allem auf die geistige Ausbildung der Mannschaften und ihrer Führer gelegt werden. Der Kampf in einzelnen getrennten Gruppen, die doch alle einem einheitlichen Gefechtsgedanken dienen sollen, fordert von allen Unterführern ein hohes Maß taktischen Verständnisses und persönlicher Entschlußfähigkeit, denn einen solchen Kampf durch Befehle einheitlich zu leiten, ist unmöglich.

Der Zweck des Gefechts und dessen Endabsicht müssen allen Untergruppen, ja allen einzelnen bekannt, die allgemeinen Grundsätze des Handelns müssen ihnen vertraut sein, bestimmte Anweisungen für die Art der Kampfführung — wie sie etwa für den früheren Schützenangriff bestanden — können nicht gegeben werden, und Befehle werden die einzelnen Kampfgruppen gewiß nicht immer erreichen. Die Form tritt völlig vor dem Geist des Handelns zurück und ist einer fortwährenden Veränderlichkeit unterworfen.

Mit dieser Art der Ausbildung müssen eine strenge Diszi-plin und ein strammer Drill des Mannes zusammenwirken, um ihm das Pflichtbewußtsein zur zweiten Natur werden zu lassen und ihn an das energische Zusammenfassen aller seiner geistigen und körperlichen Fähigkeiten zu gewöhnen. Die Reglements werden diesen Umständen Rechnung tragen, die Ausbildung wird diese Sachlage zur entscheidenden Richtschnur nehmen müssen; überall wird man gezwungen sein, der Führerentschließung bis herab zu den untersten Chargen einen viel größeren Spielraum zu lassen wie bisher und nur dafür sorgen müssen, daß sie von richtigen Grundsätzen bestimmt wird.

Die Selbständigkeit aller, besonders aber der unmittelbaren Führer der Truppe, hat an Bedeutung sehr wesentlich gewonnen. Das muß für die ganze Ausbildung bestimmend sein. Zugleich aber muß auf die Charakterbildung jedes einzelnen ein entscheidendes Gewicht gelegt werden. Die Anforderungen an die Ausdauer, den Mut und die Kühnheit jedes einzelnen sind schon durch die erhöhten Waffenwirkungen sehr bedeutend gesteigert; nun kommt noch hinzu, daß die Mannschaften infolge der Kampfweise noch viel mehr wie früher auf sich selbst angewiesen sind. Sie werden nicht mehr fortgerissen von der Masse, sie sind dem Einfluß ihrer Vorgesetzten vielfach entzogen, auf ihr eigenes Pflichtgefühl und ihren eigenen inneren Wert gestellt: da können sie den Anforderungen des Gefechts nur genügen, wenn sie innerlich gefestigt und geistig entwickelt sind, und wenn der Begriff der Disziplin, dieser echt soldatischen Tugend, ihnen in Fleisch und Blut übergegangen ist.

Das stellt aber auch an die Vorgesetzten, die Erzieher, Lehrer und Führer sein sollen, die höchsten Anforderungen, weit höhere, als sie bisher gestellt werden mußten, verleiht aber zugleich dem Offizierberuf einen gegen früher noch erhöhten Adel und eine noch höhere Weihe.

II. Artillerie.

Für die Artillerie kann ebensowenig wie für die Infanterie von einer einheitlichen Taktik die Rede sein. Ihre Aufgaben haben sich vervielfältigt und an Bedeutung gewonnen, ihre Geschützmodelle, Kaliber und Geschoßarten vermehrt, auch der Gegner in der Luft muß bekämpft werden, und die verschiedenen Arten der Kriegführung stellen grundverschiedene Anforderungen. Außerdem aber hat die Natur des Kriegsschauplatzes einen wesentlichen Einfluß auf die Beweglichkeit und damit auf die Verwendungsfähigkeit dieser Waffe. In dem wegelosen Rußland kann man nicht immer die gleichen Geschütze verwenden und in der gleichen Weise artilleristisch operieren wie in dem an Kunststraßen und Schienensträngen reichen Frankreich oder in dem Berggelände der Alpen und der Karpathen.

Zunächst wird man auch bei der Artillerie ihre Verwendung im Bewegungskriege und im Stellungskriege unterscheiden müssen, während der reine Gebirgskrieg auch in artilleristischer Hinsicht eine besondere Betrachtung fordert. Im ersteren Falle — also in einem Kriege, bei dem beide Teile operieren und der Angreifer keine fest zusammenhängende einheitliche und mehr oder weniger befestigte Stellung vor sich hat, die er unbedingt frontal angreifen muß — kommen auch heute noch im allgemeinen die gleichen Grundsätze zur Geltung, wie sie vor dem Weltkriege bestimmend waren. Die Feldartillerie einschließlich der schweren Feldhaubitze spielt die entscheidende Rolle. Ob es möglich ist, den Truppen auch schwere, weittragende Kanonen und Mörser beizugeben, hängt von der Wegsamkeit des Kampfgeländes und dem Zustande der rückwärtigen Verbindungen ab. Mir sind aus Rußland Fälle bekannt, daß man die 10-cm-Kanonen stehenlassen mußte, weil man sie nicht mehr fortbewegen konnte.

Luftabwehrgeschütze müssen den Divisionen aber überall zugeteilt werden.

Auf alle Fälle wird schon beim Operationskriege die
Artillerie im Verhältnis zur Infanterie viel stärker bemessen
werden müssen wie früher, um der gesteigerten feindlichen
Waffenwirkung Herr zu werden und der Infanterie die Bahn
zum Angriff freizumachen. Sehr wesentlich wird es darauf
ankommen, die Masse der Geschütze möglichst überraschend
gegen den Teil der feindlichen Truppenmacht zu vereinigen,
der im besonderen entscheidend angegriffen werden soll. Um
das zu erreichen, wird es unbedingt erforderlich sein, wie
ich das schon vor dem Kriege betont habe, nicht die gesamte
Artillerie auf die Divisionen zu verteilen, sondern starke Reserven in der Hand der Armee- oder Heeresgruppenführer,
unter Umständen sogar der Korpsführer, zu vereinigen, um
sie an entscheidender Stelle einsetzen zu können. Das gleiche
gilt von den Munitionsbeständen.

Im übrigen wird das Verfahren ziemlich dasselbe
sein wie früher. Die Artillerie wird für den Kampf im
wesentlichen auf beobachtetes Schießen angewiesen sein —
sei es auf Erdbeobachtung oder eine solche mit Hilfe von
Ballons und Fliegern. Die Bedeutung der Licht- und Schall-
meßtrupps sowie des Planschießens tritt mehr in den Hintergrund, weil es in der gegebenen Zeit fast immer unmöglich
sein wird, die Grundlagen hierfür zu schaffen. Auch die Ausnutzung der größten Schußweiten ist durch diese Verhältnisse
beschränkt. Die Artillerie wird meistens in großen Gruppen
und ohne wesentliche Tiefengliederung auftreten — teils
wegen der Schwierigkeit der Beobachtung, teils um bei be-
schränkter Vorbereitungszeit die Einheitlichkeit der Führung
und der Wirkung sicher zu stellen.

Man muß hierbei in Betracht ziehen, daß der Kampf sich

in der Mehrzahl der Fälle aus der Bewegung entwickeln, und daß die Vorbereitungszeit für den Angriff nur dann eine längere sein wird, wenn sich die eine Partei zur Verteidigung in befestigter Stellung entschließt. Auch dann aber wird es zweckmäßig sein, den Angriff nach Möglichkeit zu beschleunigen, um dem Gegner keine Zeit zu lassen, sich in der gewählten Stellung einzurichten.

Neben der Hauptkampfartillerie, deren Aufgabe darin besteht, die feindliche Artillerie niederzuhalten und die feindliche Infanterie bis zur Sturmreife zu bekämpfen, werden einzelne Teile der Feldartillerie den Infanterieangriff unmittelbar begleiten müssen, denn auch im Bewegungskriege wird man damit zu rechnen haben, daß man im Laufe des Angriffs auf feindliche Stützpunkte und Maschinengewehrnester stößt, die von der Kampfartillerie nicht erkannt oder nicht genügend niedergekämpft waren und ihre Feuerkraft nun im entscheidenden Augenblick überraschend zur Geltung bringen. Sie müssen rasch und wirksam zusammengeschossen werden, um der Angriffsinfanterie schwere Opfer zu ersparen. Diese Aufgabe fällt entweder der dem Fußvolk dauernd beigegebenen Infanteriegeschützbatterie und leichten Minenwerfern zu oder eigens zu diesem Zweck aus der Hauptkampfartillerie abgegebenen Begleitbatterien. Alle diese Batterien müssen befähigt sein, nicht nur geschlossen aufzutreten, sondern auch in Zügen oder gar zu einzelnen Geschützen verteilt wirksam zu werden. Dasselbe gilt natürlich von den gleichen Batterien im Stellungskriege und verlangt eine besonders gute taktische Ausbildung der Unterführer. Im übrigen liegen die artilleristischen Verhältnisse im Stellungskriege durchaus anders wie im Bewegungskriege.

Hier hat die auf langen Fronten weit auseinander gezogene Artillerie die Aufgabe, jederzeit abwehrbereit zu sein,

falls der Feind angreifen sollte, dann aber auch den gegen-
überliegenden Gegner fortgesetzt zu schädigen durch fort-
dauernde Bekämpfung seiner Artillerie und Infanterie, Be-
unruhigung seines Verkehrs und seiner Unterkünfte sowie
durch Schädigung seiner Befestigungsanlagen. Es wird
ihr endlich die Aufgabe zufallen, die feindliche Flieger-
aufklärung nach Möglichkeit zu verhindern und wichtige
Objekte — Bahnhöfe, Magazine, Befehlsstellen, Unterkünfte — durch Abwehrfeuer gegen Luftangriffe zu
schützen. Zu diesem Zweck müssen die Fliegerabwehrgeschütze nicht nur hinter der ganzen Front, sondern
auch bis tief ins Hintergelände hinein an Punkten verteilt
werden, die zur Erreichung des Zwecks günstig gelegen sind.
Bald hier, bald dort wird man sie in größerer Zahl zusammenziehen müssen, je nachdem die Wichtigkeit der geplanten Operationen es fordert.

Auch sämtlichen Batterien werden, soweit es möglich
ist, Maschinengewehre zugeteilt, die die Aufgabe haben, sie
gegen Luftangriffe zu schützen und bei feindlichem Einbruch
gegen heranbringende Infanterie zu verteidigen.

Als bedeutendste Aufgabe tritt dann für die Artillerie
noch die Forderung hinzu, im Fall eines eigenen Angriffs,
die feindliche Artillerie so völlig niederzukämpfen, daß sie der
stürmenden Infanterie nicht mehr schaden kann, die feindlichen Stellungen und Befestigungsanlagen sturmreif zu
schießen und endlich die feindliche Infanterie so niederzuhalten und moralisch so zu erschüttern, daß sie keinen ernst-
lichen Widerstand mehr zu leisten vermag.

Die gewöhnlichen Tagesaufgaben verlangen eine im allgemeinen gleichmäßige Verteilung der Kampfartillerie auf
der ganzen Front und eine gewisse Staffelung nach der Tiefe,
einmal um die Schußweiten auszunutzen, dann aber auch, um

der feindlichen Artillerie bei allzu großer Konzentration keine günstigen Ziele zu bieten, wie sie eng zusammengedrängte Batterienester darstellen.

Um abwehrbereit zu sein, wird man die eigene Artillerie so gruppieren, daß man die feindlichen Anmarschstraßen durch schweres und schwerstes Flachbahnfeuer, bei näheren Entfernungen auch durch Feldkanonen, bestreichen, die Versammlungsräume der feindlichen Infanterie unter Vernichtungsfeuer nehmen und das Gelände, das die Angriffsinfanterie durchschreiten muß, um an unsere Stellungen herankommen zu können, mit Sperr- oder Vernichtungsfeuer möglichst dicht belegen kann. Gegen die feindlichen Versammlungsräume wird man im allgemeinen Steilfeuergeschütze verwenden, weil die Ziele meist hinter Deckungen zu suchen sind, und es dabei auch darauf ankommt, die feindlichen Maschinengewehre außer Gefecht zu setzen: also leichte und schwere Feldhaubitzen und Mörser; die gleichen Geschütze wird man zum Niederhalten der feindlichen Artillerie gebrauchen; doch können hierzu bei großen Entfernungen auch weittragende Flachbahngeschütze von Nutzen sein.

Zum Sperrfeuer vor der eigenen Front kommen in erster Linie alle leichten Feldgeschütze in Betracht. Wenn man über einen sicheren Schrapnellschuß verfügt, was bei Massenfabrikation der Munition nicht immer der Fall ist, wird die Verwendung dieses Geschosses besonders dann am Platze sein, wenn das Sperrfeuer aus seitlicher Richtung, also flankierend, abgegeben werden kann. Doch hängen Geschoß- und Zünderart vom Gelände und von der Entfernung der beiderseitigen Linien voneinander ab sowie von der Art der moralischen Wirkung, die man erzielen will. Im allgemeinen wird man die Granate A.-Z. bevorzugen. Auch kann man, um dem Sperrfeuer den Vernichtungscharakter zu geben,

schwere Feldhaubitzen mit hineinziehen sowie zum Flankenfeuer von Nebenfronten her auch mittleres Flachbahnfeuer
(10 cm).

Mörser wird man dagegen dicht vor der eigenen Front
nicht einsetzen, weil ihre weitreichende Splitterwirkung die
eigenen Truppen gefährden würde. Dagegen sind sie zum
Zerstören der feindlichen Befestigungsanlagen das geeignete
Geschütz, da ihre Wirkung eine ausgezeichnete ist. Doch wird
man auch schwere Feldhaubitzen für diese Aufgaben heranziehen, um eine möglichst große Zahl von Geschützen zum
Zerstörungsschießen einsetzen zu können, gegen schwächer ein-
gedeckte Ziele auch leichte Feldhaubitzen.

Nach diesen Anschauungen wird man die Tiefengliederung und Einteilung der Artillerie anordnen; doch muß
dabei ein Gesichtspunkt noch besonders berücksichtigt werden.
Es ist vielfach vorgekommen, daß bei überraschendem oder
sonst siegreichem feindlichen Angriff ein großer Teil der Verteidigungsartillerie verloren ging, weil sie zu dicht hinter der
eigenen Infanterielinie stand und sich dem Angriff der feindlichen Infanterie nicht mehr zu entziehen vermochte. Es wird
also nötig sein, die Verteidigungsartillerie so weit als möglich hinter die Hauptverteidigungslinie der Infanterie zurückzuziehen, sie durch Hindernisse und besonders befestigte Stützpunkte (Artillerieschutzstellung) zu sichern und Infanterie-
reserven in unmittelbare Nähe heranzuziehen, so daß sie
nicht kurzerhand überrannt werden kann.

Bestimmend für das Maß der Zurückziehung ist die
Forderung, daß die Masse der Artillerie ihr Vernichtungsfeuer auf wirksamste Entfernungen gegen die Versammlungsräume und das Angriffsfeld der feindlichen Infanterie
richten, einen Tankangriff mit allen Mitteln wirksam bekämpfen und wenigstens mit den besonders weittragenden

Geschützen die feindliche Artillerie wirksam erreichen kann. Das Vernichtungsfeuer muß also unter allen Umständen die vorderen feindlichen Stellungen erreichen, in denen möglicherweise eine Bereitstellung zum Angriff stattfindet; die Geschütze aber, die die größte Tragweite haben, wird man am nächsten hinter der Artillerieschußstellung einsetzen, um möglichst weit entfernte Ziele noch treffen zu können; die für das Vernichtungs- und Sperrfeuer bestimmten Batterien wird man dagegen im allgemeinen weiter zurückhalten.

Ist es aus derart zurückgezogener Aufstellung nicht möglich, die Tagesaufgaben gegen entferntere Ziele genügend zu lösen, dann müssen Arbeitsgeschütze oder -batterien vorgezogen werden, denen die Lösung dieser Aufgaben zufällt. Auch für die Abwehr eines überraschenden Tankangriffs werden möglichst viele schnellfeuernde Geschütze in dieser Weise einzeln dauernd an die Hauptwiderstandslinie herangezogen und derart in Stellung gebracht, daß sie womöglich das ganze für den Tankangriff geeignete Gelände durch ihr Feuer beherrschen. Auch bewegliche Tankgeschütze wird man bereitstellen, um überall gegen Tanks auftreten zu können. Für alle Stellungsbatterien aber sind Wechselstellungen einzurichten, damit sie sich dem feindlichen Feuer zu entziehen vermögen, sobald der Gegner sich planmäßig gegen sie eingeschossen hat.

Die Masse der Artillerie wird innerhalb der Division einheitlich vom Artilleriekommandeur geführt und in einzelne Gruppen geteilt, deren jeder besondere Aufgaben zugewiesen sind. Dabei ist es aber nicht möglich, die einzelnen Gruppen aus gleichartigen Geschützen zusammenzusetzen, da von jeder von ihnen die verschiedensten Ziele beschossen werden müssen. Oft wird man gezwungen sein, Feldkanonen mit leichten Feldhaubitzen oder 10-cm-Geschützen in einer

Gruppe zu verwenden. Auch leichte und schwere Geschütze werden oft unter einem Kommando zusammengefaßt werden müssen. Mörſer, 13-cm- und unter Umſtänden 15-cm-Kanonen werden je nach den Verhältniſſen den Gruppen zugeteilt. Jeder von ihnen wird dann ein beſtimmter Abſchnitt des vom Feinde beſetzten Gebietes zur Bekämpfung aller darin vorkommenden Ziele zugewieſen. Oft wird es auch nötig ſein, Nah- und Fernkampfgruppen zu unterſcheiden und nach dieſem Geſichtspunkt die Batterien zu gruppieren. Für ſich verwendet werden im allgemeinen nur die ſchwerſten Flachfeuergeſchütze, Eiſenbahngeſchütze und ähnliche, die meiſt den Korps, Armeen oder Heeresgruppen unter einem Gruppenkommandeur direkt unterſtellt ſind.

Unter dieſen Verhältniſſen erſcheint es geboten, den Diviſionen, die die eigentlichen Kampfeinheiten ſind, die Geſchütze, deren ſie unter allen Umſtänden bedürfen — alſo Feldkanonen und leichte Haubitzen, Infanteriegeſchütze, ſchwere Feldhaubitzen und 10-cm-Kanonen —, dauernd kriegsgliederungsmäßig zuzuteilen; Mörſer aber, weitere ſchwere Feldhaubitzen und ſchwere Flachfeuerbatterien ihnen nur dann aus einer Armee- oder Heeresreſerve zuzuweiſen, wenn beſondere Anforderungen an ſie herantreten. Auch eine Verſtärkung an Feldgeſchützen kann unter Umſtänden nötig werden.

Solche beſonderen Verhältniſſe treten ein, wo es ſich im gewöhnlichen Stellungskriege um die Löſung beſonderer Aufgaben handelt, vor allem jedoch, wenn entweder das Bevorſtehen eines feindlichen Großangriffs erkannt iſt, oder wenn die eigene Armee einen ſolchen plant.

Der erſte Fall wird ſich im allgemeinen auf der ganzen Front geltend machen, da es wohl überall — hier mehr, dort weniger — beſondere Aufgaben zu löſen gibt, als da ſind:

Zerstörung besonders fester, feindlicher Stützpunkte, Be=
schießung weit entfernter feindlicher Unterkunftsorte, hinter
der Front gelegener wichtiger feindlicher Industriewerke,
weit entfernt stehender, unbequem werdender feindlicher Bat=
terien, Eisenbahnstrecken und ähnliches. So wird man wohl
gezwungen sein, bei allen Stellungsdivisionen einige Mörser
und schwere Flachfeuerbatterien über die kriegsgliederungs=
mäßige Artillerie hinaus einzusetzen.

Wenn aber die Durchführung eines feindlichen Groß=
angriffs und die Abwehr eines solchen bevorstehen, dann muß
eine starke und womöglich der feindlichen überlegene Ar=
tillerie zusammengezogen werden.

Da der Angriff bestimmend für die Maßnahmen der
Verteidigung ist, müssen wir diesen zunächst in Betracht
ziehen. Die Verwendung der Artillerie bei einem solchen
kann außerordentlich verschieden sein.

Beim Angriff kommt es, wie wir schon wissen, darauf
an, die feindlichen Hindernisse, Stützpunkte, Grabenlinien
und sonstigen Verteidigungswerke sturmreif zu schießen, die
feindliche Infanterie niederzuhalten, so daß sie von ihrer
Waffe keinen ausgiebigen Gebrauch machen kann, und die
feindliche Artillerie schon vor dem Sturm der Infanterie
möglichst zum Schweigen zu bringen. Das Gelingen dieser
letzteren Aufgabe ist von entscheidender Bedeutung, da eine
kampfkräftige Artillerie des Verteidigers den Angriff un=
möglich zu machen vermag. Während des Angriffs selbst
ist es erforderlich, ein Wiederaufleben der Verteidigungs=
artillerie zu verhindern, die vorgehende Infanterie durch eine
Feuerwalze zu decken, die vor ihr herläuft und sich zeitlich
nach ihrem Vorwärtskommen regelt, und endlich beim
weiteren Vorschreiten des Angriffs auch über die Reichweite
der Feuerwalze hinaus diesen dauernd zu begleiten und ihm
die Gasse zu fegen.

Das ist eine lange Reihe von Aufgaben, die schwer zu erfüllen sind. Die erste große Schwierigkeit besteht darin, die Vorbereitungen des Angriffs und den Aufmarsch der Artillerie der Kenntnis des Gegners zu entziehen. Die Stellungen der Batterien müssen erkundet, vermessen und durch Versteinen im Gelände festgelegt werden. Die Wege, die in das Batteriegelände von rückwärts her führen, müssen gebessert und ausgebaut werden. Die Munition muß in großen Mengen teils in die Batterien herangefahren, teils in nahen Depots untergebracht und gegen Witterungseinflüsse geschützt, dann endlich müssen die Batterien selbst eingefahren werden.

Ebenso müssen die Minenwerfer (schwere, mittlere und leichte), wenn es die Umstände irgend gestatten, dicht hinter den vordersten eigenen Linien eingebaut und munitioniert werden, um die vordersten feindlichen Linien sturmreif zu schießen und so die eigene Artillerie zu entlasten.

Das alles erfordert eine Bewegung, die der Kenntnis des Feindes nur schwer entzogen werden kann. Wenn auch grundsätzlich nur bei Nacht gearbeitet und alles gegen Fliegersicht nach Möglichkeit gedeckt wird, so ist es doch immer schwer, diese ganze gewaltige Bewegung zu verbergen. Feindliche Flieger werden doch einiges wahrnehmen, feindliche Agenten manches ermitteln, Gefangene der eigenen Truppe oft zu Verrätern werden. Ihrer Kenntnis, d. h. also der eigenen Truppe, muß das geplante Unternehmen nach Möglichkeit entzogen werden, denn Überraschung ist ein sehr wesentliches Moment, um den Erfolg zu sichern. Ist der Feind von dem bevorstehenden Angriff unterrichtet, so kann er wirksame Abwehrmaßregeln treffen.

Die zweite große Schwierigkeit besteht darin, die feindliche Artillerie — und auch deren entfernt stehende Batterien — erfolgreich und entscheidend niederzukämpfen. Diesem Gesichtspunkt muß, wie noch gezeigt werden soll, die Aufstellung der Angriffsartillerie Rechnung tragen. Als Mittel zur Bekämpfung der Artillerie wird sich in vielen Fällen der Gasbeschuß bewähren. Tritt er überraschend ein, dann wird er zunächst wohl Verluste zur Folge haben, jedenfalls aber zwingt er — wie schon oben gesagt — den Gegner unter die Maske, durch die jede Tätigkeit in der Batterie sowie das Heranführen von Munition außerordentlich erschwert wird. Auch ist es überhaupt nicht möglich, auf längere Zeit unter der Maske zu arbeiten. Wenn daher die Gasbeschießung früh genug vor dem Sturm einsetzt und die Gasdichte möglichst lange erhalten bleibt, wird es häufig gelingen, die feindliche Artillerie zum Schweigen zu bringen oder zum Rückzuge zu veranlassen. Da dieses Feuer gegen Räume gerichtet werden muß, die später von der eigenen Infanterie betreten werden sollen, darf natürlich kein verseuchendes Gas angewendet werden.

Unter Umständen kann neben der Gasbeschießung auch Brisanzfeuer eingelegt werden, um dem Gegner blutige Verluste beizubringen, seine Munition zu vernichten und sein Material zu schädigen. Ferner muß die Angriffsartillerie so stark sein, daß sie neben der Vergasung und Bekämpfung der feindlichen Artillerie auch ihren übrigen Aufgaben gerecht werden und während deren späterer Durchführung mit einer genügenden Anzahl von Batterien die Nachgasung der Verteidigungsartillerie fortsetzen kann.

Diese weiteren Aufgaben lassen sich dahin zusammenfassen, daß es darauf ankommt, die feindlichen Befestigungsarbeiten möglichst weithin zu zerstören, um für das Vorwärtskommen der Sturminfanterie freie Bahn zu schaffen, deren Angriff tunlichst weithin mit einer Feuerwalze zu begleiten und ihr so das Vorwärtskommen ohne allzu schwere Verluste zu erzwingen.

Die Feuerwalze wird von einer möglichst starken Feldartillerie und von schweren Feldhaubitzen als Brisanz- oder Gaswalze gebildet und geht in vorher bestimmten Zeiträumen, die sich nach dem voraussichtlichen Vorwärtskommen der Infanterie richten, von Abschnitt zu Abschnitt vor, um die feindliche Infanterie unmittelbar vor der stürmenden Angriffstruppe in ihre Deckungen niederzuzwingen, ihre moralische Erschütterung zu steigern und so der eigenen Truppe schwere Verluste nach Möglichkeit zu ersparen.

Die schweren Mörser können ebenfalls abschnittsweise bei der Feuerwalze mitwirken, müssen dann aber feindwärts vor diese gelegt werden, damit ihre Splitterwirkung nicht der eigenen Infanterie gefährlich wird. Sie richten ihr Feuer gegen die stärksten Widerstandsnester und Befestigungen des Feindes, die die Infanterie hinter der Walze zunächst erreichen wird. Diese zeitlich und räumlich von vornherein festgelegte, starre Walze beweglich zu machen, so daß sie sich dem langsameren oder schnelleren Vorgehen der Infanterie unmittelbar anschmiegen könnte, wäre wünschenswert, stößt aber auf fast unüberwindliche Schwierigkeiten. In einem späteren Abschnitt soll dieser Punkt noch erörtert werden.

Verfügt man über eine genügend starke Artillerie, dann kann man die Wirkung der Feuerwalze noch dadurch steigern, daß man ihr eine gewisse Tiefe gibt. Unsere Gegner, die über ungezählte Geschütze verfügten, haben ihr bisweilen eine Tiefe von mehreren Kilometern gegeben. Dann muß der Verteidiger nicht nur während einer verhältnismäßig kurzen Zeit das Feuer einer linearen Walze aushalten, sondern während des langen Zeitraumes, die die kilometertiefe Walze braucht, um über ihn hinwegzuschreiten. Die Aus-

sichten, die sich dann dem Angreifer eröffnen die Verteidigungsinfanterie kampfunfähig zu machen, sind unter solchen
Umständen natürlich viel größer als bei einer gewöhnlichen
Walze, wenn die Dichtigkeit des tiefen Feuers wenigstens
einigermaßen die gleiche ist wie bei jener. Die Masse der
verfügbaren Geschütze ist demnach entscheidend, die Vorbereitung schwieriger.

Aus der zurückgezogenen Artillerieaufstellung des gewöhnlichen Stellungskrieges werden diese Aufgaben nun im
allgemeinen nicht voll gelöst werden können, da aus einer
solchen die völlige Ausnutzung der Schußweiten, wie sie der
Angriff fordert, nicht möglich ist. Man wird also auf die
Gefahr hin, überraschend angegriffen zu werden, die Batterien, die die entfernter stehende feindliche Artillerie bekämpfen, die feindlichen Befestigungsarbeiten im weiten
Hintergelände zerstören und an der Feuerwalze teilnehmen
sollen, möglichst dicht an die Sturmausgangsstellung heran-
schieben müssen, soweit es aus Rücksicht auf die Verheim-
lichung irgend zulässig ist. Die Batterien dagegen, denen die
näheren Aufgaben zufallen, werden weiter rückwärts Aufstellung finden. Die vordersten Batterien anderseits wird
man, wenn möglich, erst in der Nacht vor dem Sturm in
Stellung bringen. Auf Einschießen wird im allgemeinen
verzichtet werden müssen. Man wird das Feuer nach genau
aufgestellten Batterieplänen und nach Pulkowski leiten
müssen und später von Fliegerbeobachtung einen möglichst
weitgehenden Gebrauch machen.

Eine fernere sehr wesentliche Schwierigkeit besteht darin,
der Infanterie über die äußersten Grenzen der Tragfähigkeit der Geschütze hinaus mit Artilleriefeuer zu folgen und
sie weiter zu unterstützen. Ihr Kampf wird, ob nun die
Überraschung gelang oder nicht, immer schwieriger werden,

je weiter sie vorschreitet; denn nun werden die rückwärts gestaffelten oder aus der Ferne herangeführten feindlichen Reserven, die von der Angriffsartillerie bisher nicht gefaßt
werden konnten, in die Erscheinung treten und der vielleicht
bereits erschöpften Angriffsinfanterie sich entgegenstellen.
Um so mehr bedarf diese aber nun der artilleristischen Unterstützung. Die Artillerie muß daher alles aufbieten, um ihr
zu folgen und aus neuen Stellungen das Feuer möglichst
ohne Abschwächung und Unterbrechung fortzusetzen. Das zu
erreichen, ist außerordentlich schwierig. Welche Rolle hierbei
den Begleit- und Infanteriegeschützbatterien zufällt, ist bereits in dem Abschnitt über Infanterietaktik gesagt worden.
Sie sind die ersten, die der Sturminfanterie unmittelbar und
auf nächste Entfernung zu folgen haben.

Schon ihnen wird als ernstes Hindernis die große Ge-
ländeschwierigkeit entgegentreten, die der Stellungskrieg
verursacht. Zwischen zwei Stellungssystemen, die sich eine
Zeitlang bekämpft haben, befindet sich gewöhnlich ein Niemandsland, das von der Artillerie beider Gegner nach allen
Richtungen hin durchwühlt ist, in dem alle Wege und Straßen
zerstört sind, in dem sich ein Granattrichter neben dem andern
befindet.

Um dieses Land für Artillerie passierbar zu machen,
müssen unmittelbar hinter den stürmenden Truppen Arbeiter-
kolonnen mit vorbereitetem Material folgen, um Wege für
die Artillerie herzustellen, Gräben und Trichter zu über-
brücken und unpassierbare Stellen gangbar zu machen. Das
ist oft, besonders in Geländen mit hohem Grundwasserstand,
eine äußerst schwierige und zeitraubende Arbeit, die gut vorbereitet und mit aller Tatkraft durchgeführt werden muß.
Besonders für die Masse der Artillerie, die schweren Geschütze
und die Munitionswagen müssen widerstandsfähige Straßen

hergerichtet werden. Je rascher Artillerie hinübergezogen werden kann, desto besser ist es. Wo der Stellungskampf vor der Schlacht nicht lange gedauert hat und demnach das Niemandsland weniger mitgenommen ist, werden die Schwierigkeiten naturgemäß geringere sein. Immer aber wird es große Mühe kosten, die durch die Angriffsartillerie zertrommelten feindlichen Stellungen und Gräben für den Artillerievormarsch gangbar zu machen.

Um möglichst frühzeitig Artillerie zum Vorgehen zur Verfügung zu haben, ohne die noch im Kampf stehende Angriffsartillerie zu schwächen, empfiehlt es sich, hinter dieser eine zweite Geschützwelle bereitzustellen, die sich am Feuer nicht beteiligt und sofort vorgezogen werden kann, sobald die Gangbarkeit des Geländes einigermaßen hergestellt ist.

Diesen Batterien folgen dann die am weitesten abstehenden Batterien der Kampfartillerie, sobald sie der Entfernung wegen nicht mehr feuern können. Man muß sich jedoch hüten, zuviel Artillerie auf einmal vorzuwerfen und mit ihr die Wege zu überlasten, da sie ohne die entsprechende Munitionszufuhr nicht wirken kann. Batterien und Munition müssen in angemessenem Verhältnis vorgeschoben werden. Die hinübergegangenen Batterien werden der Infanterie so weit als möglich folgen und zunächst mit Erd- und eventuell mit Luftbeobachtung zu wirken suchen.

Die Art ihrer Tätigkeit entspricht dann den Anforderungen, die im Bewegungskriege gestellt werden. Da jedoch eine vorbereitete einheitliche Leitung der Artillerie in solchem Fall nicht vorhanden ist, wird man gut tun, die zuerst ankommende Artillerie auf die Infanterie-Regimenter zu verteilen, und zwar sowohl leichte wie schwere Batterien, und so einzelne möglichst selbständige Kampfgruppen zu bilden. Jedes Infanterie-Regiment wird dann seiner Artillerie die

zu beschießenden Ziele zuweisen, die seinen weiteren Angriffs=
absichten entsprechen müssen. Allmählich werden die ein=
treffenden Batterien in Gruppen zusammengefaßt und erst,
wenn die Masse der Artillerie der Infanterie gefolgt ist,
übernimmt wieder der Artilleriekommandeur die einheitliche
Leitung der Batterien und Gruppen, soweit sich ihre Unter=
stellung unter Infanterie=Regimenter nicht fernerhin als not=
wendig erweist. War eine zweite Artilleriewelle vorhanden,
wird auch jetzt wieder eine solche gebildet — aus anderen Bat=
terien natürlich, als aus denen sie zunächst bestand —, und
so der weitere Stellungswechsel nach vorn vorbereitet.

Ist Zeit genug vorhanden, und gestatten es sonst die Um=
stände, dann ist es natürlich wünschenswert, die neuen Bat=
teriestellungen womöglich schon am ersten Angriffstage einzu=
messen und mit Batterieplänen auszustatten, damit die Ar=
tillerie auch da, wo keine Erd= und Luftbeobachtung möglich
ist, nach dem Plan zu schießen vermag. Doch wird dieser
Forderung nur genügt werden können, wenn eine große
Zahl Trigonometer vorhanden ist, mindestens einer für je
zwei Batterien, diese zugleich mit den Artillerieoffizieren, die
die neuen Stellungen erkunden und aussuchen sollen, un=
mittelbar hinter den Reserven der stürmenden Infanterie mit
vorgehen und reichliches Kartenmaterial zur Aufstellung der
Batteriepläne mitnehmen. Da das jedoch nur selten durch=
geführt werden kann, wird man in den meisten Fällen auf
ein Einmessen der neuen Batteriestellungen vorläufig ver=
zichten müssen. Wichtiger ist es jedenfalls, der Infanterie so
rasch als möglich zu folgen und ihr möglichst schnell eine aus=
giebige Artillerieunterstützung zu sichern, sobald die
Schußweiten der ersten Angriffsartillerie=Stellungen er=
schöpft sind.

Um das zu ermöglichen, wird es, abgesehen von der

raschen Gangbarmachung des Geländes, von Wichtigkeit sein, die Fesselballons sobald als irgend möglich nachzuziehen und die Artillerieflieger unter dem Schutz von Jagdfliegern sofort in Tätigkeit zu setzen. Antennen zum Wechselverkehr mit den Beobachtungsflugzeugen müssen sofort mit der Artillerie vorgebracht werden. Alles kommt darauf an, auch den artilleristischen Angriff im Rollen zu erhalten und keinen Augenblick der Ermattung und des Nachlassens im Feuer eintreten zu lassen.

Wenn ich im Vorstehenden die Verwendung der Artillerie für eine besondere Art des Angriffs besprochen habe, muß doch darauf hingewiesen werden, daß die Angriffsmethoden sehr verschieden sein können. Wiederholt ist es vorgekommen, daß der Angriff, durch das Gelände begünstigt oder der Sicht des Gegners durch künstlichen oder natürlichen Nebel entzogen, auf eine Feuervorbereitung überhaupt verzichtete, um völlig überraschend zu wirken, und dann nur unter dem Schutze einer dichten und tiefen Feuerwalze vorbrach. Ein solches Verfahren wird sich besonders dann empfehlen, wenn eine genügende Zahl von Tanks zur Verfügung steht, die, vor der Infanterie herfahrend, die feindlichen Hindernisse niederwalzen und die Gräben und Deckungswälle überschreiten. Der moralische Eindruck solchen Angriffs kann ein sehr bedeutender sein.

Im Gegensatz zum Überraschungsverfahren kann der Gegner auch versuchen, das Sturmreifschießen und die Bekämpfung der feindlichen Artillerie unter gewaltigem Munitionseinsatz im Zerstörungs- und Vernichtungsfeuer oft tagelang fortzusetzen, um dem Verteidiger den Aufenthalt in dem angegriffenen Raume völlig unmöglich zu machen und alle seine Verteidigungsbauten unter Anwendung schwerster Geschütze restlos zu zerstören. Auch kann er dieses letzte Verfahren mit möglichst überraschendem Tankangriff verbinden. So wird sich die Aufgabe der Angriffsartillerie sehr ver= schieden gestalten. Die Schwierigkeiten des Artillerieauf= marsches aber bleiben immer bestehen und ebenso die Not= wendigkeit, bei gelungenem Angriff die eigenen Batterien der vorgegangenen Sturminfanterie nachzuführen. Diese Schwie= rigkeit wird sich nach tagelangem Trommelfeuer bis weit ins feindliche Hintergelände hinein sogar als besonders groß er= weisen.

Die Maßnahmen des Angriffs bedingen die Gegenmaß= regeln der Verteidigungsartillerie. Ihre Aufgabe ist es natürlich in erster Linie, die Angriffsinfanterie in ihren Sturmausgangsstellungen zu vernichten oder — soweit dies nicht gelingt — sie während des Vorgehens selbst noch vor den eigenen Infanteriestellungen zusammenzuschießen. Dieser Aufgabe wird sie aber nur dann genügen können, wenn sie von der Angriffsartillerie nicht frühzeitig niedergekämpft wird.

Erste Pflicht der Verteidigung also ist es, mit ihrer Ar= tillerie so zu operieren, daß diese von der feindlichen nicht niedergekämpft werden kann. Hat man die Angriffsabsichten des Feindes frühzeitig erkannt und verfügt man über ge= nügende eigene Artilleriereserven, dann wird man bestrebt sein, die Artillerie der bedrohten Front so zu verstärken, daß sie der feindlichen gewachsen oder wenn möglich überlegen ist. Auch der Verteidiger wird dann zum Mittel des Gasschießens greifen können. Da die Gegend der feindlichen Artillerie= aufstellung jedoch nicht von den Truppen des Verteidigers betreten werden soll, kann er diesen Raum verseuchen und dadurch die Angriffsartillerie zwingen, ihn zu verlassen. Freilich wird das einen gewaltigen Aufwand an Gasmuni= tion erfordern.

Zu einem solchen Entscheidungskampf mit der Angriffs=

artillerie wird der Verteidiger stets gezwungen sein, wenn die beiderseitigen Stellungen sich dicht gegenüberliegen und aus örtlichen oder operativen Rücksichten die vorderste Linie gehalten werden soll. Erfolgt in solcher Lage der Angriff überraschend, so daß eine ausreichende Verstärkung der Stellungsartillerie nicht möglich war, ist zudem die vorderste Linie nicht sehr fest und widerstandsfähig auch gegen schwerstes Feuer ausgebaut und außerdem dem Tankangriff zugänglich, dann sind die Erfolgsaussichten des Angreifers sehr große.

Günstiger gestalten sich die Verhältnisse für den Verteidiger, wenn er vor seiner Hauptwiderstandslinie ein einigermaßen tiefes Vorfeld besetzt hat. Er zwingt dadurch zunächst die feindliche Artillerie zum weiteren Abbleiben, die feindliche Infanterie aber, zunächst das Vorfeld im Feuer der Verteidigungsartillerie zu überwinden, ehe sie überhaupt auf den Hauptwiderstand trifft.

Die Verteidigungsartillerie wird man so aufstellen müssen, daß sie ihr gesamtes Vernichtungsfeuer vor das eigene Vorfeld legen, die feindliche Artillerie wirkungsvoll bekämpfen und doch einen Teil der eigenen Artillerie dem feindlichen Geschützfeuer entziehen kann. Das sind zum Teil offenbar widerspruchsvolle Aufgaben, denen man nur gerecht werden kann, wenn man über eine außerordentlich starke Artillerie verfügt. Ist die gegnerische gleich stark oder überlegen, dann wird man gezwungen sein, je nach den Umständen der einen Forderung mehr, der anderen weniger zu genügen und durch geschickte Gruppierung der verschiedenen Geschützarten den erstrebten Zweck wenigstens einigermaßen zu erreichen.

Artilleristisch am günstigsten liegen die Verhältnisse für den Verteidiger, wenn die Kriegslage ihm gestattet, beim

Gegner zwar den Anschein zu erwecken, daß man eine vordere Linie halten wolle, in Wirklichkeit aber dem Stoß auszuweichen und ihn erst in einer erheblich weiter rückwärts liegenden Stellung aufzufangen. In solchem Falle vermag er seine gesamte Artillerie bis auf einige zur Täuschung des Gegners vorgezogene Arbeitsgeschütze dem feindlichen Geschützfeuer zu entziehen — meist auch seine rückwärtige eigene Widerstandslinie —, das Feuer seiner gesamten eigenen Artillerie aber vor der letzteren wirken zu lassen und so jeden Sturm unmöglich zu machen.

Der Angreifer wird in solchem Fall nur abschnittsweise vorgehen können und — wenn er die vordere Scheinstellung genommen hat — einen neuen Artillerieaufmarsch bewerkstelligen müssen, bevor er den Angriff fortsetzen kann. Auf eine Überraschung des Verteidigers ist dann auf keinen Fall mehr zu rechnen, und damit geht ein sehr wesentlicher, oft entscheidender Vorteil für den Angreifer verloren.

Ist seine Artillerie so stark, daß sie durch tagelanges Trommelfeuer den ganzen Bereich der angegriffenen Stellung zudecken kann, wird man die eigene Artillerie — wie übrigens auch die Masse der eigenen Infanterie, soweit sie nicht schußsicher untergebracht werden kann — aus dem Bereich des feindlichen Feuers zurückziehen und so aufstellen, daß sie die vorbrechende Angriffs-Infanterie unter wirksamstes Vernichtungsfeuer nehmen kann. Die feindliche Artillerie wird man dann nur durch die weitesttragenden Geschütze zu belästigen suchen, bis genügend Artilleriereserven herangezogen sind, um sie wirksam bekämpfen zu können. Die Behauptung der Stellung wird dann von dem Gelingen des Gegenangriffs abhängen.

Besondere Aufgaben werden der Artillerie durch den Tankangriff gestellt. Um diesen abzuweisen, muß zunächst während ihres meist vernebelten Vormarsches ein intensives Vernichtungsfeuer auf die Tanks gerichtet werden; später aber, sobald sie nicht mehr vernebelt sind, müssen sie durch zahlreiche, im Gelände zu diesem Zweck verteilte Tankabwehrgeschütze im direkten Schuß mit direkter Beobachtung bekämpft und zusammengeschossen werden. Um das Vernichtungsfeuer wirksam abgeben zu können, tritt auch hier die Forderung in den Vordergrund, den für diesen Zweck bestimmten Teil der Artillerie so weit rückwärts aufzustellen, daß die feindliche Artillerie ihn nicht vorzeitig niederkämpfen kann; für die Tankabwehrgeschütze dagegen, die auf kurze Entfernungen die Sturmwagen beschießen sollen, sowie für die leichten Minenwerfer auf Flachbahnlafetten, die dem gleichen Zweck dienen sollen, kommt es darauf an, sie möglichst nahe hinter der Stellung bereit zu haben, in der der feindliche Angriff aufgehalten, der daher auch von den Angriffstanks durchbrochen werden soll.

Hier besteht die Schwierigkeit darin, diese Geschütze und ihre Bedienungsmannschaften während des Zerstörungsfeuers der feindlichen Artillerie und während der über sie hinwegrollenden Feuerwalze kampffähig zu erhalten. Das wird nur möglich sein, wenn ihre Aufstellung dem Feinde unbekannt geblieben ist, und wenn wenigstens die Mannschaften möglichst schußsicher untergebracht sind.

Besondere Schwierigkeiten wird das für die beweglichen Abwehrgeschütze machen, da hier auch die Bespannungen leistungsfähig erhalten werden müssen. Möglich ist das wohl im allgemeinen nur dann, wenn es gelingt, die Artillerie des Angreifers einigermaßen niederzuhalten, so daß sie gezwungen ist, sich mit einem Teil ihrer Geschütze fortdauernd gegen die Artillerie des Verteidigers zu wenden; das wiederum wird wesentlich dadurch erschwert, daß ein nicht geringer Teil der Feldgeschütze als Tankabwehrgeschütze von vornherein vorgezogen werden muß und daher an der Artilleriebekämpfung nicht teilnehmen kann.

Hier also steht man von neuem vor widerspruchsvollen, scheinbar unvereinbaren Aufgaben, die niemals alle vollkommen gelöst werden können. Es ergibt sich daraus lediglich die unbedingte Forderung, daß auch in diesem Fall wie überhaupt die Verteidigungsartillerie niemals stark genug sein kann. Ist der bevorstehende Angriff erkannt, müssen alle erreichbaren Artilleriereserven herangezogen werden. Stellungen für Verstärkungsartillerie müssen auf allen Verteidigungsfronten vorgesehen, d. h. vermessen, versteint und mit Batterieplänen ausgestattet sein.

Was nun den Feuerkampf der Artillerie selbst anbetrifft, kommt es natürlich darauf an, soweit es irgend möglich ist, nur beobachtetes Feuer abzugeben. Nur ein solches bietet eine gewisse Gewähr ausreichender Wirkung. Erd-, Ballon- oder Fliegerbeobachtung wird daher stets angestrebt werden müssen. Doch wird es nicht immer möglich sein, dieser Forderung zu genügen. Bei Nacht oder starkem Nebel ist eine Beobachtung des Feuers überhaupt ausgeschlossen, und doch darf auch in solcher Lage weder die Infanterie des Feuerschutzes der Artillerie entbehren, noch der Feind unbehelligt bleiben.

Größere Ziele können auch ohne Beobachtung unter Berücksichtigung aller Witterungs- und besonderen Einflüsse im Planschießen bekämpft werden; das ganze vom Feinde besetzte Gebiet kann auf diese Weise beunruhigt, Straßenzüge und Bahnlinien können abgestreut, Unterkünfte und Bahnhöfe beschossen werden. Besonders wichtig aber wird ein solches unbeobachtetes Feuer bei größeren Kampfhandlungen.

Angewendet kann es überall werden, wo es lediglich gilt, größere Flächen oder bestimmte Abschnitte, nicht aber bestimmte engbegrenzte Ziele zu treffen. So wird man beim Vergasen oder Verseuchen feindlicher Batterienester oder größerer Teile der feindlichen Stellungen und Bereitstellungsräume zum unbeobachteten Feuern schon dadurch gezwungen sein, daß derartiges Schießen am besten bei Nacht stattfindet. Auch hierbei kommt es allein darauf an, größere Geländeabschnitte mit einem dichten Gasbeschuß zu erfüllen. Ebenso ist bei Feuerwalzen, deren Vorschreiten zeitlich bestimmt werden muß, eine Beobachtung weder möglich noch notwendig. Hier handelt es sich lediglich darum die Tages- und besonderen Einflüsse eingehend zu berücksichtigen.

Unbeobachtet muß ferner das Sperrfeuer und oft auch das Vernichtungsfeuer abgegeben werden. Das Sperrfeuer besteht darin, daß man vor die eigene Front einen möglichst dichten Feuervorhang niedergehen läßt, den der Gegner beim Angriff durchschreiten muß. Es wird nur dann wirkungsvoll sein, wenn die Artillerie so stark ist, daß das Feuer außerordentlich dicht und womöglich flankierend abgegeben werden kann, da es sonst — wenn es lückenhaft ist — allzu leicht vom Angreifer unterlaufen wird. Das Schrapnell, wenn es zuverlässig funktioniert, ist für diese Feuerart — wie schon oben bemerkt — oft das gegebene Geschoß, besonders beim Flanken-Sperrfeuer, ebenso bei den gleichen Bedingungen die Granate B. Z. Die Batterien, die es abgeben sollen, müssen vorher genau eingeschossen sein. Beim Feuern selbst ist eine Korrektur unmöglich, da es auf Anfordern sofort in voller Kraft einsetzen muß.

Wo die nötige Dichte nicht zu erreichen ist, wird es zweckmäßig durch Vernichtungsfeuer ersetzt. Dieses deckt zwar nicht die gesamte Front, wirkt aber dafür stärker gegen die erkannten oder vermuteten Bereitstellungsräume des Gegners, gegen die es zusammengefaßt werden kann. Im allgemeinen wird es als beobachtetes Feuer gegen erkannten Gegner abgegeben. Soll es das Sperrfeuer ersetzen, ohne daß eine Beobachtung möglich wäre, wird es gegen die wahrscheinlichen Bereitstellungsräume des Gegners abgegeben, auf die die betreffenden Batterien vorher eingeschossen sein müssen. In diesem Fall darf es aber kein starres, ein für allemal festliegendes Feuer sein wie das Sperrfeuer, sondern es muß seitlich sowohl wie nach der Tiefe verlegt werden können. Oft wird es nötig sein, es sprungweise zurückzuziehen, um den aus seinen Bereitstellungsräumen vorbrechenden Gegner zu treffen. Das Feuer muß so vorbereitet sein, daß der Feind niemals mit Bestimmtheit voraussehen kann, wo es liegen wird, und danach seine Anordnungen zu treffen vermag.

Zerstörungsfeuer gegen kleinere Objekte, Batterien, einzelne Stützpunkte, Befehls- und Beobachtungsstände wird nur von Erfolg sein, wenn es genau beobachtet werden kann. Um die eigene Artillerie dem feindlichen Zerstörungsfeuer nach Möglichkeit zu entziehen, müssen die Batterien häufig Stellungswechsel vornehmen, sobald sie vermuten können, daß ihre Aufstellung vom Gegner erkannt ist.

Erwähnt seien hier noch als Vorbereitungswaffe für den Angriff die Gaswerfer, die zwar in gewissem Sinne eine eigene Waffe darstellen, ihrem Wesen nach aber doch zur Artillerie gehören. Es sind das Werfer, die im Gelände fest eingebaut sind und auf Entfernungen bis zu 3000 m Gas- oder Brisanzbomben zu werfen vermögen. Da die Zündung auf elektrischem Wege erfolgt, so daß sämtliche Werfer zu gleicher Zeit losgehen, ist die moralische und tatsächliche Wirkung — wenn eine genügende Anzahl von ihnen vereinigt ist — sehr bedeutend. Es wird auf einem allerdings beschränkten Raum eine große Gasdichte erzeugt, die schwere Verluste zur Folge haben kann, wenn sie überraschend erfolgt. Der Einbau muß daher auf das sorgsamste geheim gehalten und verschleiert werden.

Werden Brisanzbomben geworfen, dann ist es wünschenswert, daß der Infanterieangriff unmittelbar nach der Explosion erfolgt, um den ungeheuren moralischen Eindruck ihrer Wirkung in vollem Maße ausnutzen zu können. Der Feuerschlag solcher Werfer kann an der gleichen Stelle natürlich nur einmal erfolgen — denn der Feind wird die Aufstellung der Werfer sofort unter Feuer nehmen, und das Wiederschußbereitmachen der Werferbatterien nimmt geraume Zeit in Anspruch.

Eine große Schwierigkeit bietet in allen diesen Verhältnissen die richtige Leitung des Feuers.

Auf der einen Seite muß, besonders im Stellungskriege, gefordert werden, daß die Artillerie in der Lage ist, im artilleristischen Masseneinsatz ohne jede Beobachtung, nur auf Grund sorgfältiger Berechnungen, genauer Batteriepläne und mit Berücksichtigung aller Einflüsse ihre Gesamtkraft im Großkampf einheitlich einzusetzen. In diesem Falle ist die strafffste Leitung von einer Zentralstelle aus geboten; wobei schon im voraus die Ziele verteilt, der Munitionseinsatz geregelt und alle Zeiten bestimmt werden. Auf der anderen Seite kommt es oft für alle Unterführer bis herab zum Geschützführer darauf an, die größte Selbständigkeit zu entwickeln, Augenblicksziele rasch zu erfassen und oft ohne Befehl, der häufig nicht bis zu allen einzelnen wird durchbringen können, dennoch im Sinne und Geiste des Gefechtszwecks auf eigene Verantwortung hin zu handeln.

Diese Forderungen stellen Extreme dar, wie sie unter

Umständen gefordert werden müssen. Zwischen diesen
Grenzfällen aber liegt das weite Gebiet der verschiedensten
artilleristischen Aufgaben, bei denen es immer wieder darauf
ankommt, die Forderungen einer einheitlichen Leitung,
wenigstens der niederen Verbände, mit der notwendigen
Selbständigkeit der Unterorgane zu vereinigen, die die
besonderen Umstände fordern können. Das verlangt ein
hohes Maß taktischen Verständnisses bis hinab zu den Ge-
schützführern.

Wenn man die Gesamtverhältnisse der Artilleriever-
wendung ins Auge faßt, wird man sich sehr bald darüber
klar sein, daß die Friedensorganisation, auf der vor dem
Kriege Ausbildung und taktischer Einsaß der Artillerie aufgebaut waren, für die heutigen Verhältnisse nicht mehr paßt.
Die Batterien zu vier Geschützen haben sich allerdings bewährt. Nur bei den Infanteriegeschüß-Batterien sind sechs
Geschüße geboten, da die Batterie zugweise auf die drei
Bataillone des Regiments muß verteilt werden können.
Die Trennung in Feld- und Fußartillerie aber hat sich
als fehlerhaft erwiesen. Eine Anzahl Geschüßarten, die bisher zur Fußartillerie gerechnet wurden, sind heute Feldartillerie geworden und werden in gleicher Weise gebraucht
wie die bisherige Feldartillerie. Die Artillerieoffiziere sollen
mit den einen so gut Bescheid wissen wie mit den anderen.
Beide Arten müssen häufig in einem taktischen Verbande
unter einheitlichem Kommando verwendet werden. Zu der
Feldartillerie gehören nicht nur die Feldkanonen und leichten
Haubißen, sondern auch die schweren Feldhaubißen und die
langen 10-cm-Kanonen, in gewissem Grade sogar die 21-cm-
Mörser.

Eine Kategorie für sich bilden nur die schweren Flach-
und Steilfeuergeschüße, also 13-cm-, 15-cm-, 21-cm-, 30-cm-

und 38-cm-Kanonen und die schweren Mörser mit einem Kaliber von 28, 30 und 42 cm. Diese werden unter besonderen Verhältnissen für Spezialaufgaben eingesetzt und fallen für den Bewegungskrieg im allgemeinen ganz aus. Fraglich kann es erscheinen, ob nicht auch die 21-cm-Mörser in diese Kategorie gehören, da sie unter gewissen Bedingungen, wie bei den Wegeverhältnissen Rußlands, für den Bewegungskrieg unverwendbar sind. Dagegen haben sie in Frankreich den ganzen Krieg mitgemacht und sind im Stellungskampf häufig im Verein mit der Feldartillerie verwendet worden. Es dürfte sich daher empfehlen, die 21-cm-Mörser, in besondere Bataillone zusammengefaßt, der Feldartillerie zuzuzählen und sie nur bei besonderen Wegeschwierigkeiten zurückzulassen.

Im übrigen aber dürfte es zweckmäßig sein, die Feldartillerie-Regimenter aus Feldkanonen- und Feldhaubitz-Abteilungen bestehen zu lassen und jedem von ihnen außerdem eine aus schweren Feldhaubitzen und 10-cm-Geschützen zusammengesetzte Abteilung beizugeben, so daß das gesämte Offizier- und Mannschaftspersonal an allen diesen Geschützen gleichmäßig ausgebildet werden kann. Die so formierten Regimenter wären den Divisionen zu unterstellen. Weitere Regimenter, die aus langen schweren Kanonen und schweren Feldhaubitzen zu bestehen hätten, wären als Korpsartillerie den Generalkommandos beizugeben, denen auch die Mörser-Bataillone zugeteilt werden müssen.

Die Fliegerabwehr-Batterien werden am zweckmäßigsten auf Divisions- und Korpsartillerie zu verteilen, alle Batterien dagegen mit Maschinengewehren, teils zur Fliegerabwehr, teils zur Nahverteidigung, auszurüsten sein. Man muß damit rechnen, daß für den Stellungskrieg eine sehr viel stärkere Artillerie erforderlich sein wird als für den

Bewegungskrieg. Auch für diesen werden Artilleriereserven in der Hand der Korps und der Armeen nötig sein
und müssen bei der Friedensorganisation berücksichtigt
werden. Für den Stellungskrieg aber sind bedeutende Artilleriereserven in der Hand der Armeen, der Heeresgruppen
und der Obersten Heeresleitung erforderlich, um den Schwerpunkt der Artilleriewirkung je nach den Umständen verschieben zu können. Zu diesen Reserven müssen auch Feldartillerie-Regimenter und Fliegerabwehrgeschütze gehören.
Auch für diese Reserven muß das Material vorgesehen und
das Mannschafts- und Offizierpersonal ausgebildet werden.
Man wird daher den Divisionen vielleicht mehr Artillerie-
Regimenter zuteilen müssen, als sie unter gewöhnlichen Verhältnissen und im Bewegungskriege verwenden können, um
aus diesen Truppenteilen im Kriegsfall die nötigen Reserven
zu bilden. Jedenfalls ist eine gegen früher sehr bedeutende
Verstärkung der Artillerie des Feldheeres im Vergleich zur
Infanterie geboten.

Die schwere Flachfeuer- und schwerste Mörserartillerie
wird wohl am besten als besondere Waffe selbständig unter
einem Generalinspekteur in ebenfalls gemischten Bataillonen
gebildet und den Korps und Divisionen nur zu besonderen
Übungen zugeteilt.

Eine besondere Taktik ist für diese schwere Artillerie nicht
erforderlich. Sie muß gelernt haben zu marschieren, in
Stellung zu gehen, zu schießen und mit den anderen
Waffen, vor allem mit der Infanterie, zusammenzuwirken.
In letzterer Beziehung wurde vor dem Kriege nicht entfernt
Genügendes geleistet. Auch für die Feldartillerie können die
taktischen Formen auf das Einfachste beschränkt werden. Für
den Bewegungskrieg ist es natürlich erforderlich, daß Batterien und Abteilungen sich sicher und gewandt im Gelände

bewegen und in Stellung gehen können." Im übrigen kommt es vor allem auf gutes Schießen an. Auch das Schießen mit direkter Augenbeobachtung auf kurze Entfernungen im engsten Zusammenarbeiten mit der Infanterie muß ausgiebig gelernt werden, und zwar nicht nur von den Infanteriegeschütz-Batterien, die dauernd den Infanterie-Regimentern zuzuteilen sind, sondern auch von allen Kanonen-Batterien.

Bei allen Artillerieverbänden endlich muß auf die Selbständigkeit der Unterführer ein weit höherer Wert gelegt werden als bisher. Alle Zug- und Geschützführer müssen selbständig das Feuer leiten können und taktisch so weit vorgebildet sein, daß sie in jedem Augenblick die nächst höhere Dienststelle restlos ausfüllen können.

Das Geschützmaterial muß nach Möglichkeit vereinfacht werden. Die Anforderungen des Krieges haben zur Einführung zahlreicher neuer Geschütze geführt, die nicht immer den wechselnden Umständen entsprachen. Leichte Fahrbarkeit und Beweglichkeit, also leichtes Gewicht, große Tragweite und Feuergeschwindigkeit bei einfachster Konstruktion und größter Widerstandsfähigkeit sind die wesentlichsten Eigenschaften, die von allen Geschützen verlangt werden müssen. Die Munitionswagen müssen dem ebenfalls entsprechen. Hierfür müssen soviel als möglich Kraftwagen benutzt und entsprechend konstruiert werden.

Auch die Munition bedarf erneuter Durchbildung und muß bei möglichster Vereinfachung dennoch allen Notwendigkeiten des Krieges mit seinen wechselnden Zielen entsprechen. Das Schrapnell ist durch die Granate im Laufe des Riesenkampfes fast ganz verdrängt worden, weil es — wie schon gesagt — nicht möglich war, bei der raschen Massenfabrikation die Zeitzünder zuverlässig herzustellen.

Es dürfte bei normaler Fabrikation an Bedeutung bald wieder gewinnen. Anderseits wird man zur Tankabwehr besonders durchschlagskräftige Granaten konstruieren müssen.

III. Kavallerie und Flieger.

Wenn ich die Kavallerie und die Luftstreitkräfte in einem gemeinsamen Abschnitt behandele, liegt das vor allem daran, daß die Aufgaben der ersteren im gewissen Grade an die Luftstreitkräfte übergegangen sind. Die Reiterei hat ihren Charakter sehr wesentlich verändert. Im Stellungskrieg ist sie als Reiterei fast ganz ausgeschaltet. Gegen die befestigten zusammenhängenden Linien des Feindes ist sie als berittene Truppe machtlos. Sie kann hier nur als Polizeitruppe hinter der Front verwendet werden. Die Aufklärung ist, abgesehen von Infanteriepatrouillen, fast ganz und gar auf die Fliegertruppe übergegangen, deren Tätigkeit zwar durch geheime Agenten und Spione ergänzt wird, aber den großen Nachteil aufweist, daß sie nur bei einigermaßen günstigem Wetter zu arbeiten vermag und in der Nacht wie bei starkem Nebel so gut wie ganz ausfällt.

Bei Nacht kann man höchstens den Verkehr auf Eisenbahnen und unter Umständen die Belegung von Ortschaften und Lagern vom Flugzeug aus ganz allgemein feststellen. Beleuchtung des zu beobachtenden Geländes ist nur bei sehr niedrigem Fliegen und auf kurze Entfernungen möglich. Dagegen leistet bei günstigem Wetter die Luftaufklärung oft mehr, als die Kavallerie zu leisten imstande war. Das ganze vom Feinde besetzte Gelände kann aus der Luft photographisch aufgenommen werden. Dadurch ist es möglich, Lage und Anordnung der feindlichen Befestigungen mit allen Einzelheiten festzustellen. Auch der Verkehr von Eisenbahnzügen, die Belegung der Bahnhöfe mit rollendem Material,

Flugplätze und deren Belegung, Umfang und ungefähres Fassungsvermögen feindlicher Lager, Magazine und Munitionsdepots, Stellungen der feindlichen Batterien, Vorhandensein von Tanks (teils unmittelbar, teils durch Erkennen der Tankspuren auf den Wegen) können aus der Luft beobachtet und photographisch aufgenommen werden.

Der Gegner wird zwar alle seine Anlagen gegen Fliegersicht zu decken suchen, dennoch aber wird es bei sorgsamer und systematischer Lufterkundung oft möglich sein, die Vorbereitungen eines feindlichen Angriffs, die Vermehrung oder Verminderung der feindlichen Artillerie, die Verstärkung seiner Reserven und ähnliches von der Luft aus zu erkennen und damit der Heeresleitung die wesentlichsten Dienste zu erweisen.

Wie aber die Kavallerie das Feld zur Aufklärung erst dann frei fand, wenn sie die feindliche Reiterei aus dem Felde geschlagen hatte, so wird auch die Luftaufklärung oft nur dann erfolgreich arbeiten können, wenn unsere Luftstreitkräfte die Überlegenheit in der Luft erkämpft haben. Der Gegner wird nicht nur unsere Arbeitsflugzeuge angreifen, wo er immer kann, sondern er wird häufig über seinen Linien Sperre fliegen, um das Durchbrechen unserer Flugzeuge überhaupt zu verhindern, und er wird offensiv mit den nötigen Kräften vorgehen, um selbst die erforderliche Kenntnis über den Feind zu erlangen.

Es ist, wie schon an anderer Stelle gesagt, Aufgabe der Jagdflieger, die feindlichen Luftstreitkräfte hierbei zu bekämpfen und den Arbeitsflugzeugen die Bahn freizumachen. Sie sind zu diesem Zweck in taktische Einheiten zusammengefaßt, deren Stärke allerdings nicht reglementarisch bestimmt ist. Die höchste Einheit bildet das Geschwader, das aus 4 bis 6 Staffeln bestehen kann und von einem Kommandeur geführt wird. Die Staffel, die normalerweise 14 Flugzeuge einsetzen kann, zerfällt ihrerseits wieder in Ketten zu 6 bis 8 Flugzeugen. Der Einsatz eines Geschwaders hat stets den Zweck, möglichst viele feindliche Flugzeuge zu vernichten.

Aufgabe des Führers ist es, das gesamte Geschwader einheitlich gegliedert an den Feind heranzuführen. Der Kommandeur, der stets am tiefsten fliegt, um von allen Flugzeugen aus gesehen werden zu können, ordnet beispielsweise an, daß rechts und links von ihm je eine Staffel fliegt, eine rückwärts folgt und eine vierte nach der Höhe gestaffelt ist. Feste taktische Formen haben sich hier noch nicht herausgebildet. Auch die Stärke der einzelnen taktischen Glieder wird je nach der Zahl der verfügbaren Maschinen und Besatzungen vielfach verschieden sein.

Trifft das Geschwader auf ein feindliches, so wird sich das Gefecht, das stets angriffsweise geführt wird, in Einzelkämpfe auflösen. Dabei wird es im wesentlichen darauf ankommen, den Gegner zu überhöhen, ihn mit der Sonne im Rücken anzugreifen und nur auf nächste Entfernung, auf die rücksichtslos herangegangen werden muß, zu feuern, um des Abschusses sicher zu sein. Nach siegreichem Kampf sammelt sich das Geschwader wieder in der ursprünglichen Gliederung um den Kommandeur, der über dem Gefechtsort kreist.

Trifft das Geschwader auf einen höher fliegenden feindlichen Verband, so muß es versuchen, den Gegner zum Gefecht herunterzulocken und dann durch geschicktes Steigen zu überhöhen. Trifft das Geschwader auf tiefer fliegende einzelne feindliche Flugzeuge, dann darf nur ein Flieger auf den Gegner herunterstoßen und im Notfall höchstens von einem zweiten unterstützt werden. Das Geschwader selbst aber bleibt in der erreichten Höhe und läßt sich nicht zum

Heruntergehen verleiten, da es sich sonst später kommenden feindlichen Kampfgruppen gegenüber in ungünstiger Lage befinden würde.

Beim Einzelgefecht kommt es stets darauf an, den Gegner von hinten her anzugreifen, der seinerseits alles tun muß, um sich einem solchen Angriff zu entziehen. Bei gut steigender Maschine, wie sie unsere neuesten Fokkerflugzeuge*) besitzen, wird man auch von unten und hinten mit Vorteil angreifen können. Gegen feindliche Ballone wirkt man am sichersten mit geschlossenen Verbänden und in Verbindung mit schwerer Artillerie derart, daß ganze Ballongruppen gleichzeitig angegriffen und ihre Aufstiegstellen mit schwerem Flachfeuer beschossen werden, um ein frühzeitiges Einholen der Ballone zu verhindern. Oft werden aber auch Einzelflieger unter geschickter Ausnutzung der Bewölkung den Ballon überraschend angreifen und erledigen können.

Die gleichen Grundsätze, die für Geschwader gelten, sind natürlich auch für selbständig auftretende kleinere Verbände maßgebend. Rücksichtslose Offensive muß auf alle Fälle der leitende Gedanke der Fliegertaktik sein, sei es nun, daß in größeren Verbänden oder einzeln geflogen wird. Von ihr hängt mehr noch als unter den Verhältnissen des Erdkampfes der Erfolg ab. Das hat der Krieg zur Genüge bewiesen. Oft wird es dabei nötig sein, eine größere Zahl von Staffeln — auch von Nebenfronten — in einem bestimmten Raum zusammenzuziehen, um an entscheidender Stelle sich auf alle Fälle die Luftüberlegenheit zu sichern.

Besonders für die Abwehrschlacht muß ein solches Zusammenziehen vorbereitet sein, während es für die Angriffsschlacht natürlich immer stattzufinden hat; denn hier

---

*) Ob sie heute noch den neuesten Typ darstellen, vermag ich nicht zu sagen.

muß die Luftherrschaft in allen Höhen vor und vor allem nach dem Infanteriesturm unbedingt gesichert sein. Es wird daher auch geboten sein, Reserven an Jagdstaffeln zurückzuhalten, um feindlichen Gegenangriffen begegnen zu können. Einheitliche Leitung der Luftstreitkräfte ist unter allen Umständen notwendig. Der Sieg im Luftkampf aber wird es ermöglichen, die Aufklärung eingehender und zuverlässiger zu gestalten, als es sonst der Fall wäre, und auch den übrigen Aufgaben der Flieger in steigendem Maße gerecht zu werden. Sie haben nämlich auch in anderer Hinsicht die Rolle der Kavallerie übernommen und sind im Stellungskriege allein imstande, ihr zu genügen: nämlich die Störung der rückwärtigen Verbindungen des Gegners.

Die Kavallerie kann in solcher Kriegslage nirgends hinter die feindliche Front gelangen, die Flugzeuge aber können diese überfliegen und die Verbindungen des Gegners, im rückwärtigen Gebiete marschierende Truppen, Truppenlager und Flugplätze, Stapelplätze, Bahnhöfe und Eisenbahnen teils durch Bombenabwürfe, teils auch mit Maschinengewehrfeuer angreifen. Diese Angriffe können sogar sehr viel erfolgreicher und sehr viel weiter hinter der feindlichen Front durchgeführt werden, als es jemals von Kavallerie hätte geschehen können. Zu solchen Angriffen werden meist Bombengeschwader zusammengestellt, die einen sehr großen Aktionsradius haben und ihre Unternehmungen im allgemeinen bei Nacht ausführen, aber gegen nähere feindliche Ziele auch bei Tage, dann meist unter dem Schutz von Jagdfliegern, angesetzt werden können.

Auch bei den Schlachten des Stellungskrieges, solange diese zu keinem völligen Durchbruch geführt haben, vermag die Reiterei als solche nicht einzugreifen. Aber durch die Schlachtflieger kann, wenn auch nicht die Art ihrer Wirkung, so doch ihr überraschendes Auftreten ersetzt werden. Diese Flieger, die, wie wir sahen, für den Kampf gegen Erdziele besonders ausgerüstet sind, können — ebenfalls unter dem Schutz von Jagdfliegern — überraschend aus der Höhe herabstürzen und feindliche Gräben, fechtende Truppen, Marschkolonnen und feuernde Batterien auf nächste Entfernungen mit Maschinengewehrfeuer überschütten und diese Angriffe nicht nur gegen die vorderen Gefechtslinien des Feindes richten, sondern auch gegen dessen rückwärtige Staffeln und heranmarschierende Reserven. Auf diese Weise können sie die Infanterie in ihrem schweren Kampf sehr wesentlich unterstützen und oft dazu beitragen, die Entscheidung herbeizuführen. Sie müssen nur ungeachtet allen feindlichen Abwehrfeuers rücksichtslos auf niedrige Höhen herabstoßen, um ihre Waffen erfolgreich zur Geltung zu bringen und Schrecken und Verwirrung in die feindlichen Reihen zu tragen.

Panzerschutz wichtigster Teile wird ihnen diese Aufgabe wesentlich erleichtern. Sie werden dann gewissermaßen als Kürassiere der Luft zur Attacke ansetzen können. Auch für diesen Zweck wird eine gewisse Zusammenfassung der Kräfte in Schlachtgeschwadern mit besonderem Auftrag von entscheidendem Vorteil sein. In solcher taktischen Gliederung wird man sie da einsetzen, wo im Angriff oder in der Abwehr die Entscheidung gesucht wird.

Die Kavallerie kann sich während des Stellungskrieges am Kampf nur zu Fuß beteiligen. Sie wird dann genau so verwendet wie Infanterie und muß dementsprechend ausgerüstet und formiert sein. Die Pferde werden in gesicherten Unterkünften zurückgelassen, die Mannschaften in Regimentsgruppen formiert, innerhalb deren die Eskadrons taktische Einheiten bilden. Die Friedensorganisation der Truppe muß diese Verwendung zu Fuß vorsehen, denn sie wird auch im

Bewegungskriege eine entscheidende Rolle spielen. Im übrigen stellt der Bewegungskrieg, der entweder gleich zu Beginn eines Feldzuges oder nach erfolgtem Durchbruch durch eine feindliche Front einsetzen wird, ganz andere Anforderungen an diese Waffe wie der Stellungskampf und läßt ihr eigentliches Wesen wieder voll in die Erscheinung treten. Allerdings wird das Gefecht zu Pferde — die Attackentätigkeit — sich nur auf wenige Ausnahmefälle beschränken, wie ich das schon vor dem Kriege vorausgesagt habe, natürlich ohne Beachtung zu finden. Nur die beiderseitigen Patrouillen werden häufiger handgemein werden.

Dafür tritt die operative Tätigkeit der Waffe entscheidend in den Vordergrund. Die Schnelligkeit des Pferdes wird nicht mehr für die Attacke, sondern für rasche operative Bewegungen ausgenützt. Auf diesem Gebiet aber wird eine richtig geführte, selbständige Kavallerie große und strategisch wichtige Erfolge erzielen können. Ihre Hauptaufgabe wird es sein, während der Schlacht gegen Flanke und Rücken des Gegners einzugreifen, während der Operationen seine rückwärtigen Verbindungen zu unterbrechen und den Verkehr hinter der feindlichen Front zu stören. Für den Kampf wird sie sich dabei meist des Gefechts zu Fuß bedienen und der ihr mitgegebenen Hilfswaffen. Zum Reiterkampf wird es nur dann kommen, wenn sich ihr die feindliche Kavallerie zu Pferde entgegenwirft, oder wenn sie überraschend auf fliehende feindliche Truppen oder auf ohne Bedeckung fahrende Kolonnen stößt. Das werden aber wohl immer nur Ausnahmefälle, die Regel wird das Fußgefecht sein im Angriff sowohl wie erst recht in der Verteidigung.

Diese Gesichtspunkte muß die taktische Verwendung und, als Grundlage einer solchen, die Organisation der Truppe berücksichtigen. Die taktische Einheit zu Fuß, wie sie das Ge-

fecht fordert, muß die Grundlage der ganzen Organiſation
bilden. Je zwei Eskadrons, die, abgeſeſſen, abzüglich der
Pferdehalter und Patrouillen etwa 150 Schützen aufſtellen
können, müſſen alſo unter dem älteren Rittmeiſter oder einem
Stabsoffizier die taktiſche Einheit bilden; das Kavallerie-
Regiment aber muß mindeſtens 10 Eskadrons außer der Er-
ſatzeskadron ſtark ſein, um ein Bataillon zu Fuß in einer
Geſamtſtärke von etwa 750 Mann aufſtellen zu können.
Auch die größeren Verbände müſſen entſprechend ſtark gemacht werden. Die Brigade muß aus zwei bis drei Regimentern beſtehen, ſo daß ſie zwei bis drei Bataillone zu Fuß
aufſtellen kann, die Diviſion aus drei Brigaden, ſo daß bei
Detachierung einer Brigade immer noch eine bedeutende Gefechtskraft übrig bleibt.

Auch mit Hilfswaffen müſſen Brigaden und Diviſion
reichlich ausgeſtattet ſein, und zwar ſo, daß jede Brigade
einen taktiſch ſelbſtändigen Körper bildet. Zuzuteilen ſind
den Reitertruppen vor allem Maſchinengewehr-Eskadrons,
womöglich jedem Regiment eine. Sie ſind hier beſonders
wichtig, da die leichten Maſchinengewehre, als zu Pferde
ſchlecht transportierbar, wegfallen, und müſſen eine bedeutende Feuerkraft darſtellen. Zur Ausſtattung des Kavallerieverbandes gehört ferner eine ſtarke Artillerie, womöglich
eigens konſtruierte leichte Feldhaubitzen, weil dieſe eine viel-
ſeitigere Verwendbarkeit haben als Kanonen. Genügend
Munition muß auf reichlich bemeſſenen Munitionskolonnen
mitgeführt werden. Eine Batterie für jede Brigade, die dieſer
dauernd zugeteilt bleibt, und eine Abteilung zu drei Batterien
in der Hand des Diviſionskommandeurs dürften unter allen
Umſtänden erforderlich ſein.

Es muß ferner dafür geſorgt ſein, daß für den Fall
einer Verwendung im Stellungskriege die Truppe auch mit

leichten Maschinengewehren ausgerüstet werden kann. Zahl= reiche Mannschaften müssen also auch an diesem Gewehr aus= gebildet sein, wenn diese Waffe im Bewegungskriege auch nicht dauernd mitgeführt werden kann. Zahlreiche Kolonnen zur Mitführung der nötigen Futtervorräte und Material= reserven müssen der Truppe zur Verfügung stehen, und es wird sich empfehlen, besondere Begleit=Eskadrons zu bilden, die die marschierenden Kolonnen zu decken und zugleich die Nahaufklärung zu besorgen haben. Erst dadurch wird der ganzen Truppe eine genügende Bewegungsfreiheit gewähr= leistet.

Diesen Begleit=Eskadrons würde auch die Beitreibung der im Lande selbst vorhandenen Lebens= und Futtermittel zufallen. Da man in den meisten Fällen auf einen Nachschub von rückwärts her nicht wird rechnen können, ist die restlose Ausnutzung des Landes von besonderer Wichtigkeit. Die Begleit=Eskadrons dürfen daher auch nicht zu schwach sein, können dagegen als berittene Infanterie ausgebildet sein, da das Gefecht zu Pferde für sie schwerlich in Frage kommt. Wollte man der fechtenden Truppe alle diese Aufgaben, vor allem also Beitreibung und Deckung der Kolonnen, auf= bürden, würde ihre Gefechtskraft sehr bald in unzulässiger Weise geschwächt werden.

Dasselbe gilt von der Fernaufklärung, die erfahrungs= gemäß sehr starke Kräfte in Anspruch nimmt und das Pferde= material unverhältnismäßig anstrengt. Auch von dieser Last muß die Kavallerie, wenn irgend möglich, befreit werden. Hierzu aber bietet sich als geeignetes Mittel wiederum die Fliegerwaffe. Für die Fernaufklärung müssen der Kavallerie Fliegerverbände zugewiesen werden, die so zu formieren und zu gliedern sind, daß auch detachierten Brigaden die nötigen Flugzeuge beigegeben werden können, während sie im all=

gemeinen den Divisionen zu einheitlicher Verwendung unter=
stehen müssen. Bei der Schnelligkeit der Flieger wird das
fast immer möglich sein; ebenso wie geeignete Flugplätze
unter dem Schutz der Truppe sich wohl stets finden werden.
Diese Flieger müssen so weit vor und seitwärts der Ka=
vallerie das Gelände aufklären, daß die Kavallerie die Sicher=
heit haben kann, weder beim Marsch noch in der Ruhe von
stärkeren Kräften überrascht oder überfallen zu werden.

Eine solche Flieger=Abteilung muß natürlich, um der
Kavallerie dauernd folgen zu können, besonders beweglich
gemacht werden; dann wird sie auch die Einschließauf=
gaben der zugeteilten Artillerie lösen können. Das läßt
sich durch eine entsprechende Zuteilung von Lastkraft=
wagen erreichen. Mit dem Führer des Kavallerieverbandes
müßte der Abteilungsführer der Flieger oder ein Flieger=
Verbindungsoffizier marschieren. Es hätten der Truppe
ferner unmittelbar zu folgen: mehrere Lastkraftwagen mit
Betriebsstoff, Zelten, Gerät, Funkenstationen mit Wechselver=
kehr und den Flugzeugwarten, ferner Personenkraftwagen
und Motorradfahrer. Diese Fahrzeuge müßten an den
Stellen verbleiben, an denen die Kavallerieverbände (Korps,
Divisionen oder Brigaden) ihre Befehlsstellen errichten.

Bei diesen bereits unter Berücksichtigung der not=
wendigen Fliegertätigkeit gewählten Stellen wären schon im
voraus Landemöglichkeiten zu erkunden und durch Erken=
nungszeichen kenntlich zu machen, die für die einzelnen
Reiterverbände bestimmt sein müssen. Zum mindesten
sollte bei dem höchsten Reiterführer ein Landeplatz vor=
handen sein; erwünscht ist es natürlich, wenn auch bei den
Divisions= und Brigadestäben gelandet werden kann. Im
übrigen hätte die weitere Befehls= und Meldeübermittlung
durch funkentelegraphischen Wechselverkehr und durch Ab=

wurf zu erfolgen. Das Nachziehen der Flieger-Abteilung aber müßte sprungweise auf Befehl des Abteilungsführers stattfinden nach Maßgabe des Fortschreitens sowie der geplanten operativen Weiterverwendung des betreffenden Reiterverbandes. Diese Aufklärung aus der Luft enthebt die Kavallerie gewiß nicht des Sicherheitsdienstes und der Nahaufklärung, sie beschränkt aber die Fernaufklärung der Kavallerie auf die Tage, während deren der Witterung wegen der Flugdienst ausgeschlossen ist. Damit aber wäre viel gewonnen.

Als Verstärkung kann schließlich der Kavallerie ein Radfahr-Bataillon oder Infanterie auf Wagen oder Kraftwagen beigegeben werden. Sie durch Infanterie oder Jäger im Fußmarsch begleiten zu lassen, dürfte sich dagegen nicht empfehlen, weil dadurch die operative Beweglichkeit sehr wesentlich beschränkt werden würde; denn wenn auch die Kavallerie im allgemeinen nicht fortdauernd allzulange Märsche machen darf, wenn sie operativ leistungsfähig bleiben soll, so kann sie doch in Augenblicken der Krisis sehr bedeutende Entfernungen rasch überwinden.

Man wird vielleicht in der vorgeschlagenen Stärke selbständiger Kavallerie-Divisionen eine unnötige Erschwerung der Operationsfähigkeit sehen, weil es offenbar schwer ist, eine so starke Truppe mit allem Nötigen zu versorgen. Ich teile diese Auffassung nicht. Wo überhaupt bei den heutigen Massenheeren eine bedeutende Wirkung erzielt werden soll, da muß stets auch eine starke Gefechtskraft eingesetzt werden; schwache Kräfte zersplittern vor der heutigen Widerstandskraft auch kleinerer Abteilungen, und zudem verbrauchen sich bei Unternehmungen, wie den hier besprochenen, die Kräfte ziemlich schnell. Die Versorgung der Truppe aber an Lebensmitteln und Fourage kann mit großen, im Rücken der feindlichen Armeen bereitgestellten und nachgeführten feindlichen

Vorräten rechnen, ohne die keine moderne Armee zu operieren vermag. Das Leben aus dem Lande gehört früheren Kriegsperioden an oder kommt nur in besonderen Ausnahmefällen zur Geltung.

Es gibt gewiß viele, die unter dem Eindruck des Stellungskrieges groß angelegte Operationen der Kavallerie unter den heutigen Verhältnissen für unmöglich halten. Diese Zweifler brauche ich nur auf unsere Feldzüge in Rußland und Rumänien zu verweisen und auf die Tätigkeit unserer Heereskavallerie während des Feldzuges 1914, wo gerade die selbständige Kavallerie Großes geleistet hat und noch Größeres hätte leisten können, wenn sie in genügender Stärke vorhanden gewesen wäre. Als Beispiel sei nur auf den Durchbruch bei Slocow im Sommer 1917 hingewiesen, wo es zweifellos möglich gewesen wäre die feindliche Armee nahezu zu vernichten, wenn man — wie übrigens geplant war — ein starkes Kavalleriekorps dem Feinde in den Rücken hätte werfen können. Solcher Fälle ließen sich noch mehrere anführen.

Leider waren wir durch die Verhältnisse gezwungen, unsere Kavallerie in großem Umfange in Fußtruppen zu verwandeln und dadurch auch die Divisionskavallerie sehr empfindlich zu schwächen. Sie war schließlich nur noch eine schwache Schwadron pro Division stark. Das ist selbst für den Stellungskrieg, bei dem ihr der Polizeidienst hinter der Front und der Meldereiterdienst zufallen, schon beinahe zu schwach; im Bewegungskrieg, wo Nahaufklärung, Ordonnanz- und Meldereiterdienst, Beitreibungen und ähnliche Aufgaben von ihr zu leisten sind, wo aber auch Flankensicherung und Eingreifen in das Gefecht unter Umständen gefordert werden müssen, genügt eine Eskadron in keiner Weise.

Auch würde es ein verfehltes Unternehmen sein, die Ka

vallerie etwa durch berittene Infanterie — abgesehen von den bereits erwähnten Begleit-Eskadrons — ersetzen zu wollen. Für weite Märsche und zweckmäßiges Patrouillenreiten im Gelände sind tüchtige und gewandte Reiter unbedingt erforderlich. Ebenso können nur sie das Pferdematerial auf die Dauer leistungsfähig erhalten. Berittene Infanterie aufzustellen, ist meist eine halbe Maßregel und hat sich auch im Burenkriege, wo die Engländer in großem Umfange von ihr Gebrauch machten, wenig bewährt.

Die Fechtweise der Kavallerie zu Fuß muß durchaus die gleiche sein wie bei der Infanterie. Auch hier wird das feindliche Feuer zum gruppenweisen Angriff zwingen; auch hier wird es darauf ankommen, starke feindliche Widerstandsnester nicht frontal anzugreifen, sondern seitwärts zu umgehen und durch Umfassung zu nehmen; auch hier wird man versuchen, an den Stellen geringsten Widerstandes durchzubrechen und die Wegnahme verstärkter Punkte den nachfolgenden Staffeln zu überlassen. Auch hier werden Batterien die angreifenden Schützen unmittelbar begleiten müssen, um hartnäckigen örtlichen Widerstand durch Artilleriefeuer zu brechen. Tiefenstaffelung ist hier geboten wie bei der Infanterie.

Im Stellungskriege besonders wird die Kampfweise der Kavallerieschützen durch die gleichen Verhältnisse bedingt sein wie bei der Infanterie; anders dagegen im Bewegungskriege, weil hier die Reiterei selten zum freien Frontalangriff Schulter an Schulter mit der Schwesterwaffe eingesetzt werden wird. Man wird vielmehr von der Beweglichkeit der Truppe grundsätzlich Gebrauch zu machen suchen, sie zu Pferde von den Schlachtflügeln aus gegen Flanke und Rücken des Gegners ansetzen und so diesen an der empfindlichsten Stelle zu fassen suchen.

Beim Kampfe selbst wird man versuchen, Frontal- und
Flankenangriff zusammenwirken zu lassen und so durch Umfassung das gleiche zu erreichen, was im reinen Frontalkampf
durch Tiefenstaffelung erreicht werden muß. Dann wird eine
geringere Tiefengliederung als beim reinen Frontalstoß zulässig sein. Gleichzeitig aber müssen Flanke und Rücken der
angreifenden Kavallerie durch weit vorgeschobene Aufklä-
rungsschwadronen gegen Überraschungen durch heranmarschierende feindliche Reserven gesichert werden; ja, solche Verwendung der Reitermassen wird im allgemeinen erst dann
ins Auge gefaßt werden können, wenn durch frühzeitige Luftaufklärung festgestellt worden ist, daß feindliche Reserven sich
nicht in der Nähe befinden. Werden solche aber im Anmarsch
erkannt, dann ist es Aufgabe der Kavallerie, sich gegen sie
zu wenden und sich entweder ihnen vorzulegen, oder sie durch
Angriff in der Flanke am Weitermarsch auf das Ent-
scheidungsfeld zu hindern.

Bei solchen Unternehmungen wird die Kavallerie grundsätzlich mit der Fliegerwaffe nicht nur für die Aufklärung,
sondern auch für den Kampf selbst zusammenwirken.
Schlachtflieger können ihren Angriff auf den marschierenden
Gegner sehr erfolgreich einleiten und unterstützen. Bombengeschwader können gegen die rückwärts der Schlachtlinie aufgestellten oder heranrückenden feindlichen Batterien wirken
oder gegen Munitionsdepots und heranfahrende Kolonnen
angesetzt werden. Bei allen Gelegenheiten wird sich im Bewegungskriege ein geplantes Zusammenwirken von Kavallerie und Fliegern vorteilhaft erweisen.

Sollte es in einem künftigen Kriege noch einmal zu
Reiterkämpfen größeren Stils kommen, was nicht ganz ausgeschlossen erscheint, so kann selbstverständlich von der sogenannten Dreitreffentaktik mit ihren Bereitschaftsformatio-

nen und Treffenwechseln gar nicht mehr die Rede sein. Schon vor dem Kriege waren diese Gefechts- und Bewegungsformen als völlig überlebt zu erkennen. Es hat aber ein unglücklicher Stern über die Entwicklung der Reiterwaffe gewaltet und sie trotz aller Warnungen auf falsche Bahnen geleitet.

Heute kann von einem Einsetzen der Division als taktischer Einheit angesichts der Artillerie- und Maschinengewehrwirkungen auch im Reiterkampf nicht mehr die Rede sein. Man muß vielmehr zunächst versuchen, die feindlichen Batterien und Maschinengewehre durch die Artillerie niederzukämpfen und die Brigaden und Regimenter mit Einzelaufträgen so einsetzen, daß sie durch Flankenbewegungen nach Möglichkeit aus dem Bereich des feindlichen Feuers kommen, um sie dann erst zur Attacke anzusetzen. Beim operativen Vorgehen aber muß man in getrennten Kolonnen vorgehen, um diese erst auf dem Gefechtsfeld zu konzentrischer Wirkung zusammenzuziehen. Umfassen des Feindes wird auch hier das Gebotene sein und allein zum Ziel führen, da ein frontales geschlossenes Vorgehen direkt in das feindliche Feuer hineinführt und diesem die dankbarsten Ziele bietet. Das Zusammenwirken der einzelnen Kolonnen kann durch Bestimmen der Marschgeschwindigkeit und durch Fliegerverbindung sichergestellt werden.

Bei der Attacke selbst, die im allgemeinen nur gegen feindliche Reiterei angesetzt werden wird, muß die Kavallerie, soweit es die Verhältnisse erlauben, in zwei Treffen attackieren, einem stärkeren vorderen und einem schwächeren Unterstützungstreffen. Niemals darf sie sich vom Gegner überflügeln lassen. Der Führer wird, wenn es die Umstände irgend gestatten, eine Reserve zu seiner Verfügung halten, jedenfalls aber für eine Artilleriebedeckung sorgen und so zu operieren suchen, daß er, ohne sich selbst dem feindlichen Feuer auszusetzen, den Gegner von der eigenen Artillerie beschießen lassen kann, bevor er selbst mit der blanken Waffe einhaut.

Es ist das eine Lehre, die ich schon vor dem Weltkriege praktisch und theoretisch durchzusetzen versucht habe. Leider habe ich zum Schaden der Waffe tauben Ohren gepredigt. Die Attacken- und Massentaktik hat unserer Kavallerie besonders zu Anfang des Krieges schwere blutige und leider völlig nutzlose Opfer an Mannschaften und Pferden gekostet. Der Krieg aber hat mir in allen Punkten recht gegeben, und heute besteht die Befürchtung, daß man nun wieder in entgegengesetzter Richtung zu weit geht, die Reiterei als solche völlig unterschätzt und, weil man sie im Kriege so oft falsch verwendet hat, auch von ihrer operativen Tätigkeit nichts mehr erwartet. Es wäre ein großer Nachteil, wenn diese Auffassung Raum gewänne.

IV. Befestigungswesen, Pioniere und Eisenbahntruppen.

Die Befestigungskunst ist ein so notwendiges Glied in der Führung des modernen Gefechts geworden, daß sie als ein Teil der Taktik aller Waffen betrachtet werden muß. Man kann sich ein Gefecht ohne Verwendung des Spatens oder der anderen pioniertechnischen Hilfsmittel eigentlich nicht mehr denken. Im Stellungskrieg müssen alle Waffen mit dem Befestigungswesen vertraut sein. Die Batterien müssen sich mit Drahthindernissen und Schützenstellungen zu versehen wissen, um sich gegen durchgebrochene feindliche Infanterie oder Tanks verteidigen zu können. Die Kavallerie im Stellungskrieg ficht wie die Infanterie und braucht daher die gleichen technischen Kenntnisse. Diese selbst aber muß imstande sein, ihre Stellung selbständig auszubauen, und darf nur für schwierigere technische Arbeiten — Betonieren,

Stollenbau u. dgl. — Pioniere als Arbeitsleiter in Anspruch nehmen. Im Notfall aber muß die Infanterie alles Nötige auch allein leisten können ebenso wie den gewöhnlichen Graben- und Hindernisbau.

Immerhin müssen den Pionieren besonders schwierige technische Arbeiten, zu denen eine Spezialausbildung gehört, vorbehalten bleiben. Größere Brückenbauten sowohl mit Pioniergerät wie mit Behelfsmaterial können nur von ihnen ausgeführt; alle Sprengungen, wie sie im Kriege häufig vorkommen, nur von ihnen bzw. von Eisenbahntruppen vorgenommen werden. Der Minenkrieg ist auch innerhalb der Pionierwaffe selbst ein Spezialdienst, ebenso wie das eigentliche Pontonieren, während im Behelfsbrückenbau alle Pioniere ausgebildet sein müssen, gleicherweise wie die Hilfspioniere bei der Infanterie: Infanteristen, die in den notwendigsten Pionierarbeiten eine besondere Ausbildung erhalten.

Wenn so die Befestigungskunst in gewissem Grade Allgemeingut der Truppe geworden ist, sind doch die pioniertechnischen Aufgaben des Feldkrieges in solchem Grade an Zahl und Bedeutung gestiegen, daß die Pionierwaffe sehr erheblich an Wert zugenommen hat und im Verhältnis zu den anderen Waffen gegen früher vermehrt werden mußte, um die Infanterie von zahlreichen pioniertechnischen Arbeiten zu entlasten und so für ihren eigentlichen Dienst als Kampftruppe freizumachen. Dagegen ist wohl anzunehmen, daß Festungsbau im eigentlichen Sinne in Zukunft fortfallen wird.

Selbst die größte befestigte Stadt kann heute von der weittragenden Artillerie zusammengeschossen werden, ohne daß der Angreifer zu einer eigentlichen Belagerung zu schreiten brauchte. Das Feuer der weittragenden Flachbahngeschütze kann durch Bombenabwurf der Bombengeschwader

verstärkt werden, die die Festung aus großen Höhen angreifen können, ohne daß die Abwehrmaßnahmen, Fliegerabwehrgeschütze und eigene Flieger, imstande wären, eine
Sicherheit gegen solche Angriffe zu gewähren. Auch weit
vorgeschobene Forts können die Stadt gegen das Bombarde-
ment aus weittragenden Geschützen nicht sichern. Diese Forts
bieten im Gegenteil die vorteilhaftesten Ziele für die Angriffsartillerie, und selbst die stärksten Eisenbetonbauten und
Panzertürme der Verteidigungsartillerie halten den Wirkungen der schweren Steilfeuergeschütze nicht stand. Sie werden
in kürzester Zeit zusammengeschossen und müssen den Zugang
zum Stadtkern freigeben.

Antwerpen, die stärkste Festung Europas vor dem
Kriege, hat nur zwölf Tage Widerstand leisten können. Damit aber verliert die Festung ihre eigentliche Bedeutung, ein
gesicherter Depotplatz für Kriegsmaterialien und Zentralbehörden zu sein und wichtige strategische Punkte, Flußübergänge, Eisenbahnknotenpunkte u. dgl. längere Zeit wenigstens
gegen jeden Angriff verteidigen zu können, auch wenn die
Armee sie zeitweise ihrem eigenen Schicksal überlassen muß.
Niemals hätten Paris oder Metz sich so lange behaupten
können, wie es 1870/71 tatsächlich geschehen ist, wenn sie von
moderner Artillerie angegriffen worden wären, selbst wenn
sie schon damals über die gleichen Verteidigungsmittel verfügt hätten wie Antwerpen in diesem Kriege. Heute hat
Paris als Festung nur noch den Wert, daß es zu einem
starken Artillerieaufmarsch zwingt. Daß es sich außer Zusammenhang mit dem Feldheer heute einige Zeit behaupten
könnte, wenn der Artillerieaufmarsch erfolgt ist, ist vollständig ausgeschlossen.

Man wird vielleicht Verdun als Gegenbeweis gegen
diese Auffassung anführen — eine Festung, die sich allerdings

behauptet hat. Dieſes Beiſpiel kann aber nicht als beweis-
kräftig gelten. Zunächſt iſt Verdun niemals aus dem Zu-
ſammenhange mit der Armee gekommen. Es bildete ſtets
einen Teil der Heeresſtellung; und dann ſind es ſchließlich
nicht die Befeſtigungswerke, die die Stadt gegen Eroberung
geſchützt haben, ſondern das außerordentlich günſtige Gelände, das den Verteidigern vorzüglich günſtige Verteidi-
gungsverhältniſſe und in unterirdiſchen Tunneln geſicherte
Unterkunft bot, ſowie die allgemeine Kriegslage haben die
Behauptung der Stadt ermöglicht; ihre Aufgabe einen ge-
ſicherten Depotplatz darzuſtellen hat ſie trotzdem nicht erfüllen
können.

Nicht ſie hat eine Armee oder auch nur ihre Beſatzung
geſchützt, wie man das von einer Feſtung nach bisheriger
Auffaſſung erwarten durfte, ſondern ſie iſt ſelbſt durch die
Feldarmee geſchützt und geſichert worden. Das iſt ein ge-
waltiger Unterſchied und ſetzt ihren Wert als Feſtung eigentlich auf Null herab. Die eigentlichen Forts und Feſtungs-
werke ſind durch die Angriffsartillerie ſehr bald vernichtet
worden und haben bei der ganzen Verteidigung eine verhältnismäßig untergeordnete Rolle geſpielt.

Die Feſtung hat den modernen Angriffsmitteln gegen-
über ihren Wert verloren, darüber kann kein Zweifel ſein.
Daß das ſo kommen würde, habe ich übrigens ſchon vor dem
Kriege vorausgeſagt.

Eiſenbahnknotenpunkte, Flußübergänge und ähnlich
wichtige ſtrategiſche Punkte örtlich zu ſchützen, iſt überhaupt
unter heutigen Verhältniſſen unmöglich, ſowohl gegen Artillerie, ſobald dieſe auf Schußweite herangekommen iſt, als
auch gegen Flieger, denn die Flugabwehrgeſchütze geben
immer nur eine ſehr bedingte Sicherheit.

Wirklich ſichern kann man ſolche Objekte nur durch die

Offensive sowohl zu Lande wie in der Luft, indem man die feindlichen Angriffskolonnen so weit zurückwirft, daß sie die zu vernichtenden Objekte mit ihrer Artillerie nicht zu erreichen vermögen, und die feindlichen Bombengeschwader energisch angreift, noch bevor sie während der Nacht über ihrem Angriffsziel zu erscheinen vermögen. Wichtige Stapelplätze aber können auch nur auf diese Weise gesichert werden und außerdem dadurch, daß man sie an Stellen unterbringt, wo sie der Gegner nicht vermutet und wo sie der Fliegersicht möglichst entzogen sind.

An Stelle der Festungen aber werden in Zukunft überall da, wo man zur Verteidigung gezwungen ist oder eine solche plant, feldmäßig befestigte Geländeabschnitte treten, die den Verteidigungslinien im Stellungskrieg ähnlich gedacht sein werden, aber unter Umständen permanent ausgebaut sein können, wie das auch im Stellungskrieg überall da geschehen muß, wo sich Zeit und Möglichkeit dazu bieten.

Ob es erforderlich sein wird, schon im Frieden Teile der Grenze nach den Grundsätzen der Feldbefestigung permanent auszubauen und dann auch gegen schwere Artillerie nach Möglichkeit zu sichern, wird von den politischen, militärischen und örtlichen Verhältnissen abhängen. Eine solche Befestigung würde immerhin den vermuteten Gegner zu einem zeitraubenden Artillerieaufmarsch zwingen.

Was nun den Stellungsbau selbst anbetrifft, so ist er während des Krieges den verschiedensten grundsätzlichen Veränderungen unterworfen gewesen. Indem man Einrichtungen, die sich unter gewissen Umständen bewährt hatten, verallgemeinerte, hat man vielfach Bestimmungen erlassen, die sich unter veränderten Verhältnissen keineswegs bewährt haben. In Wirklichkeit kann man überhaupt keine allgemeingültigen Vorschriften geben, sondern muß sich bei allen Anordnungen immer nach den besonderen Verhältnissen richten, die in jedem einzelnen Fall vorliegen. Man kann daher nur ganz allgemeine Grundsätze aufstellen; denn die praktische Ausführung hängt ab von der Art des Bodens, in dem man arbeitet, von dem Stande des Grundwassers und den Wasserverhältnissen überhaupt, von der Übersichtlichkeit des Geländes vor und hinter der gewählten Stellung, von den zur Verfügung stehenden materiellen Mitteln und Arbeitskräften, von der voraussichtlichen Art und Stärke der feindlichen Artillerie und sonstigen Angriffskräften, endlich von dem Zweck der ganzen Anlage: ob sie nur vorübergehender Verteidigung dienen oder längere Zeit behauptet werden soll.

Nach diesen Gesichtspunkten muß der Arbeitsplan gemacht werden. Ist Zeit vorhanden, wird man Geologen zu Rate ziehen, um von Anfang an auf die Bodenstruktur und die Wasserverhältnisse Rücksicht nehmen zu können. Das Trockenhalten der Gräben durch zweckmäßige Abwässerungsanlagen ist von besonderer Wichtigkeit. Das habe ich sowohl in Rußland wie in Frankreich selbst feststellen können. In Ländern mit hohem Grundwasserstand wird man nicht zu tief in den Boden hineingehen dürfen und oft gezwungen sein, die Brustwehren aufzusetzen. Bei Stellungen an Abhängen bringt häufig das Wasser von oben her in diese hinein; in jedem Falle müssen die geeigneten Maßregeln zur Entwässerung getroffen werden. Wasserbauverständige sind, wenn möglich, zu Rate zu ziehen. Die Gräben sind stets so anzulegen, daß Artillerietreffer sie nicht leicht verschütten oder versperren können; danach ist das Profil zu bestimmen und die Art der Verkleidung, da die Beschießung bei Treffern keine Splitterwirkung zur Folge haben darf, wie das z. B. bei Bretterverkleidung der Fall ist.

Verdeckte Gräben, aus denen man durch Schießscharten

feuert, wie sie die Russen so vielfach angewandt haben, sind
bei der heutigen Artillerie völlig zu verwerfen. Wichtig ist
es ferner, die Gräben soweit als irgend möglich der
Sicht des Feindes, vor allem der Fliegersicht, zu entziehen; das Schußfeld muß ein genügendes sein; dichte
Drahthindernisse vor der Front müssen überschossen werden
können, da sich sonst das Feuer in ihnen zerschlägt;
endlich muß der Graben den Mannschaften, wenn es irgend
möglich ist, eine wetter- und schußsichere Unterkunft gewähren, aus der sie rasch an die Feuerlinie gelangen können;
unter Schußsicherheit aber ist in allen Fällen nur eine solche
gegen höchstens 15 cm zu verstehen, da ein Schutz gegen
schwerere Kaliber nur unter besonders günstigen Verhältnissen zu erreichen ist. Auch muß, soweit es tunlich ist, eine
gesicherte Verbindung nach rückwärts vorhanden sein. Je
stärkeres feindliches Artilleriefeuer zu erwarten ist, je mehr
die ganze Anlage der Sicht des Gegners preisgegeben ist,
desto mehr tritt die Rücksicht auf Sicherung durch schußfeste
Bauten in den Vordergrund.

Unter Umständen kann es auch erforderlich sein, die
Stellung nicht als zusammenhängenden Graben, sondern
stützpunktartig auszubauen. Dann muß einerseits für eine
gesicherte Verbindung zwischen den einzelnen Stützpunkten
gesorgt werden, wenn oft auch nur eine Sicherung gegen
Sicht durch Masken zu erzielen sein wird, anderseits ist es
dann geboten, hinter den Lücken der einzelnen Stützpunkte
schachbrettartig weitere Stützpunkte zweiter Linie anzulegen,
damit ein etwa durchgebrochener Gegner erneut auf Widerstand stößt.

Auch hinter zusammenhängenden Gräben wird man,
wenn irgend Zeit und Arbeitskräfte vorhanden sind, rückwärtige zusammenhängende Linien oder Stützpunktsysteme

anlegen, in denen man einem in die vorderste Linie ein-
gedrungenen Feind Widerstand leisten, die Wucht seines
Stoßes brechen und ihn so lange aufhalten kann, bis der
Gegenangriff der Reserven einzusetzen vermag. Diese
Gräben oder Stützpunkte dienen dann zugleich zur Unter-
bringung der örtlichen Reserven.

Ähnlich wird verfahren, wenn es sich um die Befestigung einer tiefen Verteidigungszone handelt, in der man
unter Umständen langsam auf eine weiter rückwärts gelegene
Linie fechtend zurückgehen will.

Auch Hinterhangstellungen werden vielfach empfohlen,
die von feindlicher Seite nicht direkt gesehen und beobachtet
werden können. Dieser geringe Vorteil wiegt jedoch in
meinen Augen die großen Nachteile einer solchen Anlage nicht
auf. Zunächst ist klar, daß dann auch die Verteidiger den
Gegner nicht sehen und daher leicht überrascht werden können.
Es müssen also unter allen Umständen Posten auf die vorliegende Höhe vorgeschoben werden, die sich dort in sehr ungünstiger Lage befinden. Der Vorteil aber, nicht direkt ein-
gesehen werden zu können, ist, wie mir scheint, ein sehr geringer, denn vom Flugzeug und oft gewiß auch vom Ballon
aus können die Befestigungsanlagen auch an dem dem Angreifer abgewendeten Hange einer Höhe beobachtet und so
unter Feuer genommen werden.

Wie nun aber auch die Verteidigungsanlagen beschaffen
sein mögen, immer wird es darauf ankommen, die Linien so
zu ziehen oder die Stützpunkte so anzulegen, daß eine gegen-
seitige Flankierung möglich ist, hauptsächlich durch Maschinengewehrfeuer. Zusammenhängende Linien müssen im Anschluß an das Gelände derart gebrochen sein, daß sich Flan-
kierungsmöglichkeit von selbst ergibt; Stützpunkte sollen so
liegen und im Grundriß derart gestaltet sein, daß das Vor-

gelände eines jeden von den Nebenwerken aus unter Feuer gehalten werden kann; rückwärtige Stützpunkte müssen nicht nur den Zwischenraum der vorderen bestreichen, sondern auch das Vorgelände von den Werken vorderer Linie unter Feuer nehmen können.

Tankforts liegen gewöhnlich, wenn möglich überhöhend, dicht hinter der Hauptwiderstandslinie derart, daß sie angreifende Tanks über diese hinweg oder nach erfolgtem Durchbruch wirksam beschießen können. Das ganze Gelände, das für Tankangriff überhaupt in Frage kommt, muß von ihnen bestrichen werden können. Unter Umständen müssen bewegliche Tankabwehrgeschütze zur Aushilfe bereitstehen.

Von besonderer Wichtigkeit ist die Anlage der Hindernisse. Zu ihnen wird ganz allgemein Stacheldraht verwendet. Das Vorgelände vor der Stellung wird weithin mit Stacheldrahthindernissen in möglichster Ausdehnung durchzogen, so daß angreifende Infanterie möglichst lange in ihnen aufgehalten und dem Feuer des Verteidigers ausgesetzt wird. Die Art der Hindernisse kann aber sehr verschieden sein. Man baut entweder ausgedehnte Flächenhindernisse aus eng verflochtenem Stacheldraht, der an zahlreichen Reihen von Pfählen kreuz und quer verschnürt ist, oder sogenannte Flandernzäune; diese bestehen aus zahlreichen, ziemlich weit auseinander gelegenen hohen, aber nur licht bespannten Drahtzäunen, deren eiserne oder hölzerne Pfosten ebenfalls durch Drähte seitwärts verstrebt sind.

Die Flächenhindernisse stellen das weitaus größere Hemmnis für die Vorwärtsbewegung dar, sind aber vom Flugzeug aus leicht zu erkennen und verraten daher leicht die Lage der ganzen Stellung. Auch bieten sie der Artillerie und den Minenwerfern ein günstiges Ziel. Die Flandernzäune anderseits sind weit weniger erkennbar und vom feindlichen Feuer schwerer zu zerstören als jene, dafür aber stellen sie ein weit geringeres Hindernis dar als die Flächenhindernisse. Zu welcher Art man greift, wird daher immer von den besonderen Umständen abhängen. Wo man das Hindernis der Sicht des Feindes — auch aus der Luft — entziehen kann, wird man jedenfalls stets zum Flächenhindernis greifen. Zwischen den einzelnen Hindernisstreifen oder Zonen kann man schließlich noch Stolperdrähte anbringen, Drähte oder Schlingen, die dicht über dem Boden gezogen oder angebracht sein können und den Zweck haben, den anstürmenden Gegner, der sie nicht sehen kann, zu Fall zu bringen.

Von Wichtigkeit ist auch die Art, die Hindernisse anzubringen. Daß besonders die engverdrahteten Flächenhindernisse müssen überschossen werden können, wurde schon erwähnt. Wichtig aber ist es ferner, sie so zu legen und so zu brechen, daß sie vom Maschinengewehrfeuer der Länge nach bestrichen werden können, und daß sie überall breite Durchlässe haben, um bei etwaigem Zurückgehen der Vorposten diese durchzulassen und anderseits auch offensive Vorstöße über das Hindernis hinaus zu ermöglichen.

Diese Durchlässe müssen für die eigenen Truppen leicht, für den Feind möglichst schwer erkennbar sein und rasch durch vorbereitetes Material (spanische Reiter und Schnellhindernisse) geschlossen werden können. Auch müssen sie unter dem auch bei Nacht zuverlässigen Feuer der eigenen Maschinengewehre liegen. Diese müssen in allen Verteidigungsstellungen möglichst schußsicher untergebracht sein, zum Feuern aber offen aufgestellt werden, so daß sie nach allen Richtungen hin freies Schußfeld haben.

Besonders schwierig ist es, vor den Stellungen Hindernisse gegen Tankangriffe anzulegen, da Tanks Drahthindernisse glatt niederwalzen, Brustwehren und Gräben aber ohne Schwierigkeiten überschreiten. Ihre Abwehr beruht daher im wesentlichen auf dem Beschuß durch Tankabwehrgeschütze und

darauf, daß sie von Infanterie mit besonderen Tankabwehr-
gewehren und geballten Ladungen sowie von Maschinengewehren mit besonderer Munition angegriffen werden. Bei
entschlossenem Angriff ist es nicht schwer, sie kampfunfähig zu machen. Auch kann man örtliche Hindernisse gegen
sie anwenden. Tiefe und weite Trichter, in denen sich Grund-
wasser von mindestens 1 m Wassertiefe ansammelt, sind von
ihnen meist nicht zu überwinden, stark sumpfiges Gelände und
über 4 m breite und entsprechend tiefe Gräben auch nicht.
Straßen kann man durch starke Betonklötze sperren, wenn sie
ein Ausweichen nicht gestatten. Öffnungen für gewöhnliches
Fuhrwerk und Artillerie sind dabei zulässig. Endlich kann
man auch auf weite Strecken hin Tankminen legen, die so eingerichtet sind, daß sie bei gewöhnlichem Verkehr ungefährlich
sind, bei der Belastung durch die schweren Tanks aber explo-
dieren. Solche Anlagen werden am besten durch Pioniere
gebaut oder zum mindesten geleitet und kontrolliert.

So ergibt sich für die Pioniere eine Fülle von Aufgaben,
und wenn auch meiner Ansicht nach der Dienst im eigentlichen
Festungskrieg für sie weggefallen ist, hat dennoch ihre Tätigkeit einen viel breiteren Rahmen gefunden, der sehr viel mehr
Kräfte in Anspruch nimmt als früher. Während sie früher
für die Lösung besonderer Aufgaben bestimmt waren, müssen
sie heute mit allen fechtenden Waffen dauernd zusammenarbeiten, vor allem im Stellungskriege, ebenso aber auch im
Bewegungskriege, besonders bei Angriffsunternehmungen.

Es ergibt sich daraus, wie bereits erwähnt, die Notwendigkeit, die Pionierwaffe im Verhältnis zu den anderen
Waffen sehr erheblich zu verstärken, aber zugleich die andere,
alle Pioniere gleichmäßig für ihre gesamten Aufgaben
auszubilden, die — auch die schwierigsten — auf allen
Teilen der weiten Kriegsschauplätze an jede einzelne For-
mation herantreten können. Dabei wird man aber nicht

sämtliche Mannschaften der Pioniere für alle Spezialtätig-
keiten gleichmäßig ausbilden können und auch nicht auszubilden brauchen. Das Minieren und die Bedienung der
Flammenwerfer sind beispielsweise dienstliche Verrichtungen,
in denen nur einzelne Gruppen in jeder Kompagnie zu Spe-
zialisten erzogen werden müssen, während Pontonieren, Anlegen von Befestigungen und Hindernissen aller Art, Sprengungen, Betonieren, Entwässerungsanlagen und ähnliche
Tätigkeiten Gemeingut der ganzen Truppe sein sollen.

Auch der Wegebau über ungangbares Gelände gehört
zu den Tätigkeiten des Feldkrieges, die den Pionieren geläufig
sein müssen. Ist es doch oft erforderlich, ein Trichtergelände
mit vorher fertiggestellten Brücken und anderen Hilfsmitteln
in kürzester Zeit auch für schwere Artillerie und Munitions-
transporte gangbar zu machen. Die Masse der Arbeitskräfte
hierzu muß freilich anderweit gestellt werden; die Bauleitung
aber und besondere technische Ausführungen müssen in den
Händen von Pionieren liegen.

Unter diesen Gesichtspunkten ist es unbedingt erforderlich, jeder Division ein starkes Pionierbataillon zu drei oder
vier Kompagnien beizugeben, das ihr dauernd zur Verfügung
stehen muß. Außerdem aber bedarf die Heeresleitung noch
besonderer Pionierkräfte, die sie auf die einzelnen Heeresgruppen und Armeen für besondere Zwecke verteilen kann,
denen nicht überall gleichmäßig genügt zu werden braucht:
Bau rückwärtiger Aufnahmestellungen, Überbrückung großer
Ströme, rascher Ausbau von Stellungen und Sperranlagen,
denen die Divisionspioniere allein nicht gewachsen sind. Die
Überbrückung der Weichsel bei Iwangorod und der Bau der
Siegfriedstellung sind Beispiele für eine solche besondere
Tätigkeit, zu der die Divisionspioniere nicht ausreichen oder
nicht herangezogen werden können.

Diese Heerespioniere müssen natürlich schon im Frieden

beftehen. Zum Beginn des Weltkrieges haben die damaligen Festungs-Pionierbataillone — ursprünglich für den Angriff auf Festungen bestimmt — diesem Zweck gedient. Da diese in Zukunft nicht mehr notwendig sind, wird es sich empfehlen, Korps-Pionierbataillone außer den Divisions-pionieren aufzustellen, die dann im Kriegsfall zur besonderen Verwendung zur Verfügung sein würden.

Lediglich der Obersten Heeresleitung im Kriege, wie im Frieden dem Chef des Generalstabs oder einem besonderen Inspekteur, brauchen die Eisenbahntruppen zu unterstehen, deren Bedeutung ebenfalls erheblich gewachsen ist. Die Herstellung gesprengter Bahnen, der Bau neuer Vollbahnen und die Anlage von Feldbahnen hat einen gegen frühere Kriege nie geahnten Umfang angenommen. Alle Truppen, besonders im Stellungskrieg, müssen durch ein weitverzweigtes Feldbahnnetz mit den großen Zufuhradern verbunden sein, um dauernd unterhalten werden zu können. Das bedingt eine bedeutende, gegen früher sehr vermehrte Stärke der Eisenbahnbau- und Betriebskompagnien, deren Bereithaltung keine besonders hohen Kosten verursachen dürfte, da sie auch im Frieden zum Bau und Betrieb von Eisenbahnen verwendet werden und hierin ihre beste Ausbildung finden können.

Zu ihrer Aufstellung wie zu der der Pioniere wird man bereits im Frieden vorzugsweise Leute aus solchen Berufen heranziehen, deren Friedenstätigkeit schon eine besondere Vorbildung für ihren Kriegsberuf darstellt. Für den Kampf in den einfachsten Formen des Infanteriegefechts müssen Pioniere und Eisenbahntruppen natürlich auch ausgebildet sein. Sie bleiben unter allen Umständen Soldaten und dürfen niemals zu Zivilarbeitern werden.

Über eines aber muß man sich völlig klar sein: Die Verwendungsfähigkeit der Pioniere und der ihnen angegliederten Truppen hat zwar sehr bedeutend zugenommen und ihre Zahl hat sich sehr erheblich vermehrt, eines aber kann diese Waffe trotz allem nicht mehr leisten, was bisher ihre Hauptaufgabe war: die Grenze durch Festungswerke gegen feindliche Einwirkung schützen. Wohl können die Pioniere im Verein mit den anderen Waffen den Einbruch des Feindes eine Zeitlang verhindern; die Gegend, die sie schützen sollen, weithin gegen feindliche Einwirkung sichern, das können sie nicht. Die weittragenden Geschütze — schon heute bis über 120 km — vernichten das Gelände weit und breit und tragen das Verderben tief in die feindlichen Lande. Es ist daher nicht mehr der freien Wahl überlassen, ob man defensiv oder offensiv verfahren will; sondern man m u ß einfach offensiv handeln, wenn man sein eigenes Land gegen feindliche Einwirkung schützen will.

Allerdings kann der Verteidiger auch weittragende Geschütze aufstellen und damit die Sachen gewissermaßen auf den alten Stand zurückführen; dem ist aber doch anders. Zwar kann der, der von seiner Grenze aus den Krieg führen will, die Geschütze schon im Frieden aufstellen oder ihre Aufstellung wenigstens vorbereiten — was übrigens der Gegner auch kann — und niemals wird man diese Geschütze derart zudecken können, daß sie nicht imstande sein sollten, das Land des Feindes arg zu schädigen, bevor sie entdeckt und so zugerichtet sind, daß sie nicht mehr feuern können, besonders wenn aus wechselnden Stellungen geschossen wird, die selbst mit dem Flieger nicht leicht aufzufinden sind: den Angriff selbst werden sie aber schwerlich jemals aufhalten können, und so wird ihre Wirkung immer eine verhältnismäßig geringe bleiben.

Wer also vom eigenen Lande aus Krieg führen will,

muß immer einen breiten Streifen davon der Verwüstung durch die weittragende feindliche Artillerie preisgeben, und wer das vermeiden will, muß eben den Krieg in feindliches Land tragen, d. h. es müssen alle Kriege in Zukunft Angriffs-kriege sein, und erst der, der im Angriff zu spät kommt oder in ihm unterliegt, gibt sein Land dem Feinde preis, der gar nicht anders **kann**, als es allmählich in eine Wüste ver-wandeln, denn das ist die unausbleibliche Folge des Stellungskrieges, der heute unvermeidlich scheint. Wehe dem aber, der es versuchen sollte, den Krieg von Anfang an von den eigenen Grenzen aus zu führen; er würde selbst die Möglichkeit einbüßen, die Folgen des Krieges von dem eigenen Lande abzuwenden, und würde nur auf weithin das Verderben auf sein eigenes Gebiet hereinziehen.

Hat also die Pionierwaffe allerdings an Bedeutung zu-genommen und einen großen Einfluß auf die Kampf-weise der anderen Waffen gewonnen, so ist sie anderseits der Artillerie doch unterlegen und läßt dem Angriff mehr, als man zunächst denken sollte, freie Hand. Ihr taktischer Wert ist gestiegen, ihr strategischer kann sich aber nur noch indirekt geltend machen. Die Offensive besonders zu beachten und zu besprechen, ist daher auf alle Fälle geboten.

Auch politisch macht sich diese Beschränkung gel-tend: Die Zeit der kleinen Staaten, die sich durch künstliche Befestigung deckten, ist vorbei. Militärisch ver-mögen sie nur noch im Anschluß an große Staaten einiger-maßen zu bestehen und nur die politischen Verhältnisse können ihre Neutralität schützen. Ein Belgien ist nur noch im engsten Anschluß an einen der großen Nachbarstaaten möglich, und ein Holland, die Schweiz und Polen werden nur fortleben, wenn die größeren und mächtigeren Nachbarn ein Interesse daran haben.

3. Angriff, Verteidigung und Initiative.

Clausewitz hat in seinem unsterblichen Werke vom Kriege die Verteidigung für die stärkere Form des Kampfes erklärt. Damit hat er natürlich die großen materiellen und moralischen Vorteile, die Initiative und Angriff bei der Kriegführung gewähren, nicht leugnen, sondern hat einfach sagen wollen, daß bei den damaligen Verhältnissen der Bewaffnung — gleiche Kräfte auf beiden Seiten vorausgesetzt — der Verteidiger im Vorteil sei, was auch zweifellos richtig ist. Das gilt auch heute noch. Ganz anders aber ist die gleiche Frage zu beantworten, wenn es sich um die Kriegführung handelt. Da gaben schon zu Clausewitz' Zeit ganz andere Dinge die Entscheidung als die rein theoretische Überlegenheit der Verteidigung.

Hatte doch Friedrich der Große in seinem, auch heute noch einzig dastehenden, Heldenkampf bewiesen, wie der Schwächere durch immer wiederholten Angriff und durch entschlossene Behauptung der Initiative, die den Gegner in die Hinterhand drängt und unwägbare Kräfte ins Dasein ruft, selbst die gewaltigste Überlegenheit siegreich bekämpfen kann. In diesem Sinne ist heute mehr noch vielleicht als jemals früher der Angriff zwar nicht die überlegene Form des Kampfes, wohl aber die überlegene Form der Kriegführung, und zwar in dem Maße, daß eine starre Defensive ohne offensive Gegenwirkung nur noch in Ausnahmefällen möglich ist. Die Mittel der Verteidigung haben sich allerdings sehr vervielfältigt, aber keineswegs in dem gleichen Maße wie die Mittel des Angriffs.

Allen bisher angewandten Schutzbauten ist die Artillerie

überlegen; wo sie in der Lage ist, eine Stellung mit einem
zusammengefaßten Vernichtungsfeuer dauernd zu belegen,
vermag keine Infanterie der Welt sich in einer Kampfstellung
zu behaupten, sie wird einfach vernichtet. Sie kann nichts
tun, als sich in schußsicheren Unterkünften am Leben zu erhalten, sofern diese nicht eingeschossen werden, und kann zur
Waffenwirkung erst gelangen, wenn das feindliche Feuer
von der Stellung vorverlegt wird, um der stürmenden Infanterie die Bahn freizugeben und das Herankommen von
feindlichen Reserven zu verhindern.

Nun wird man einwenden können, daß ja der Verteidiger über eine gleich wirksame Artillerie verfügt und daher
die feindlichen Angriffstruppen noch mehr zu zerschmettern
vermag als der Angreifer den in ausgebauten Stellungen
liegenden Verteidiger. Das ist auch richtig. Der Vorteil des
Angreifers aber besteht darin, daß er durch Ergreifen der
Initiative einen ungeheuren Vorteil in der Zeit gewinnt
und daher eine ü b e r l e g e n e Artillerie überraschend gegen
die anzugreifende Front zu versammeln vermag, so daß er
in die Lage kommt, die Verteidigungsartillerie niederzukämpfen, bevor sie sich verstärken kann, und außerdem die
feindliche Verteidigungsstellung so zu zerschmettern, daß sie
widerstandslos wird. Die Möglichkeit, eine zahlreichere Artillerie und Infanterie sowie Tanks für den Angriff zu versammeln und damit überraschend anzugreifen, sichert dem
Angriff in erster Linie seine Überlegenheit.

Dazu kommt die Aussicht, mit Tanks die feindlichen
Hindernisse zu überwinden, durch Vernebelung dem Feinde
die Angriffstruppe zu verbergen und endlich der große
moralische Vorteil, den die Angriffstätigkeit selbst mit sich
bringt. Nichts ist für den Soldaten schwerer, als untätig ein
vernichtendes Feuer über sich ergehen zu lassen, tatenlos fort-

gesetzt dem Tode ins Auge zu sehen. Da kommen alle Schwächen des Charakters in Tätigkeit, und die Furcht beschleicht auch tapfere Herzen.

Kann man erst selbst in Tätigkeit treten, kämpfen, schießen und vorwärts stürmen, dann läßt sich die innere Spannung besser ertragen, und oft folgt auf seelische Abspannung der rücksichtsloseste Heldenmut. Dieser Vorteil des Handelns kommt in erster Linie dem Angreifer zugute. Aber er ist so bedeutend, daß auch der Verteidiger suchen muß, ihn sich wenigstens teilweise zu sichern. Da eine s t a r r e Verteidigung einem besonders an Artillerie starken Gegner gegenüber vor allem dann ziemlich aussichtslos erscheint, wenn der Verteidiger nicht schußsicher untergebracht ist, muß dieser hinter seiner vorderen Linie starke Reserven bereithalten, um einen etwa eingedrungenen Feind durch Gegenstoß wieder zurückzuwerfen.

Diese Reserven müssen dann freilich das feindliche Vernichtungsfeuer oder die gegnerische Feuerwalze durchschreiten und werden dabei natürlich schwere Verluste haben, aber sie brauchen doch nicht dauernd in solchem Feuer auszuhalten und werden ganz von selbst den Drang haben, rasch vorwärts zu gehen, um aus ihm herauszukommen. Auch ist hier der Platz für die Betätigung der Tanks in der Verteidigung. Der Angreifer kann im Augenblick seines Einbruchs nur wenige Geschütze zur Stelle haben, die ihnen gefährlich werden könnten, und so werden sie wohl in der Lage sein, der Infanterie beim Gegenstoß vorwärts zu helfen. Immerhin ist die Aufgabe auch dann noch eine schwere, weil man eben mit einer überlegenen Artillerie zu rechnen hat, die die Tanks aus der Ferne zusammenschießen kann.

Ist so allein schon taktisch der Angreifer im Stellungskrieg durch Überraschung und durch Tanks überlegen, so wird das im Bewegungskrieg vielleicht noch mehr der Fall sein, denn hier handelt es sich nicht nur um ein überraschendes Zusammenziehen stärkerer Kräfte hinter einer deckenden Front, sondern auch um die Vorbereitung und Durchführung unerwarteter Umfassungs- und ähnlicher Manöver. Die Überraschungsmöglichkeiten sind erheblich vermehrt.

Es ist allerdings im Bewegungskrieg die Aufklärungs-möglichkeit sehr viel größer als im Stellungskrieg, denn wo in getrennten Heeresgruppen gefochten wird, bieten diese ihre Flanken der Aufklärung dar, und es kann daher die auf-klärende Tätigkeit der Kavallerie die Luftaufklärung er-gänzen, während im Stellungskrieg die Kavallerie als solche völlig ausgeschaltet ist, und es immer nur darauf ankommt, zu sehen, was h i n t e r der feindlichen Linie vorgeht. Trotz-dem bleibt der Vorteil dem Angreifer.

Im Bewegungskriege sind eben die möglichen opera-tiven Bewegungen zahlreich, sehr verschieden und oft schwer zu erkennen; auch spielt sich die ganze operative Bewegung, die zum Kampf führt, verhältnismäßig rasch ab und nimmt daher dem Verteidiger oft die Möglichkeit, rechtzeitig Gegen-maßregeln zu treffen, auch wenn er die gegnerischen Angriffs-bewegungen erkannt hat. Im Bewegungskriege ist man end-lich auf die vorhandenen Verbindungswege angewiesen und sind unvorhergesehene Truppenverschiebungen meist sehr viel schwieriger durchzuführen — auch bezüglich der nötigen Munition und Verpflegung — als im Stellungskriege, in dem sich hinter den Stellungen meist ein eigens für die be-sondere Lage angelegtes und ausgebautes Netz von Ver-bindungen, Feldbahnen, Munitions-, Verpflegungs- und Pionierdepots befindet, so daß alle Bewegungen von Trup-pen außerordentlich erleichtert sind.

Größer noch als auf dem Kampffelde selbst erscheint die

Überlegenheit des Angreifers, wenn man die strategische Gesamtlage ins Auge faßt.

Auf weit ausgedehnter Strecke, wie beispielsweise zwischen der Schweizer Grenze und dem Ärmelkanal oder zwischen Ostsee und Schwarzem Meer, kann der Angreifer die Stelle wählen, in der er angreifen will. Überall kann er demonstrieren und dadurch den Gegner über die Angriffsfront zu täuschen suchen. Der Verteidiger aber muß überall auf den Angriff gefaßt sein. Einen Anhaltspunkt für seine Beurteilung der Lage bieten lediglich die wahrscheinlich für den Feind wichtigen Angriffsrichtungen und die Gestaltung des feindlichen Eisenbahnnetzes. Im übrigen ist er auf Agentennachrichten, Aussagen von Gefangenen und Überläufern, Abhörergebnisse und Luftaufklärung angewiesen. Diese aber hat eine außerordentlich schwierige Aufgabe zu lösen, da alle operativen Bewegungen sich bei Nacht vollziehen und alle Batteriestellungen und Einbauten durch Verschleierung der Sicht aus der Luft nach Möglichkeit entzogen werden.

Auch ist es fast unmöglich, Scheinanlagen von wirklichen zu unterscheiden. Oft wird man nur aus vermehrtem Eisenbahnverkehr hinter der feindlichen Front auf einen Aufmarsch des Gegners schließen dürfen — aber auch auf diesem Gebiet können demonstrative Bewegungen zur Täuschung führen. So ist es in der Tat sowohl uns wie unseren Gegnern wiederholt gelungen, beabsichtigte Angriffe zu verbergen, während zu anderen Zeiten der bevorstehende Angriff, weil er nicht genügend maskiert war, richtig erkannt und durch rechtzeitige Gegenmaßregeln zum Scheitern gebracht worden ist.

Während also der Angreifer ganz genau im voraus weiß, wo er seine Kräfte versammeln und seine Angriffsvorbereitungen treffen muß, ist der Verteidiger gezwungen, seine Reserven an Truppen, Munition und unter Umständen auch an Lebensmitteln in zentralen Stellungen zusammenzuhalten. Auch sein Eisenbahnmaterial und seine Kraftwagen muß er zur freien Verfügung haben, um eben diese Reserven verschieben zu können, sobald die Angriffsabsichten des Gegners sicher erkannt sind. Ein verfehltes Verschieben der Kräfte kann verhängnisvoll werden. Es zwingt zu Maßregeln, wie sie die Not gebietet, zu unvorbereiteten Truppenverschiebungen, Zerreißen der höheren Verbände und ähnlichen oft verderblichen Aushilfsmitteln. Solche Anordnungen aber bringen nur allzu leicht die Systematik der Truppen- und Nachschubbewegungen in Unordnung, ohne die die Massen eines modernen Heeres überhaupt nicht zu beherrschen sind, und sie schädigen nur allzu leicht auch die Moral der Truppen, die, wie wir noch sehen werden, heute mehr als je ein entscheidender Faktor ist.

Schließlich beruht die Überlegenheit der Offensive darin, daß s i e a l l e i n eine Entscheidung erzwingen kann. In bloßer Abwehr kann man nicht siegen. Selbst eine erfolgreiche Verteidigung kann eine Überlegenheit nur dann bringen, wenn sie die Möglichkeit gibt, aus ihr zur Entscheidung suchenden Offensive überzugehen. Ein Abwehrsieg ist immer nur ein halber Sieg, und die Hoffnung, den Gegner durch Ermattung, dadurch, daß man seine Kräfte sich erschöpfen läßt, zum Frieden zu veranlassen, ist ihrem Wesen nach falsch und verfehlt; denn niemand kann aus der Verteidigung heraus den Feind zwingen, seine Truppen zu verbrauchen, wenn er nicht seinerseits die Entscheidung im Angriff zu erzwingen sucht und damit den Beweis erbringt, daß eben nur die Offensive den Sieg herbeiführen kann.

Glaubt man den Feind so weit zermürben zu können,

daß er sich zum Frieden aus Erschöpfung genötigt sieht, muß man ihn immer wieder angreifen, um ihn zum Verbrauchen seiner Kräfte zu zwingen. Solange man es aber dem Gutdünken des Feindes überläßt, ob und wie weit er seine Kräfte opfern will, ist natürlich an ein Ende des Krieges nicht zu denken, sondern der Entschluß dazu bleibt dem freien Ermessen des Feindes überlassen.

Professor Hans Delbrück — ein bekannter Zivilstratege — hat für diese negative Art der Kriegführung die Bezeichnung „Ermattungsstrategie" erfunden und hat geglaubt, damit etwas sehr Geistreiches auszusprechen. In Wirklichkeit gibt es natürlich eine Strategie, die dem Angriff ausweicht, um durch Ermattung des Gegners den Sieg zu erringen, überhaupt nicht. Eine hinhaltende Kriegführung bedeutet vielmehr nur, daß man die Waffenentscheidung hinauszögern will, weil man sich ihr nicht mehr gewachsen fühlt, verzichtet damit aber zugleich auf den militärischen Sieg und überläßt es dem Gegner, darüber zu entscheiden, wie lange er seine Anstrengungen noch fortsetzen will. Der Erfolg des Krieges wird dann eben — wenn überhaupt — von Faktoren erwartet, die nicht durch die eigene Kriegführung bedingt sind.

Die Kriege Friedrichs des Großen bilden nur einen scheinbaren Beweis für die Richtigkeit der Delbrückschen Lehre. Die Gegner Preußens scheuten allerdings die Schlachtentscheidung und suchten den Krieg durch Ermattung des Gegners zu gewinnen; in Wirklichkeit verloren sie ihn aber. Sie waren eher ermattet als der König. Dieser aber machte sich ihre Schlachtenscheu zunutze und schlug daher Schlachten nur, wenn er sich dazu gezwungen sah. Der Krieg wäre längst siegreich für die Österreicher und ihre Bundesgenossen beendet worden, wenn sie sich hätten entschließen können, den Schlachtenerfolg zu erstreben.

Der Angriff ist also unter allen Umständen die notwendige Voraussetzung für eine siegreiche Entscheidung des Krieges, soweit diese überhaupt von der Kriegführung erwartet wird und nicht etwa von einer Änderung der zu Beginn des Krieges herrschenden politischen und wirtschaftlichen Verhältnisse. Selbst in der strategischen Defensive bildet er immer das entscheidende Moment. Er ist die Seele der Kriegführung überhaupt, und alle Kriegskunst muß letzten Endes darauf hinauslaufen, die entscheidende Offensive unter günstigen Bedingungen herbeizuführen. Daß man trotzdem manchmal rein defensiv bleiben muß, zum mindesten strategisch, ändert an diesem Grundgesetz des Krieges natürlich gar nichts. Man führt dann eben einen hinhaltenden Krieg, um an anderer Stelle oder auf andere Weise günstige Bedingungen für den Angriff herbeizuführen.

Auf „das Gesetz der Zahl", das ich an anderem Orte näher entwickelt habe*), brauche ich in diesem Zusammenhange nur hinzuweisen. Nicht die Zahl an sich gewinnt im Kriege, sondern ausschlaggebend ist die Möglichkeit, numerische, geistige und moralische Überlegenheit auf dem entscheidenden Schlachtfelde oder Kriegsschauplatz zu vereinigen. Wo das tunlich erscheint, ist der Krieg, rein militärisch gedacht, gerechtfertigt — andernfalls darf man eine günstige Entscheidung nur von Verhältnissen erwarten, die nicht vom kriegerischen Erfolge abhängen.

Man muß also, um zum Beginn eines Krieges militärisch gerechtfertigt zu sein, die Wahrscheinlichkeit haben, einen so entscheidenden Sieg über den Feind zu gewinnen, daß dieser die Kraft verliert, seinerseits eine nochmalige Waffenentscheidung mit Aussicht auf Erfolg herbeizuführen.

---

*) Vom heutigen Kriege Band B I, II, 2 S. 97.

Ein solcher Sieg wird sich im allgemeinen nur durch den Angriff erzwingen lassen, wird aber zum mindesten offensiv ausgenützt werden müssen, wenn er den erstrebten Erfolg
zeitigen soll.

Dieses Gesetz bleibt natürlich auch unter den Bedingungen des Weltkrieges bestehen, wie er sich im Laufe der
Zeit gestaltet hat, und bestimmt vom höchsten Gesichtspunkt
aus das Verhältnis von Defensive und Offensive. Die Möglichkeit, die unter allen Umständen notwendige Offensive herbeizuführen, gibt das Maß für die Berechtigung der Verteidigung. Das muß man bei aller Kriegführung im Auge
behalten, und zwar heute mehr wie je, da die Offensive
operativ und taktisch sich zweifellos als die stärkere Form der
Krieg- und Kampfführung erwiesen hat.

Ist somit die Offensive die Seele aller Kriegführung,
wenn sie auch nicht in allen Kriegslagen direkt angestrebt
werden kann; ist sie bei jeder Defensive immer der leitende
Hintergedanke: so ergibt sich die logische Folgerung, daß man
im Kriege stets bestrebt sein muß, die Initiative zu behaupten. Es ist das ja auch ein allgemein anerkannter Lehrsatz
der Kriegskunst, und ich sage nichts Neues damit, wenn ich
ihn hier wieder ausspreche. Sie bietet den gar nicht hoch
genug anzuschlagenden Vorteil, daß man dem Gegner das
Gesetz des eigenen Handelns aufzwingt und es nicht von ihm
zu empfangen braucht. Indem man niemals in passives
Abwarten verfällt, stets etwas unternimmt, immer neue Verhältnisse schafft, zwingt man den Gegner, unsere Unternehmungen zu berücksichtigen und immer wieder seine eigenen
Pläne, die auf eine erkannte Lage berechnet waren, zu
ändern, wenn diese Lage infolge initiativen Handelns sich
ändert. Man behauptet bei allen Operationen die Vorhand
und hat örtlich und zeitlich stets einen Vorsprung.

Dabei ist zwischen Initiative und Angriff doch sehr wesentlich zu unterscheiden. Indem man die Initiative ergreift oder behauptet, braucht man durchaus nicht immer einen Angriff im Auge zu haben. Man muß und kann auch in der Defensive die Initiative zu behaupten suchen oder bestrebt sein, sie wiederzuerlangen, wenn sie verlorengegangen ist. Ich habe schon darauf hingewiesen, daß die starre Defensive niemals zu positiven Erfolgen führen kann, oft nicht einmal zu reinen Abwehrerfolgen. Jede Verteidigung fordert daher eine entsprechende Offensive, sei es zur Behauptung oder Wiedergewinnung der vom Feinde angegriffenen Front, sei es an anderer Stelle, wo sich der Gegner vielleicht geschwächt hat, oder wo man selbst die Entscheidung suchen will. Damit ist dann eines der Mittel gegeben, eine verlorene Initiative wieder an sich zu reißen und dem Gegner erneut das Gesetz zu geben.

Anderseits ist man ja auch keineswegs in allen Fällen gezwungen, den Angriff in der Stellung anzunehmen, die der Gegner in Aussicht genommen hat. Man kann, wo es auf einen Geländeverlust nicht besonders ankommt, sehr wohl auf eine taktisch bessere, vielleicht schon vorher eingerichtete und befestigte Stellung zurückgehen und dadurch den Feind in eine taktisch ungünstige Lage bringen; oder man kann einen solchen Rückzug mit einer entscheidungsuchenden Offensive vereinigen, indem man in der Stellung, auf die man zurückgeht, den Gegenangriff vorbereitet und ihn gegen den dann unvorbereiteten Gegner überraschend durchführt. Immer wird es darauf ankommen, in Zeit und Raum die Vorhand zu behaupten und den Gegner in einer ihn überraschenden Weise zu zwingen, unseren Maßregeln Rechnung zu tragen und das Gesetz des Handelns anzuerkennen, das wir ihm aufnötigen. Letzten Endes muß freilich immer ein entscheidenber Kampf, also eine Offensive oder eine Verteidigung mit nachfolgendem Gegenangriff, das Ergebnis des initiativen Handelns sein.

Eine rein örtliche Verteidigung ist nur da statthaft, wo man in einem für die Abwehr besonders günstigen Gelände mit gesicherten Flanken gegen einen übermächtigen Gegner um Zeitgewinn kämpft. Solche Fälle sind denkbar, z. B. wenn man auf das spätere Eingreifen eines waffenstarken Bundesgenossen oder auf das Freiwerden von Offensivkräften auf einem anderen Kriegsschauplatz hofft. Sie werden oft genug vorkommen. Auf Kriegsschauplätzen aber, auf denen die Entscheidung erstrebt wird, sind sie undenkbar oder doch nur im kleinsten Maßstabe für örtliche Kämpfe durchführbar und möglich.

4. Die Grundgedanken der Offensive.

Unſer bisheriges preußiſches Exerzier-Reglement erklärt den gleichzeitigen Angriff gegen Front und Flanke des Verteidigers für die vorteilhafteſte Form des taktiſchen Angriffs. Der Satz iſt nur für kleine Verhältniſſe richtig, wo das Feuer aus Front und Flanke gegen den ungeteilten Verteidiger örtlich zuſammenwirkt. Im übrigen iſt er grundfalſch.

Wenn man einen Grundſatz aufſtellen will, muß man natürlich auf beiden Seiten gleich ſtarke Kräfte und überhaupt gleiche Verhältniſſe vorausſetzen. Iſt das der Fall, dann kann der Verteidiger — dank ſeiner frontalen Überlegenheit — die angegriffene Front mit ſchwächeren Kräften, als ſie der Angreifer einſetzen muß, ſiegreich behaupten und zugleich überlegene Kräfte zur Sicherung ſeiner Flanke verſammeln. Er wird alſo bei dem ſeiner Richtung wegen entſcheidenden Flankenkampf überlegen und daher — ceteris paribus — ſiegreich ſein. Das iſt mathematiſch. Der Vorteil, den der Angriff ſelbſt im modernen Kriege gewährt, iſt nicht groß genug, um dieſen Vorteil der Defenſive aufzuwiegen. Die fehlerhafte Lehre unſeres Exerzier-Reglements ſetzt mithin fehlerhafterweiſe eine Überlegenheit des Angriffs an Zahl oder Gefechtswert voraus.

Die einzige formale Angriffsbeſtimmung auf taktiſchem Gebiet, die wir beſitzen, iſt alſo falſch — und auf ſtrategiſchem Gebiet gibt es überhaupt keine. Das iſt auch ſehr erklärlich, denn der Möglichkeiten, unter denen ein ſtrategiſcher Angriff erfolgen kann oder muß, ſind ſo viele, daß ſich ſcheinbar nichts Allgemeingültiges für einen ſolchen angeben läßt. Auch taktisch ist es heute scheinbar unmöglich, ein bestimmtes Rezept zu geben, nachdem der Krieg so verschiedene Formen angenommen hat wie der Bewegungskrieg einerseits und der Stellungskrieg anderseits. Dennoch lassen sich wohl einige Grundsätze aufstellen, die taktisch wie strategisch zutreffend sind; aus ihnen läßt sich in jedem einzelnen Fall unter Berücksichtigung aller besonderen Verhältnisse die Form des jedesmaligen Angriffs ableiten.

Den einen hat Friedrich der Große ausgesprochen; er lautet: „Wer alles decken will, deckt nichts." Den anderen hat der Feldmarschall Hindenburg in den Worten geprägt: „Man darf niemals ohne Schwerpunkt fechten." Beide Aussprüche ergänzen sich gegenseitig und sind aus einem Geist hervorgegangen.

Der Ausspruch Friedrichs des Großen erscheint zunächst dem Wortlaut nach rein defensiver Natur. Bei näherer Prüfung aber erkennt man bald seinen durchaus offensiven Charakter. Nur wenn die „Deckung" offensiv aufgefaßt wird, hat der Satz einen strategischen Sinn. Will man eine ausgedehnte Front durch starre Defensive decken und läßt einen Teil davon unbeschützt, kann der Feind hier natürlich einbringen, in Flanke und Rücken der besetzten Front gelangen und auf diese Weise entscheidende Vorteile erringen. Wenn König Friedrich, der beispielsweise Ostpreußen und Schlesien decken mußte, sich entschlossen hätte, Ostpreußen freizulassen, um mit seiner ganzen Armee in Schlesien defensiv bleiben zu können, so hätte er den Krieg zweifellos in kürzester Zeit verloren. Wenn er aber, ohne seine Kräfte auf beide zu deckenden Provinzen zu zersplittern, durch entschlossenen Angriff zunächst seinen Gegner in Schlesien schlug, um sich dann ebenfalls offensiv nach Ostpreußen zu wenden und auch dort eine Angriffsschlacht zu gewinnen, bevor der Gegner in

Schlesien wieder zu Kräften kam, dann konnte er sehr wohl beide Provinzen decken, indem er die eine einstweilen preisgab, und nun gewinnt sein Ausspruch „Wer alles decken will, deckt nichts" seine volle Berechtigung.

Wenn er seine Armee von vornherein auf beide Provinzen verteilt hätte, würde er aller Wahrscheinlichkeit nach nirgends einen Sieg erfochten haben, da er überall zu schwach gewesen wäre. Wir erkennen also, daß der Sinn der Worte des großen Königs eigentlich genau der gleiche ist wie der des Feldmarschalls. Heute würde man eben sagen: Ich lege den Schwerpunkt meines Angriffs zunächst nach Schlesien und verzichte vorderhand darauf, Ostpreußen durch genügende Kräfte zu sichern, um nach erfochtenem Siege in Schlesien meinen Schwerpunkt wieder nach Ostpreußen zu verlegen. So sehen wir denn auch beim Beginn des Weltkrieges Schlesien und Posen von Angriffstruppen so gut wie entblößt und nur durch schwache Grenztruppen verteidigt, während die eigentliche Kampfarmee in Ostpreußen versammelt war, um von hier aus offensiv zu werden, ganz im Sinne des friderizianischen Ausspruchs: „Wer alles decken will, deckt nichts" und der Hindenburgschen Lehre vom Schwerpunkt.

In demselben Geist war das deutsche Heer zu Beginn des Krieges gruppiert. Nur schwache Kräfte waren im Osten zur Abwehr bereitgestellt; die Hauptmasse des Heeres war dagegen gegen Frankreich zusammengezogen, um hier den ersten entscheidenden Schlag zu führen. Wohl aber kann man die Frage aufwerfen, ob nicht zu früh Truppen aus dem Westen nach Ostpreußen übergeführt worden sind, bevor die Entscheidung in Frankreich gefallen war. Der Zweck, Ostpreußen vom Feinde zu befreien und die übrigen östlichen Provinzen zu schützen, wurde zwar voll erreicht. Dafür aber waren wir in der Entscheidungsschlacht an der Marne zu schwach, um den teilweise bereits erfochtenen taktischen Sieg auch strategisch auszuwerten, und in diesem Mißerfolg lag, wie sich heute übersehen läßt, zum Teil bereits die Entscheidung des ganzen Krieges.

Wie lange man den einen Teil des Kriegsschauplatzes ungeschützt oder nur mit schwachen Abwehrkräften besetzt lassen darf, um an anderer Stelle den Sieg zu erkämpfen, das läßt sich nicht ein für allemal sagen. Es hängt von den verschiedensten Verhältnissen ab: von den Angriffsabsichten und -kräften des Gegners, von der Bedeutung der zunächst preisgegebenen Gebiete für die gesamte Kriegführung und von der Möglichkeit, Truppenverschiebungen nach dem bedrohten Lande rasch und zweckentsprechend vorzunehmen. Als Grundsatz wird man aufstellen können, daß man ein Gebiet so lange preisgeben darf, als der Feind nicht in der Lage ist, von ihm aus so große Vorteile zu erlangen, daß kein noch so entscheidender Sieg an anderer Stelle sie wieder ausgleichen kann.

Als Beispiel mag auch hier der Beginn des Weltkrieges gelten. Hätten wir die Armee in Ostpreußen nicht vom Westen aus unterstützt, so hätten wir freilich die Schlacht an den masurischen Seen nicht gewonnen und allmählich hinter die Weichsel zurückgehen müssen; die Russen aber konnten wir noch lange Zeit aufhalten, bevor Berlin ernstlich bedroht wurde, das als Mittelpunkt unseres gesamten Widerstandes unter allen Umständen behauptet werden mußte. Dafür hätten wir aber aller Wahrscheinlichkeit nach die Schlacht an der Marne glänzend gewonnen, Frankreich endgültig niedergeworfen, bevor England eine Millionenarmee aufstellen konnte, und wahrscheinlich einen raschen Frieden erzwungen. Rein militärisch gedacht, wären wir auch nach der Marneschlacht noch zurecht-

gekommen, um Berlin zu retten, die Russen wieder aus dem
Lande zu jagen und den Krieg im Osten siegreich zu beenden.
Das läßt sich natürlich nicht mathematisch beweisen und soll
auch keine Kritik unserer Kriegführung sein, zu der nur eine
eingehende Kenntnis aller Verhältnisse berechtigen könnte,
es soll eben nur ein Beispiel sein, um einen militärischen
Grundsatz zu erläutern. Es ist das Gesetz der inneren Linie,
das hier zur Geltung kommt und nur ein besonderer Fall der
Lehre vom Schwerpunkt ist*).

Diese Lehre hat ebenso wie strategisch auch taktisch ihre
Bedeutung. Sie ist oder sollte sein der G r u n d g e d a n k e
j e d e s A n g r i f f s. Friedrich der Große hat sie, wie einst
Epaminondas bei Leuktra und Mantineia, bis zu ihren letzten
Konsequenzen durchgeführt durch die schiefe Schlachtordnung,
die er bei Leuthen und Roßbach anwandte. Hier legte er den
Schwerpunkt vollständig auf den Angriffsflügel und ging
so weit, den anderen völlig zu „refüsieren“, d. h. also die
feindliche Front gar nicht anzufassen, sondern sie durch seinen
Flankenangriff zu einer Frontveränderung und einem neuen
Aufmarsch zu zwingen, und sie, nachdem der angegriffene
Flügel geworfen war, während dieser Operation anzugreifen
und zu schlagen.

Natürlich kann man dieses Rezept nicht unter allen Umständen anwenden, und auch Friedrich der Große hat es nicht
getan. Wie immer aber auch der Angriff geführt wird, stets
muß er einen Schwerpunkt haben. Im Bewegungskriege ist
die Sache verhältnismäßig einfach. Nur die Möglichkeit des
Rückzuges muß im Auge behalten werden. Im übrigen wird
man die Hauptkraft des Angriffs immer dahin zu richten
suchen, wo ein Erfolg den Feind am meisten schädigt.

---

*) „Vom heutigen Kriege“. Band II. III S. 89.

Ist man beispielsweise zum frontalen Angriff gezwungen, so wird man überall da, wo es sich um breite Fronten handelt, den Sieg im Durchbruch erstreben und den Hauptstoß entweder dahin richten, wo ein rascher Erfolg am wahrscheinlichsten ist, oder gegen einen Teil des vom Feinde innegehaltenen Raumes, von dem aus sich die übrige feindliche Front am leichtesten aufrollen oder ihre Rückzugslinie bedrohen läßt.

Ist man in der Lage, einen feindlichen Flügel umfassend anzugreifen, wird man bestrebt sein, den zu wählen, gegen ihn schon von weither die Operation zu leiten, von dem aus man den Gegner am leichtesten von seinen rückwärtigen Verbindungen abdrängen kann. In dieser Richtung wird man dann seine Hauptkampfkraft einsetzen. Das gleiche aber gilt von der doppelten Umfassung, wie sie beispielsweise in der Schlacht von Tannenberg durchgeführt wurde. Auch hierbei kommt es immer darauf an, da besonders stark zu sein, wo die Verbindungen des Gegners liegen, und die Hauptmasse der Streitkräfte da einzusetzen, wo der Gegner vor allem bestrebt sein muß, sich der Umklammerung zu entziehen. Bei Tannenberg war das der rechte russische Flügel.

Gewiß wird man bei solchen Anordnungen nicht immer das Ideal erreichen. Auch Friedrich der Große hat Leuthen und Roßbach nur einmal unter besonderer Gunst der Verhältnisse schlagen können, denn die Schlacht entwickelt sich im Bewegungskriege aus der Operation, und bei dieser kann man nicht immer voraussehen, wie sich die Lage beim taktischen Zusammenstoß gestaltet haben wird. Bei den heutigen Massenheeren ist das noch viel schwieriger wie früher, wo man selbst auf dem Schlachtfelde Truppenverschiebungen improvisieren konnte, was jetzt nicht mehr der Fall ist. Um so mehr muß der Feldherr heute schon von weither aus der

Gesamtlage zu erkennen suchen, wie sich die Verhältnisse gestalten werden, und danach seine Streitkräfte verteilen, seine
Operationsrichtung wählen und seine rückwärtigen Verbindungen ordnen, um da, wo es zum Entscheidungskampf
kommt, den Schwerpunkt seiner Macht an der entscheidenden
Stelle einsetzen zu können.

Anders liegen die Verhältnisse im Stellungskriege. Hier
handelt es sich zunächst immer um einen rein frontalen Angriff, auch da, wo man etwa einen vorspringenden Teil der
feindlichen Stellung umfassend angreifen will. In diesem
Falle ist die Schwerpunktlage gegeben. Der Hauptstoß wird
sich in solchem Fall nicht gegen den ausspringenden Bogen
selbst wenden, sondern gegen die Teile der feindlichen Linie,
wo er an die übrige Stellung anschließt, so daß man im Fall
des Gelingens die im Bogen selbst stehenden Teile des Gegners in Flanke und Rücken fassen und unter Umständen abschneiden kann. Im übrigen muß sich der Schwerpunkt des
Angriffs nach dem Gelände richten, nach der Möglichkeit der
feindlichen Waffenwirkung und nach der durch die allgemeine
Lage gegebenen Operationsrichtung. Immer aber muß man
die Masse seiner Angriffskräfte in einer besonderen Richtung
versammeln und darf sie nicht in gleichmäßiger Verteilung
gegen die ganze Front anrennen lassen.

Die näheren Anordnungen, die hierbei zu treffen sind,
werden später erörtert werden müssen, wenn von der Durch-
bruchsschlacht im besonderen die Rede sein wird.

5. Die Quellen der Kraft.

Die Zahl spielt eine hochbedeutende Rolle im Kriege und ist — wenn alle übrigen Faktoren des Kampfes gleichwertig sind und gleich geschickt ausgenutzt werden — die kampf- und kriegentscheidende Macht. Diese Voraussetzungen aber, auf denen die überragende Bedeutung der Zahl beruht, treffen eigentlich niemals zu.

Immer sind die neben der Zahl bestimmenden Faktoren des Erfolges ihrer Bedeutung nach verschieden. Der taktische Wert der Truppe, die Verschiedenheit der Bewaffnung, die Geschicklichkeit der Führung, die treibenden Kräfte, die den Krieg überhaupt bestimmen, der wechselnde Einfluß des Geländes, der Volkscharakter der kriegführenden Völker: alles das sind Dinge, die den Wert der Zahl erhöhen oder verringern und unter Umständen die numerische Überlegenheit sogar zur Gefahr werden lassen. Ihr Einfluß aber ist in verschiedenen Zeiten ein sehr verschiedener, und daher scheint es wichtig, zu prüfen, wo unter den heutigen Verhältnissen die wahren Quellen der Kraft zu suchen sind. Ein vieljähriger Krieg hat uns gelehrt, den Schein von dem Wesen zu unterscheiden und überall das wirklich Ausschlaggebende in der wechselnden Flucht der Erscheinungen zu erkennen.

Wer wüßte nicht aus der Geschichte, daß der große Feldherr seine Truppen oft zu den außerordentlichsten Leistungen hinreißen kann? Welchem preußischen Offizier ist die Tatsache nicht bekannt, daß der Geist und die innere Kraft der Truppe höhere Werte sind als die bloße Masse? Wem ist es aus unseren Freiheitskriegen und aus dem Aufschwung von 1914 nicht bekannt, welche gewaltigen Kräfte eine Idee

zu entfesseln vermag, was die Begeisterung leisten kann, die
unsere jungen Truppen unter dem Gesange deutsch-patrioti-
scher Lieder in den Kampf, in den Tod und zum Siege
führte? Und doch sind auch diese scheinbar rein geistigen
und seelischen Werte außerordentlich abhängig von äußeren
Verhältnissen. Es handelt sich dabei meistens um Massen-
suggestionen, denn selbständige, in der innersten Seele wur-
zelnde, moralische Kräfte sind immer nur wenigen Menschen
eigen; die Masse wird von den äußeren Verhältnissen bestimmt und ist ganz von ihnen abhängig. Das Herz der
Massen muß der Begeisterung überhaupt fähig sein. Das
hat uns dieser Krieg recht eindringlich gelehrt.

Zunächst sei an das Goethesche Wort erinnert:

„Begeisterung ist keine Heringsware,
Die sich aufheben läßt für viele Jahre."

Sie kann momentan aufbrausen, die Massen erfassen und
hinreißen, aber sie hält unter dem Druck schwieriger und
ernster Verhältnisse selten stand, wenn sie nicht vom Erfolge
getragen und von großen beherrschenden Persönlichkeiten
wachgehalten wird. Nur wenige Gottbegnadete sind einer
nachhaltigen, auch das Unglück überdauernden selbständigen
Begeisterung fähig.

Wer hätte es z. B. für möglich gehalten, daß dasselbe
Volk, das sich 1914 in aufflammender Begeisterung zu den
Fahnen drängte und zu jedem Opfer bereit schien, nach wenigen Kriegsjahren, ohne daß der Feind, außer in Ostpreußen,
in unsere Grenzen eingedrungen wäre, seiner großen Masse
nach sich nur noch durch die allerpersönlichsten Begierden
und Interessen würde leiten lassen, daß ihm jeder vater-
ländische Stolz abhanden kommen, kurz, daß es auf den
Tiefstand der Gesinnungslosigkeit herabsinken würde, auf den
es 1918 herabgesunken ist? Kriegsgewinnler und weit über

Verdienst bezahlte Arbeiter schwelgen in materiellen Genüssen und haben keinerlei Gefühl mehr für die Ehre des Staates und die Zukunft des Vaterlandes; die Hydra der Parteipolitik aber erhebt ihr scheußliches Haupt und sucht an dem Feuer der öffentlichen Not ihre elenden Parteisuppen zu kochen.

Wahrlich, deutlicher konnte es niemals erwiesen werden, daß die patriotische Begeisterung kein fester und gesunder Boden ist für die stolze Pflanze der militärischen Kraft. Keine noch so große, die Zukunft in sich schließende Idee ist imstande, die Massen — wenigstens des deutschen Volkes — dauernd zu militärischer Leistungsfähigkeit zu erheben. Gewiß gibt es noch Tausende von stolzen Herzen, die sich der allgemeinen Ehrlosigkeit nicht beugen wollen, aber es fehlt ihnen der Mut zur Tat, und so bleibt ihr Wollen nur eine tote Kraft, die letzte Zuckung eines Sterbenden.

Die sittliche Kraft des ganzen Volkes ist aber heute weit mehr, als es früher der Fall war, mitbestimmend für die sittlichen Kräfte der Truppe. Zu Friedrichs des Großen Zeiten war die Armee gewissermaßen ein Fremdkörper im Staat, und der Krieg war auch in seiner Erscheinungsform keine Sache des ganzen Volkes. Das Kriegsglück berührte nur da, wo der Feind in die eigenen Grenzen eindrang, die Einwohner selbst; ihre Stimmung und etwaige Mutlosigkeit aber konnte nicht unmittelbar auf die Armee einwirken, da nur ein sehr loser Zusammenhang zwischen ihr und der Masse des Volkes bestand und der Briefverkehr des Soldaten so gut wie null war. Heute ist das anders. In Millionen von Briefen strömt die Stimmung der heimischen Bevölkerung in die Seele der Truppen hinüber und festigt oder erschüttert ihren Siegeswillen und ihre soldatische Zuversicht.

So ist die heimatliche Bevölkerung in hohem Grade mitverantwortlich für den Geist der Truppen im Felde und damit für die militärische Leistungsfähigkeit des Heeres. Diese Heimatstimmung aber ist ein schwankendes Element, das sowohl erhebend und festigend, als auch schädigend und niederdrückend auf die Truppe wirken kann. Ihre schwankende Wirkung muß daher nach Möglichkeit ausgeschaltet werden. Es ist mit allen Mitteln anzustreben, den Geist des Heeres von derartigen verderblichen Einflüssen unabhängig zu machen, ohne ihm doch die Kraft zu entziehen, die ein heroischer Wille der Heimat ihm mitzuteilen vermag. Dieser aber hängt in hohem Maße ab vom militärischen Erfolge und von dem Maße der Leiden und Entbehrungen, die der Krieg der Bevölkerung auferlegt.

Die edelsten und wahrsten Ideen verlieren ihre Macht über die Menge, sobald sie nicht siegreich fortschreiten und mit einem gewissen Grade von persönlichen Entbehrungen verbunden sind. Dann gewinnen die schlechten Elemente des Volkes, die politischen Hetzer, die die öffentliche Not für persönliche Zwecke ausschlachten wollen, und die Flaumacher, die ihre eigene Feigheit auf die Masse zu übertragen suchen, um ihre Nerven zu beruhigen, nur allzuleicht einen maßgebenden Einfluß, und ihre Lehren überwuchern die Gebote der Pflicht und der Ehre; „denn ein erbärmlicher Wicht ist, wie der Hund, so der Mensch"*). Wie sich dieser Hergang am Ende des Krieges in Deutschland abspielte, ist vor aller Augen.

Der Soldat in des Wortes edelster Bedeutung muß auch vom Erfolge möglichst unabhängig sein. Er darf sich auch durch schwere Mißerfolge in seinem Pflichtgefühl und seinem Siegeswillen nicht erschüttern lassen; ja, er muß wachsen im Unglück wie die Preußen nach Großgörschen und Bautzen.

---

*) Goethe.

Je schwerer die Aufgabe, je größer die Gefahr und vielleicht die Not, desto eisenfester muß der Wille werden, desto größer die Anspannung, desto treuer die Pflichterfüllung. Auch durch körperliche Leiden und Entbehrungen darf der Soldat sich nicht beeinflussen, sich nicht wankend machen lassen in der Erfüllung seiner sittlichen und militärischen Pflicht, wenn sie auch manchmal das Maß des Erträglichen zu übersteigen scheinen. Der Siegeswille muß erhalten werden! Er ist für sich allein eine unerschöpfliche Quelle der Kraft, die zum endlichen Siege führt trotz alles möglichen Unglücks.

Es wird natürlich — wie ja alles Menschliche unvollkommen ist — nicht immer und nicht vollständig möglich sein, diese soldatische Unabhängigkeit zu erreichen, besonders unter den Verhältnissen eines Volkskrieges, wo alle Wehrfähigen aufgeboten werden müssen und es schwer ist, unter den aus den verschiedensten Elementen neugebildeten Regimentern den festen inneren Zusammenhang zu entwickeln, der die Kerntruppe kennzeichnet. Immerhin gibt es Mittel, den Geist der Mannschaft in dem gewollten Sinne zu beeinflussen, wenn sie der Lage und den Umständen entsprechend angewendet werden.

Zunächst und vor allem muß hier die Disziplin genannt werden, d. h. die Gewöhnung der Mannschaften an Zucht, Ordnung, Unterordnung und Gehorsam, die ihnen zur zweiten Natur werden müssen. Sie soll wirken wie eine hypnotische Suggestion, sie muß dem Soldaten sich darstellen als eine unentrinnbare Macht, die wie ein eisernes Gesetz über ihm waltet. Sie wird aber um so unbedingter wirksam sein, wenn in der Seele des Untergebenen sich mit der gewohnheitsmäßigen Unterordnung zugleich das Vertrauen zu dem Vorgesetzten verbindet, die Überzeugung, daß dieser sein bester Freund ist, unausgesetzt für ihn sorgt, ihm überall mit gutem

Beiſpiel vorangeht und in ſchwierigen und gefahrvollen Lagen am beſten zu beurteilen verſteht, was zu tun iſt.

Dieſe beiden Elemente, autoſuggeſtive Unterordnung und unerſchütterliches Vertrauen in den Vorgeſetzten, bilden die Grundlagen der Diſziplin. Sie müſſen der Kitt ſein, der die Truppe auch in den ſchwerſten Lagen zuſammenhält; auf der kameradſchaftlichen Treue der Mannſchaften untereinander und der vertrauensvollen Hingabe an den Führer beruht in letzter Linie die Leiſtungsfähigkeit der Truppe, wenn ſie ſich mit einer angemeſſenen militäriſchen Ausbildung verbindet. Denn neben der Unterordnung und dem Vertrauen zum Führer muß der Soldat, um allen Gefahren trotzen und allen Anforderungen genügen zu können, ſein Handwerk vollſtändig beherrſchen und muß ſich ein gewiſſes, auf den möglichen Kreis ſeiner Tätigkeit bezügliches, taktiſches Urteil angeeignet haben, das ihn befähigt ſelbſtändig zu handeln, wenn ſeine Führer gefallen ſind und er auf die eigene Kraft allein angewieſen iſt, um der Kampfaufgabe gerecht zu werden, die der Augenblick fordert. Aus Können und Urteil erwächſt dann das ſoldatiſche Selbſtbewußtſein, das zu einem mächtigen Hebel der Leiſtungsfähigkeit wird und es auch ſein ſoll.

Wo möglichſt viele ſelbſtbewußte und doch gut diſziplinierte und treue Männer in einer Truppe vereinigt ſind, da ſind die Grundlagen zur höchſten Kraftentfaltung gegeben. Aber dieſe Eigenſchaften genügen noch nicht, um die Truppe gegen die ſchädigenden Einflüſſe der Heimat zu ſchützen. Gewiß wird der Einfluß von Vorgeſetzten, die das Vertrauen der Truppe genießen, auch in dieſer Hinſicht viel vermögen, notwendig aber iſt es trotzdem, daß die Truppe in gewiſſem Sinne innerlich von der Heimat gelöſt wird und ſich im Gegenſatz zu ihr fühlt, trotzdem ſie ein echtes Volksheer iſt.

Es muß sich in ihr ein stolzes soldatisches Standes-
bewußtsein der heimischen Bevölkerung gegenüber entwickeln.
Zu einem solchen ist sie auch vollauf berechtigt. Während in
der Heimat, wo sie nicht vom Kriege unmittelbar berührt
wird, die Bevölkerung nur einige, wenn auch schwere Entbehrungen zu tragen hat, setzt der Soldat sein Leben ein und
trotzt — oft unter den schwersten körperlichen Leiden und
Entbehrungen — unzähligen Gefahren. Er hat seine Fa-
milie oft in Not und Sorge verlassen und liegt einsam im
Felde, im feuchten Graben oder im offenen Trichter, fern
von Freunden und Bekannten, die ihm einen Halt geben
könnten, ihn aber oft genug durch Mutlosigkeit und Über-
treibung ihrer Sorgen quälen und ängstigen. Da hat er
gewiß das Recht, sich als etwas Besonderes zu fühlen, als
der einzige w a h r e V e r t r e t e r des Volkes und des Vaterlandes, und mit Stolz herabzusehen auf die Leute in der
Heimat, die, von ihm beschützt, in Sicherheit wohnen und
dennoch nur allzu oft jammern, stöhnen und nur mit Worten
zahlen, statt mit Taten.

Die Vorgesetzten müssen alles tun, um solches soldatische
Selbstgefühl großzuziehen und der Truppe ihren eigenen
Wert vorzuhalten. Wo es sich um alte berühmte Regimenter
handelt, die eine große Tradition haben, ist dies verhältnismäßig leicht; da kann man an geschichtlichen Ruhm an-
knüpfen. In einem Kriege aber, der, wie der letzte, das
ganze Volk zu den Waffen ruft, der zur Bildung zahlreicher
neuer Regimenter zwingt, der die alten festgefügten Offizierkorps auseinanderreißt und mit jungen und unerfahrenen
Reserveoffizieren auffüllt, der überall die altgewohnte Ordnung stört, alle Truppen in dauerndem Wechsel erhält und
nirgends feste eingelebte höhere Verbände entstehen läßt:
ist das ganz bedeutend schwieriger. Da ist es erforderlich,

daß die höheren Offiziere, die doch alle eine längere aktive Dienstzeit und mit ihr eine reiche Erfahrung hinter sich haben, in unermüdlicher Tätigkeit eingreifen, ihre Untergebenen belehren und ihnen helfen, die Truppe in der richtigen Weise zu beeinflussen.

Von besonderer Wichtigkeit ist es, auch das Unteroffizierkorps zum Träger des soldatischen Geistes zu erziehen. Die entscheidende Persönlichkeit aber ist in jeder Beziehung der Regimentskommandeur. Wie der Kommandeur, so das Regiment: das hat sich auch in diesem Kriege, wo Bataillons- und Kompagnieführer oft unerfahrene jüngere Offiziere waren, überall erwiesen. Die Sorge für das materielle Wohl der Truppe aber kann und muß man auch von den jüngsten Offizieren verlangen. Sie trägt nicht wenig dazu bei, den Vorgesetzten das Vertrauen ihrer Untergebenen zu erwerben. Es ist erstaunlich, in welchem Maße z. B. die Verpflegung auf den Geist der Truppe einwirkt. Das längere Fehlen von Kartoffeln hat wiederholt schädigend auf die Kampffreudigkeit sonst braver Divisionen gewirkt.

Wichtig ist es auch, der Truppe im gegebenen Moment wirkliche gefahrlose Ruhe zu gewähren und nicht das Letzte aus ihr herauszuholen. Wenn man den Bogen in dieser Hinsicht überspannt, kann man auf lange Zeit hinaus eine Truppe kampfunfähig machen, während die im richtigen Augenblick gewährte, wenn auch nur kurze Ruhe häufig Wunder tut und den vollen Kampfwert oft in überraschend kurzer Zeit wiederherstellt. Besonders den höheren Kommandobehörden, die nur allzu leicht dazu kommen, die Divisionen wie Schachfiguren hin und her zu schieben, ist es dringend zu empfehlen, diese psychologischen Momente in vollem Maße zu berücksichtigen. Der Mensch ist nun einmal in seinem sittlichen Verhalten vielfach von seinen körperlichen Zuständen beeinflußt: Hunger, Überanstrengung, dauernder Aufenthalt in beständiger Lebensgefahr und unter der nervenerschütternden Wirkung des Kanonendonners und der rings umher einschlagenden und platzenden Granaten üben eben einen Einfluß aus, der sich nicht ausschalten läßt und schließlich die moralischen Kräfte lähmt.

Schließlich sei noch die Einwirkung erwähnt, die der Heerführer auf die ganze Armee auszuüben vermag. Wie der Geist eines Regiments von dem des Regimentskommandeurs abhängt, so der Geist des Heeres von dem Geist der Führung, der nicht immer im Erfolg zum Ausdruck kommt. Es sind geheimnisvolle Fäden, die aus der Seele des Feldherrn in die Herzen seiner Untergebenen hinüberleiten. Sie lassen sich nicht nachweisen, aber sie wirken mit wunderbarer Macht. Es ist die unbewußte Suggestionskraft eines großen Menschen, die sich darin ausspricht. Dieser geheimnisvolle Einfluß wird zuerst begründet durch den Erfolg, wenn er aber einmal festgewurzelt ist, überdauert er auch schwere Mißerfolge. Friedrich der Große war nach Kollin und Kunersdorf genau so angesehen bei seiner Truppe wie nach seinen ersten glänzenden Siegen, und der Nimbus eines Napoleon, der auf den Schlachtfeldern von 1796 errungen war, hat selbst die Katastrophe von 1812 und die Niederlage bei Leipzig in seinem Heer überdauert.

Auch unter den heutigen Verhältnissen macht sich diese energische Macht der großen Persönlichkeit geltend, aber sie ist nicht mehr so leicht aufrechtzuerhalten wie früher, weil aus der Heimat zu viele verderbliche Einflüsse die Seele des Soldaten mit widersprechenden Gefühlen bestürmen. Hindenburg ist mit der Schlacht von Tannenberg der Heros der Armee geworden trotz aller Siege, die andere Führer erfochten haben, denn der Soldat hat ein außerordentliches, wenn auch halb unbewußtes, Verständnis für die Macht der Persönlichkeit und ihre Leistung. Aber auch an ihn wagen sich heute die gemeine Selbstsucht und der Neid der Heimat heran, suchen seinen Einfluß auf die Truppe zu untergraben und damit einen der Grundpfeiler der militärischen Macht zu erschüttern.

Auch von diesem Gesichtspunkt aus ist es erforderlich, in der Truppe einen soldatischen Korpsgeist zu erziehen, der in den Angriffen auf den Feldherrn einen Angriff auf die Armee selbst empfindet und solche Einflüsse zurückweist.

In den Truppen der vorderen Kampflinien ist das im allgemeinen nicht schwer zu erreichen. Die schädlichen Gesinnungen aber entwickeln sich vorzugsweise im Bereich der rückwärtigen Verbindungen und der Etappe. In den hier verwendeten Truppen dienen meist ältere Leute, die der militärischen Disziplin schon längere Zeit entzogen waren, unter Offizieren, die als weniger frontverwendbar diesen Formationen zugewiesen wurden und nicht immer auf der Höhe ihrer Aufgabe stehen.

Aktive Offiziere, die immer den Kern des ganzen Offizierkorps bilden, sind hier selten, da die wenigen im Frieden für diese Zwecke vorgesehenen nicht entfernt ausreichen, um die zahlreichen Neuformationen auszustatten, die für den Train des Heeres im Mobilmachungsfall aufgestellt werden müssen. So fehlt auf diesem ganzen Gebiete den Führern in sehr vielen Fällen die Gewohnheit der Truppenführung und das Verständnis für die Bedürfnisse ihrer Leute.

Diese Formationen sind infolgedessen oft die Brutstätten der Indisziplin und mit ihr aller schlechten Eigenschaften eines Heeres. Diesen Verhältnissen wird man im Frieden die größte Aufmerksamkeit zuwenden müssen. Es muß viel mehr

als bisher geschehen, um alle diese Führerelemente zu wirklich leistungsfähigen Truppenführern zu erziehen, damit sie
sich die Fähigkeit hierzu nicht erst im Felde selbst anzueignen
brauchen. Denn darüber muß man sich klar sein: wie von
der Disziplin in erster Linie die Leistungsfähigkeit der Truppe
abhängt, so beruht sie selbst auf der Leistungsfähigkeit und
Tüchtigkeit der Führer, vor allem der Offiziere, aber in vielleicht nicht minderem Grade der Unteroffiziere, die das natürliche Bindeglied bilden zwischen der Masse der Mannschaften
und dem Offizierkorps.

Aller dieser Organe verantwortungsvolle Aufgabe aber
ist es, die Grundlagen zu schaffen, auf denen die Kraft eines
Heeres beruht: die unbedingte selbstverständliche Disziplin;
die gute Ausbildung, die aus der bewußten Selbständigkeit
aller einzelnen die Gesamtleistung entwickelt; der echte soldatische Stolz, der aus dem Bewußtsein des eigenen Könnens
und der erfüllten Pflicht erwächst und die Truppe schützt gegen
alle schädigenden Einflüsse, die von außen an sie herantreten;
die Hingabe aller Führer an das Wohl ihrer Untergebenen
und das rückhaltlose Vertrauen dieser letzteren zu ihren Vorgesetzten; endlich die echte Vaterlandsliebe, die die Truppe
befähigt, für große allgemeine Ideen zu kämpfen und sich
selbst freudig zum Opfer zu bringen für König und Vater-
land.

In dieser Hinsicht haben wir einen großen Fehler gemacht, der durch die relative Kürze aller vorhergehenden
Kriege bedingt worden ist: wir haben den Krieg mit einer
Überfülle von Offizieren in den aktiven Formationen begonnen. Sie haben sich alle an die Truppen vorderster Linie
herangedrängt, weil sie glaubten, daß der Krieg wie die
früheren nur kurze Zeit dauern würde und sie auf alle Fälle
dabei sein wollten. In großer Zahl sind sie leider gefallen

und haben uns in den späteren Jahren des Kampfes sehr
gefehlt.

In künftigen Kriegen wird man in dieser Hinsicht vor-
sichtiger sein müssen und gleich von Anfang an zu einer Maßregel greifen, zu der man leider zu spät gekommen ist: zur
Bildung einer Führerreserve. Man wird damit in den ersten
Anfängen des Krieges unendlich viel unnütz vergossenes Blut
sparen, ohne mit der frischen Truppe Geringeres als früher
zu erzielen; und man wird später über ein so viel besseres
und leistungsfähigeres Offizierkorps verfügen. Dann wird
es auch leichter sein als bisher, den Geist der Truppe und das
in ihr, selbst bei der Etappe, zu erhalten, was alles übrige
zusammenfaßt und allein zum dauernden Erfolge führen
kann: den unbedingten Siegeswillen, der alle einzelnen
beseelt.

6. Einfluß der Politik und der Wirtschaftslage.

Der Krieg, wie man ihn heute führt, wird aber nicht nur mit den Waffen allein ausgefochten, sondern die Politik und jedenfalls die Wirtschaftslage sprechen in höherem Grade mit als bei den Kriegen vergangener Tage. Die Politik hat allerdings schon früher ihren Einfluß in gleichem Sinne wie heute geltend gemacht, und indirekt hat auch die Wirtschaftslage vielfach mitgesprochen; heute aber werden beide bewußt als direkte Kriegsmittel angewendet; wenigstens von unseren Gegnern ist das geschehen, leider nicht auch von unserer Seite. Der Feind hat nicht nur versucht, uns auszuhungern, sondern er hat auch bei uns im Innern nach Kräften gewühlt und alle Minen springen lassen, um uns neue Gegner entstehen zu lassen.

Wir haben uns das allem Anschein nach jahrelang gefallen lassen, ohne uns auch nur im geringsten nach Hilfe umzuschauen. Haben wir aber gewußt oder auch nur für möglich gehalten, was uns bevorstand, dann ist unsere Politik noch härter zu beurteilen wie sonst. Jedenfalls haben wir uns vollständig hinters Licht führen lassen. Ruhig haben wir zugesehen, wie uns Italien abspenstig gemacht wurde; ohne Arg haben wir es hingenommen, daß England, Frankreich und Rußland sich gegen uns verbündeten und Nordamerika auf die Seite des Feindes hinüberschwenkte. Die Haltbarkeit des Dreibundes, den inneren Zusammenhang Österreichs, die Widerstandskraft der Türkei und Bulgariens haben wir völlig überschätzt. Nichts haben wir schon vor dem Kriege getan, um uns die beiden letztgenannten Staaten zu sichern. Ohne uns um das Getriebe der anderen Völker zu kümmern, um ihre geradezu fieberhafte Tätigkeit, haben wir ruhig unsere Friedenspolitik fortgeführt in dem durch nichts gerechtfertigten Vertrauen, daß es gelingen werde, mit England ein friedliches Übereinkommen zu treffen und dadurch den Frieden in Europa aufrechtzuerhalten.

An Amerika haben wir anfangs überhaupt nicht gedacht. Durch unser fortgesetztes Nachgeben haben wir die Gegner an unsere Schwäche glauben lassen und den Krieg erst recht befördert, statt ihn zu verhüten. Als dann die Möglichkeit gegeben war, uns mit Rußland zu einigen, noch bevor dort die Revolution ausgebrochen war, haben wir das in völliger Verkennung unserer Siegesmöglichkeiten abgelehnt. So haben wir zwar vor dem Urteil der Geschichte den Ruhm davongetragen, eine durchaus ehrliche Politik zu treiben und den ethischen Lehren des Christentums nachzukommen: in der politischen Welt aber sind wir ungeheuer betrogen worden.

Auch in der inneren Politik haben wir uns verrechnet. Notwendigen Fortschritt haben wir für nichts geachtet; dem deutschen Volke haben wir eine Widerstandskraft zugetraut, die es tatsächlich nicht hatte, und die umstürzlerischen Elemente, die in ihm wirksam waren, haben wir bis zuletzt unterschätzt. So sind wir ohne jede politische Vorbereitung in den Krieg hineingetaumelt. Bismarck würde sich im Grabe umdrehen, wenn er diesen Mangel an Voraussicht sehen könnte. Eine Ideenarmut sondergleichen hat sich in unserer Politik offenbart.

Wirtschaftlich aber haben wir ebenso unbedacht gehandelt. Mit keinem Gedanken haben wir uns auf den kommenden Krieg vorbereitet; nicht einmal unsere auswärts befindlichen Schiffe haben wir rechtzeitig benachrichtigt, wie das schon angedeutet worden ist, geschweige denn, daß wir Vor-

räte angesammelt und unsere Landwirtschaft entsprechend ein=
gestellt hätten! Wir sind auch in dieser Hinsicht völlig über=
rascht worden.

So ist es denn dringend geboten, angesichts der er=
wiesenen Unzulänglichkeit unserer Diplomatie, die Gesetze zu
untersuchen, nach denen diese und die Kriegskunst verfahren
müssen, wenn ein Staat im Kreise der übrigen seine Stellung
behaupten will. Ebenso wichtig aber ist es, die wirtschaftliche
Lage ins Auge zu fassen, soweit sie durch einen Krieg beein=
flußt werden kann.

Wer einen großen Staat verantwortlich zu leiten hat,
muß zunächst genau wissen, was er selber will und was die
anderen Staaten wollen. Er muß das rein sachlich und nicht
nach vorgefaßten Wünschen und Ansichten beurteilen, sowie
die Mittel richtig einschätzen, die ihm selbst zur Verfügung
stehen, und die Hilfsquellen, über die die anderen Staaten
verfügen. Vor allem wird er dabei die militärischen
Kräfte ins Auge fassen müssen, denn von der militärischen
Leistungsfähigkeit der Staaten hängt ihre politische Bedeu=
tung unbedingt ab.

Es ist ein gewöhnlicher, nur allzuoft auftretender Irr=
tum, anzunehmen, daß die Politik an und für sich etwas
durchsetzen könnte, daß sie eine selbständige Macht sei. S i e
k a n n i n W i r k l i c h k e i t n u r e t w a s e r r e i c h e n ,
w e n n s i e e i n e K r a f t e i n s e t z e n k a n n , d e r e n
W i r k u n g d e r f e i n d l i c h e S t a a t f ü r c h t e t. Der
Umstand, daß sie manchmal Dinge erreicht, denen die reale
Macht nicht entspricht, ist lediglich dem zuzuschreiben, daß der
Gegner sich entweder über diese täuscht, oder daß er selbst die
Sache, um die es sich handelt, eines Krieges nicht wert hält.

Die Kunst der Diplomatie aber besteht hauptsächlich darin,
indem man die eigenen Interessen wahrt, diese Täuschung zu

erwecken oder die eigene Macht richtig zu verwenden. Dabei
ist es gleichgültig, ob es sich um diese handelt oder um die
eines anderen Staates, dessen Eingreifen gefürchtet oder
angedroht wird. Daher die Täuschung der Diplomatie,
die als Erfolg ihrer eigenen Mittel ansieht, was lediglich auf einem Irrtum oder einem Nichtwollen des Gegners
beruht. Daher aber auch ihr Streben, diesen Irrtum hervor-
zubringen. Darüber muß man sich völlig klar sein; dann
wird es oft gelingen, mit den Nachbarstaaten eine Einigung
zu erzielen. Wenn man aber diesen Gesichtspunkt nicht fest-
hält und es tatsächlich nicht gelingt, den Gegner über die
realen Machtverhältnisse zu täuschen, wird man sich oft ganz
überraschend einem Kriege gegenüber sehen, wie es Deutschland bei Beginn des Weltkrieges ergangen ist. Bevor man
ein politisches Spiel beginnt, muß man sich daher die Frage
vorlegen, ob man im Notfall gewillt und bereit ist, mit den
Waffen für das einzutreten, was man erstrebt. Wenn das
nicht der Fall ist, oder wenn sich während der Aktion die
Lage zugunsten des Gegners ändert, muß man einlenken und
retten, was zu retten ist.

Das ist das allgemeine Prinzip und nur scheinbar unsittlich. Allerdings läuft es zunächst, wenn man nicht von
vornherein überlegene Kräfte hinter sich hat, auf Täuschung
des Gegners oder einen Präventivkrieg hinaus, aber beides
ist berechtigt. Die erste Pflicht, die man zu erfüllen hat, ist die
Pflicht gegen die Volksgenossen. Das muß man sich immer
gegenwärtig halten. Die geforderte Täuschung nun kann
man hervorrufen, ohne ein unwahres Wort zu sagen. Darin
besteht eben die Kunst der Diplomatie, das fertigzubringen.
Fürst Bismarck hat diese Kunst verstanden. Darum steht er
auch unerreicht da in der Reihe der großen Diplomaten, und
niemandem fällt es ein sein Handeln als unsittlich zu be-

zeichnen. Auch ein Präventivkrieg ist gerechtfertigt, denn die Opfer, die ein Krieg verlangt, d e r   d o c h   n i c h t   z u v e r m e i d e n   w a r , weil ihn die Gegner w o l l t e n , sind für nichts zu achten denen gegenüber, die gefordert werden müssen, wenn ein solcher Krieg verloren geht. Das wenig-stens hat der Weltkrieg uns zur Genüge bewiesen.

Fürst Bismarck hat sich in seinen „Gedanken und Er-innerungen" allerdings gegen jeden Präventivkrieg aus-gesprochen; dieses Buch aber hat er in seinem Alter ge-schrieben und gehandelt hat er im geraden Gegensatz zu dieser Lehre; ja, seine eigentliche Größe ist in diesem Gegensatz ent-standen. Man darf sich also nicht scheuen, zwischen dem alternden Bismarck und dem Manne der Tat zu unterscheiden; nur was der letztere getan hat, gilt für des großen Mannes Nachfolger.

Übrigens wird vieles auf diplomatischem Wege auch des-halb erreicht, weil die Kräfte tatsächlich gleich sind. Dann fällt der Erfolg natürlich dem zu, der die seinigen am besten geltend zu machen versteht. Immer aber ist die reale Macht im Hintergrunde und wird hinzugedacht. „Verhandlungen ohne Waffen, sind wie Noten ohne Instrumente", sagt Fried-rich der Große, und er hat zweifellos recht. So dreht sich das Spiel der diplomatischen Kunst immer um die reale oder scheinbare Macht, und wer da glaubt, mit bürgerlichen Idealen etwas zu erreichen, der wird sich über kurz oder lang bitter enttäuscht sehen. Der Mensch im Durchschnitt ist seiner Natur nach auf den eigenen Vorteil bedacht und denkt gar nicht daran, irgend etwas aufzugeben, nur weil es an sich recht ist oder einem anderen zum Vorteil gereichen kann. Auch das hat der Weltkrieg in seinen Folgeerscheinungen bewiesen, und zwar in einer Weise, daß es geradezu als ein Verbrechen bezeichnet werden muß, anders zu denken.

Der Krieg ist eben nur eine Fortsetzung der Politik mit anderen Mitteln. Immer kommt es einzig auf ein Abwägen der wirklichen oder scheinbaren Hilfsmittel, der eigenen und der des Gegners, an, auf eine Täuschung des Gegenspielers oder darauf, durch raschen Beginn oder Androhen des Krieges dem letzteren das abgekartete Spiel zu verderben und das eigene zu gewinnen. Für Edelmut ist in diesem Spiel kein Platz, und ein solcher würde sogar ein Verbrechen gegen das eigene Volk sein. Wo die Geltendmachung der realen Macht nicht ausreicht, oder wo die Täuschung in bezug auf sie nicht gelingt, da muß eben der Krieg selbst eintreten, wenn man seinen Zweck erreichen will, und es entsteht die Frage, wie sich die Diplomatie zum Kriege verhält, wenn man an diesen letzteren appellieren muß — an die ultima ratio regis.

Es ist an und für sich verständlich, daß man sich bei jeder politischen Frage darüber klar wird, ob möglicherweise ein Krieg in Aussicht steht, wenn es nicht gelingt, die fragliche Angelegenheit in friedlicher Weise in einer Art zu regeln, die den eigenen Interessen entspricht; ob man gewillt ist, mit den Waffen dafür einzutreten; ob man der ganzen Angelegenheit einen Wert beimißt, der dieses Äußerste notwendig macht, oder ob man den Gegner entschlossen glaubt, in gleicher Weise zu verfahren. In solchem Falle wird man sich politisch auf den Krieg vorbereiten müssen, wenn möglich, ohne daß der Gegner es merkt.

Die militärischen Maßregeln, die man zu treffen für nötig hält, und die der Größe des politischen Zwecks entsprechen müssen, wird man allerdings nicht verbergen können, wohl aber die politischen. Auf alle Fälle ist es geboten, in bezug auf die ersteren jede Halbheit zu vermeiden und den Gegner nicht im Zweifel darüber zu lassen, daß man entschlossen ist, im Notfall auch das Äußerste daranzusetzen. Die beiden letzten Heeresvorlagen, die in Deutschland vor dem Kriege eingebracht wurden, waren halbe Maßregeln, die dem Gegner keinerlei Besorgnis einflößen konnten, und klar als solche zu erkennen, auf die das Sprichwort paßt: Wasch' mir den Pelz und mach mich nicht naß. Das ist der damaligen Regierung auch deutlich genug gesagt worden, ohne daß etwas anderes damit erreicht worden wäre, als daß jede weitere derartige Äußerung unterbunden wurde.

Während demnach die militärische Vorbereitung mit offenkundiger Energie betrieben werden muß, eben weil jede Halbheit in dieser Hinsicht nur geeignet ist, dem Feinde Mut zu machen, muß die politische Vorbereitung vollständig im Verborgenen arbeiten, wie es unsere Gegner zu tun versucht haben, allerdings ohne durchschlagenden Erfolg für jeden, der sehen wollte. Freilich konnte man nicht genau wissen, was eigentlich geplant war; aber man konnte doch beurteilen, daß es sich ernstlich um ein allgemeines Vorgehen gegen Deutschland handelte. Unter diesen Umständen wäre es geboten gewesen, den Krieg wenigstens als Möglichkeit ins Auge zu fassen und dementsprechend zu handeln. Der Krieg muß nicht nur militärisch, sondern auch durch Bündnisse vorbereitet werden. Auch muß man einzelne Staaten durch Konzessionen, die man ihnen heimlich macht, zu verhindern suchen, an dem möglicherweise kommenden Kriege teilzunehmen. So mußte Deutschland in dem vorliegenden Fall mit der Türkei und Bulgarien Bündnisse schließen, die niemand anders zu kennen brauchte; so mußte man versuchen, sich mit Nordamerika zu einigen, was wohl nicht unmöglich gewesen wäre. Auch mit Japan, Italien und Rumänien war in ähnlicher Weise zu verfahren.

Auch andere politische Mittel waren natürlich anwendbar, die hier aus Unkenntnis der Gesamtlage nicht beurteilt werden können. Im Notfall aber wird man sich zum Präventivkrieg entschließen müssen, wenn ohne einen solchen die ganze Existenz des Staates gefährdet erscheint.

Wenn demnach, falls ein Krieg überhaupt eintreten kann, alles geschehen muß, um ihn möglichst vorteilhaft vorzubereiten, oder man sich darüber klar sein muß, daß man ganz zurückweichen will, falls es nicht gelingt, den Gegner über die Machtverhältnisse zu täuschen, ist die Aufgabe der Diplomatie eine ganz andere, sobald der Krieg wirklich ausgebrochen ist. Die Aufgabe, andere Staaten an der Teilnahme zu verhindern, bleibt zwar bestehen, und man wird ihnen Konzessionen machen, die dem Zuwachs an militärischer Macht entsprechen, die dem Gegner aus der Teilnahme des betreffenden Staates erwachsen würden. Auch das wird jedoch nur im Einverständnis mit der Heeresleitung geschehen dürfen. Im übrigen aber hat die Diplomatie lediglich die Aufgabe, die Kriegführung möglichst zu unterstützen, und zwar mit ihrem eigenen Einverständnis. Sie muß sich völlig den Wünschen dieser fügen und ganz darauf verzichten, ohne Rücksicht auf sie irgend etwas zu unternehmen. Das ist zwar immer nötig in bezug auf Angelegenheiten, die vielleicht zum Kriege führen — denn die Staatskunst muß immer im richtigen Verhältnis zur militärischen Macht stehen —: aber ein Verstoß gegen diese Regel macht sich nirgends so unmittelbar und fast sofort geltend wie im Kriege selbst. Da folgt auf den politischen Fehler sofort die militärische Strafe. Die Staatskunst muß sich daher darauf beschränken, dem militärischen Erfolge vorzuarbeiten oder ihn auszunutzen, und zwar nach Weisungen, die von m i l i t ä r i s c h e r Seite auszugehen haben. Wo das letzte nämlich n i c h t der Fall ist, da könnten militärische und politische Mittel wohl den gleichen Zweck verfolgen, aber dennoch in ganz verschiedenem Geiste angewendet werden, und das dürfte dann auch zu einem ganz verschiedenen Endziel führen.

Wo es irgend möglich ist, müssen daher die politische und die militärische Leitung in einer Hand ruhen; dazu müssen aber militärische und politische Eigenschaften in e i n e m Manne vereinigt sein. Bei Friedrich dem Großen war das der Fall; er wußte die politischen und die militärischen Einflüsse auf die Kriegshandlung in wunderbarem Einklang zu halten. Das geht aus dem Studium der friderizianischen Kriege unmittelbar hervor, wenn davon auch kein Wort in der vom Generalstab herausgegebenen offiziellen Geschichte dieser Kriege steht, die den politischen Teil der friderizianischen Kriegführung völlig übersieht und so tut, als ob alles Handeln des Königs auf rein militärische Erfolge und Überlegungen zurückzuführen sei. Das gleiche wie dem großen Könige ist aber nicht jedem gegeben. Wo das also nicht der Fall ist, da muß die Regierungsgewalt — in dem alten Preußen also der König — zurückzustehen wissen und die Entscheidung darüber, was zu tun ist, dem Leiter der m i l i - t ä r i s c h e n Handlungen überlassen. Diesem hat sich der Staatsmann unbedingt zu fügen; denn der Einklang der politischen und der militärischen Handlungen ist die Hauptsache, auf die es ankommt, und die militärischen Forderungen bedingen die politischen. Der Leiter der militärischen Aktion muß dementsprechend ausgesucht sein; wo das aber nicht der Fall sein kann, ist es immer noch besser, daß ein weniger Sachverständiger die Politik in ihren großen Zügen leitet, als daß Staats- und Kriegskunst sich entgegenarbeiten.

Solange der Krieg im Gange und keine Aussicht auf einen angemessenen Frieden vorhanden ist, darf daher lediglich der militärische Erfolg angestrebt werden, und alles andere hat sich diesem Streben zu fügen; ist aber ein Frieden

in Sicht, so hat ebenfalls allein der Soldat darüber zu entscheiden, ob es angebracht ist, einen solchen durch Steigerung
der militärischen Erfolge zu erreichen, oder ob es angezeigt
erscheint, ihn auf diplomatischem Wege, d. h. durch Konzessionen, zu erreichen. Nur der Soldat vermag das zu beurteilen. Das Unglück Deutschlands ist nicht zum geringsten
darauf zurückzuführen, daß man diese sehr einfachen Regeln
nicht befolgt hat.

Dabei ist es ein durchaus törichtes Verlangen, daß die
Staatskunst stets mit offenen Karten spielen solle. Gerade-
so gut könnte man fordern, daß der leitende Stratege dem
Feinde immer vorher mitzuteilen habe, welche Operationen
seinerseits beabsichtigt sind. Es ist selbstverständlich, daß die
Diplomatie geheim verfährt; abgesehen von den sachlichen
Gründen, die dafür sprechen, einfach deswegen, weil man im
entgegengesetzten Falle — wenn man also alle diplomatischen
Abmachungen ö f f e n t l i c h treffen wollte — niemals sicher
sein könnte, daß der oder die Gegner ebenso ehrlich verfahren
wie man selbst. Das wenigstens müßten wir aus unserem
Zusammenbruch gelernt haben. Der Gegner hat seine Karten
bis zum heutigen Tage nicht aufgedeckt; wir Deutschen aber
setzen unsere Ehre darein, ihm nichts zu verheimlichen. Mit
diesem Prinzip müssen wir brechen, wenn wir in Zukunft noch
etwas in der Welt bedeuten wollen. So viel Vertrauen zu
einer v e r s t ä n d i g e n Regierung muß und kann man verlangen, daß das Volk diese selbstverständliche Folgerung
zieht und die Ergebnisse der geheimen Staatskunst auf sich
nimmt.

Man hofft dadurch, daß man jede geheime Diplomatie
zu unterbinden sucht, das sogenannte Volk gegen Kriegsfälle
sicherzustellen, die es als Ganzes nicht vorausgesehen hat,
aber man übersieht völlig, daß man sich dadurch bloß in das

eigene Fleisch schneidet. Man sichert sich offenbar gegen gar nichts, sondern läßt nur dem Gegner völlig freie Hand.

Auch in der inneren Politik darf man sich keinen Illusionen hingeben. Man muß genau wissen, was man dem eigenen Volke zumuten darf und was über seine Kräfte hinausgeht. Man muß sich darüber klar sein, daß die große Masse niemals das Wohl des Ganzen folgerichtig im Auge hat, daß sie wohl der augenblicklichen Begeisterung für ideale Zwecke fähig, aber niemals imstande ist, solche mit zielbewußter Energie festzuhalten; daß sie wohl gewisse Opfer zu bringen bereit ist, daß sie aber im allgemeinen doch nur das eigene materielle Wohlleben im Auge hat. Der Staatsmann, der das Heil des Ganzen bezweckt, wird von der großen Masse nicht verstanden und muß daher unter Umständen zu Gewaltmaßregeln greifen, um seinen Willen durchzusetzen. Dazu gehört ein hoher Grad von Pflichtgefühl und — Tatkraft, und nur der Erfolg kann eine scheinbar unverantwortliche Handlungsweise rechtfertigen. So sind die französischen Machthaber gewaltsam eingeschritten, als etwa 75 Regimenter meuterten, und dennoch hat sich ihre Handlungsweise auf die Dauer als richtig für das Wohl des Ganzen erwiesen. Zwar weiß ich so gut wie jeder andere, daß es sich bei der ganzen französischen Politik vor allem um die Interessen der großen Geldmagnaten handelte; in diesem Falle aber — nachdem der Krieg einmal begonnen hatte — deckten sich diese Interessen mit denen der ganzen Nation.

Der Staatsleiter muß also den Mut haben, unter Umständen gegen das eigene Volk rücksichtslos aufzutreten. Um das aber zu können, muß er genau darüber unterrichtet sein, was in dem Schoße dieses Volkes vorgeht, damit er rechtzeitig einschreiten und die Rädelsführer, die bei solcher Gelegenheit niemals fehlen, rechtzeitig unschädlich machen kann.

Über die inneren Verhältnisse also muß er ebenso unterrichtet sein wie über die geheimen Absichten und die Hilfsmittel der Nachbarstaaten, und erst der Mut, den er gegen die eigene Nation bezeigt, läßt in ihm den wahrhaft großen Staatsmann erkennen.

Ganz ähnlich liegen die Dinge in bezug auf die wirtschaftliche Lage. Auch hier wird es unter Umständen notwendig sein, gewaltsam vorzugehen. Man kann selbstverständlich nicht fortdauernd auf alle möglichen kriegerischen Fälle vorbereitet sein; aber man kann und muß das Wahrscheinliche entschlossen ins Auge fassen, ohne sich auf die Ehrlichkeit der Feinde zu verlassen. Wie fehlerhaft es ist, das letztere zu tun, das können wir jetzt an dem Verhalten unserer Gegner sehen, die gar nicht daran denken, sich an ihre eigenen Aussprüche zu halten; wie töricht es ist, überhaupt auf die Ehrlichkeit und die Begeisterung der Menschen zu rechnen, vermögen wir an unseren eigenen inneren Zuständen zu erkennen. Es ist noch niemals so viel gestohlen und so viel getanzt worden wie jetzt, trotz des großen nationalen Unglücks.

Natürlich kommt es bei allen zu ergreifenden Maßregeln darauf an, ob ein Land ganz oder teilweise von der Außenwelt abgesperrt werden kann oder nicht. Bei Deutschland ist das allem Anschein nach der Fall. Wenn Italien, Frankreich und Rußland ihre Grenzen schließen, die Neutralen des Nordens unter dem Machtgebot Englands stehen und im Osten die Wegelosigkeit der Türkei und der beherrschende Einfluß Englands jede Zufuhr abschneiden, dann ist Deutschland auf seine eigenen Hilfsmittel angewiesen, denn selbstverständlich können dann auch seine Handelsschiffe nicht fahren. Anders liegt die Sache mit England. Die Zufuhr dorthin ist ebenso wie nach Frankreich frei. Dafür versorgt es die halbe Welt mit Kohlen, während Frankreich hauptsächlich mit der Einfuhr zu rechnen hat. Gegen beide Staaten spricht der Unterseebootkrieg mit, der Einfuhr und Ausfuhr von Kohlen wenigstens zu einem großen Teil verhindern kann. Das gleiche ist mit Italien der Fall, das mit seinem Lebensunterhalt wie mit seinen Kohlen auf die Einfuhr angewiesen ist und ohne sie überhaupt nicht leben kann. Nach diesen Gesichtspunkten müssen die genannten Staaten verfahren, wenn ein Krieg in Aussicht steht. Rußland anderseits kann von Asien überhaupt nicht abgeschnitten, wohl aber kann sein Weltverkehr unterbunden werden, der hauptsächlich von der Ostsee ausgeht; die Türkei endlich und Griechenland sind so gut wie ganz abhängig von England, das die Straßen durch das Mittelmeer und nach dem Inneren Asiens in absehbarer Zeit immer beherrschen wird.

Die Staaten, die mehr oder weniger von Einfuhr leben, werden demnach alles daransetzen müssen, um diese gegen die U-Boote zu sichern; Deutschland aber wird außerdem, eben weil es von jedem Seeverkehr abgeschnitten werden kann, bei der Aussicht auf einen Krieg auch noch eine Menge Dinge einführen müssen, die im Lande selbst nicht hervorgebracht werden, und wird seine ganze Landwirtschaft entsprechend einstellen müssen. Es soll hier nicht auseinander-gesetzt werden, welche Dinge anzubauen sind und welche nicht. Sache der Regierung im Verein mit den Landwirten ist es, das zu erörtern, und der Weltkrieg selbst hat die nötigen Fingerzeige dafür gegeben; hier soll nur darauf hingewiesen werden, daß für die nötigen Lebensmittel und die unentbehrlichsten Rohstoffe zu sorgen ist. Im übrigen muß die Politik versuchen, die Handelswege offenzuhalten, was lediglich durch eine volle Umgestaltung der jetzigen Bündnisverhältnisse denkbar ist. Auch dafür wird sich mit der Zeit die Möglichkeit ergeben. Endlich muß trotz der jetzigen Friedensbedingungen die U-Bootwaffe nach Möglichkeit entwickelt werden. Daß das und der Ausbau des Heeres durchzuführen ist, beweisen die Jahre, die auf 1806 folgten, wo selbst unter den Augen der französischen Garnisonen statt der gestatteten 42 000 Mann 200 000 ausgebildet wurden.

Das Beispiel beweist von neuem, wie so manches andere, daß jede Politik, die etwas erreichen will, eine fortwährend sozusagen offensive sein muß. Sie soll selbstverständlich nicht immer einen Krieg erstreben, sie muß im Gegenteil die Aufrechterhaltung des Friedens niemals aus den Augen verlieren, aber sie muß stets eine aktive sein, stets etwas wollen und erstreben, wenn sie nicht unter die Räder kommen will.

Die Politik steht damit unter dem gleichen Gesetze wie der Krieg: Niemals darf man die Initiative verlieren, niemals darf man den anderen Mitspielern vollkommen freie Hand lassen in ihren Bestrebungen; immer wird man mit einer eigenen Absicht dazwischen fahren und die Absichten der Gegenspieler durchkreuzen müssen. Also Behauptung der Initiative ist in der Politik die hauptsächlichste Regel, und das gleiche gilt von der Staatswirtschaft. Immer muß man auf alle Möglichkeiten vorbereitet sein, niemals darf man sich überraschen lassen. „Toujours en vedette" ist auch hier die Regel.

Es wäre allerdings ein großer Fehler, wenn man den Handel dauernd durch Kriegsangst beunruhigen, bei jeder Möglichkeit eines Krieges z. B. alle unsere Handelsschiffe zurückrufen wollte; das hieße einer Mutmaßung wegen die Gegenwart opfern; wohl aber muß man selber wissen, was man will, wie ich schon am Anfang dieser Erörterung auseinandersetzte. Man muß sich von vornherein klar sein, ob man es auf einen Krieg ankommen lassen will; man muß im voraus berechnen, ob der Einsatz für den Gegner groß genug ist, um seinetwegen einen Krieg zu riskieren; und wenn man nach alledem einen Krieg für wahrscheinlich hält, dann muß man auch den Mut haben, sowohl in der Politik wie auch in der wirtschaftlichen Gebarung des Staates die nötigen Maßregeln zu ergreifen; d. h. also in der Politik die letzte Hand an die Kriegsvorbereitungen zu legen und im Notfall zum Präventivkrieg zu schreiten, in der Wirtschaftspolitik aber ähnlich zu verfahren, und zwar rechtzeitig und so, daß es der Gegner womöglich nicht merkt.

Die Vorräte im Lande müssen ergänzt und auf lange Zeit sichergestellt werden; die Schiffe, die in auswärtigen Häfen liegen, müssen zurückgerufen, der Landwirtschaft die erforderlichen Weisungen erteilt werden. Man sieht, daß man frühzeitig mit den Vorarbeiten beginnen muß, wenn man sich vom Feinde unbemerkt und rechtzeitig auf den Krieg einstellen will, und daß es unmöglich ist, das Erforderliche öffentlich oder aus der Hinterhand zu tun. Läßt man sich d a r a u f ein, wird man immer zu spät kommen. Man darf sich also nicht scheuen, einen Krieg heimlich vorzubereiten und ihn selbst zu beginnen. Die wahre Verantwortung trägt immer nur der, der die Aufrechterhaltung des Friedens unmöglich macht. Man darf sich nicht durch scheinbar ideale Gründe irremachen lassen, die von der großen Masse gebilligt werden. Die größte Grausamkeit gegen das eigene Volk ist darin zu sehen, daß man nicht den Mut hat, einen notwendigen Krieg zu beginnen, bleibende Interessen opfert, um den Frieden zu erhalten, und das Wohl des ganzen Staates preisgibt, um ein Gut zu erringen, das doch nicht zu erreichen ist.

Wer Politik treibt, und zwar Politik im weitesten Sinne, d. h. wer verantwortlich ist für das Gedeihen des ganzen

Staates in seinen Wechselbeziehungen zu den anderen maßgebenden Völkern, der muß verstehen, die Initiative nach
jeder Richtung in der eigenen starken Hand zu behalten: das
ist in der Politik wie in der Wirtschaftsgebarung das oberste
und wichtigste Gesetz. Noch eines aber wird er berücksichtigen
müssen: den Zustand der militärischen Macht. Ist die Politik
von dieser letzteren in allen Stücken abhängig, so wird es vor
allem darauf ankommen, sie nach Möglichkeit zu entwickeln
und so die Aussichten der Politik zu erweitern. Wenn diese
also stets die Initiative behaupten soll, muß sie sich darüber
klar sein, daß sie das nur im Verhältnis zur militärischen
Macht tun kann. Diese letztere nach Möglichkeit zu entwickeln,
ist also die Hauptaufgabe des Staatsmanns. Unsere Gegner
haben das in vollem Maße erkannt.

7. Die allgemeine Verteilung der Truppen.

Indem wir zuletzt den Einfluß der Politik und der Volkswirtschaft auf die Entstehung und den Gang der Kriegshandlung besprachen, haben wir den ganzen Kreis der Dinge durchlaufen, die auf die militärischen Operationen und die taktischen Leistungen der Truppe von Einfluß sein können. Es wird jetzt darauf ankommen, zu ermitteln und festzustellen, wie die Armeen auf dem oder den Kriegsschauplätzen zu verteilen sind, damit sie zu der größtmöglichen Leistungsfähigkeit gebracht werden können.

Maßgebend ist zunächst der allgemeine Kriegsplan. Die Truppen müssen so verteilt sein, daß an irgendeiner Stelle ein Schwerpunkt entsteht. Diesen zu wählen, ist Sache des Feldherrn. Er muß so bestimmt sein, daß sich aus ihm — wenn Zeit und Raum richtig veranschlagt werden — eine siegreiche Kriegführung entwickeln muß. So hatte man bei Beginn des Krieges deutscherseits genialerweise an der russischen Grenze nur vier Armeekorps, abgesehen von den örtlichen Truppen, aufgestellt, weil man auf die Langsamkeit der russischen Mobilmachung rechnete. Nur die deutsche Diplomatie, die auch in diesem Falle die Heeresleitung falsch unterrichtete, hat diese Rechnung als falsch erwiesen. Man fand dann nicht den Mut, nach rein militärischen Gesichtspunkten zu handeln und Ostpreußen eine Zeitlang dem Feinde preiszugeben; sondern man warf lieber eine Anzahl Armeekorps vom westlichen auf den östlichen Kriegsschauplatz und gab damit den Sieg im großen aus der Hand, um eine Provinz zu retten.

Ich habe — wenn ich nicht irre — schon einmal auf dieses Beispiel hingewiesen und dabei betont, daß mir eine

Kritik der Heeresleitung fern läge, weil ich die Dinge nicht genügend übersehen kann; lehrreich aber ist das Beispiel auch hier insofern, als es erkennen läßt, wie schwer es ist, einen Gedanken folgerichtig durchzuführen, sich durch kein momentanes Mißgeschick an ihm irremachen zu lassen und ihn dennoch rechtzeitig aufzugeben. Besonders für einen König ist der Entschluß schwer, eine reiche Provinz dem Feinde preiszugeben. Das muß natürlich berücksichtigt werden; aber von einem wirklichen Feldherrn verlangt man einen Mut der Verantwortung, der sich von solchen Herzensbedenken nicht beeinflussen läßt. In Deutschland war ein solcher damals nicht an der Spitze der Heeresleitung, und der, der die Kriegshandlung verantwortlich leitete, war ein kranker Mann.

Da der Krieg nur offensiv geführt werden kann, die Offensive also die ganze Kriegshandlung bestimmt, muß sie natürlich bei der Verteilung der Truppen besonders berücksichtigt werden. Daneben aber muß die Verteidigung auch zu ihrem Recht kommen, wenn möglich so, daß die Maßregeln, die durch sie bedingt werden, die gleichen sind, die auch für den Angriff dienlich sein können. Wo aber ein Widerspruch zwischen beiden sich geltend macht, da hat überall die für den Angriff nötige Anordnung den Vorzug. Dieser Satz gilt als allgemeine Grundregel sowohl für den Stellungs- als auch für den Bewegungskrieg.

Auch hat sich die Division als die Einheit erwiesen, die, wenn irgend möglich, nicht zerrissen werden darf, als die eigentliche Einheit des Krieges. Im Bewegungskriege erscheint als solche zwar das Korps. Es bleibt im allgemeinen zusammen, solange die Aktion im Gange ist. Auf dem gleichen oder auf einen anderen Kriegsschauplatz verschoben werden aber nur Divisionen, während die Armee-

korps bodenständig bleiben. Die Korps also wechseln fortdauernd ihre Divisionen. Der Einfluß des Korpsführers auf
die Mannschaften wird dadurch fast ganz illusorisch, während
der Divisionskommandeur die eigentlich verantwortliche
Persönlichkeit ist. Das hat sich als praktisch erwiesen.
Besonders scharf tritt das im Stellungskriege hervor,
weniger, wie gesagt, im Bewegungskriege. So sehen wir
denn auch im ersteren die Divisionen fortwährend in
Bewegung, während in letzterem eine größere Stetigkeit der
Verhältnisse zu finden ist. Das liegt in den Umständen begründet. Im Stellungskrieg müssen die kampfkräftigen Divisionen immer an den Teil der Kampflinie geschoben werden,
der am meisten vom Feinde bedroht ist; während die ab-
gekämpften Truppen an die ungefährlichsten Stellen verteilt
werden oder in Ruhe kommen. Im Bewegungskriege bleibt
die Verteilung im allgemeinen dauernd bestehen, bis aus
dem einen oder dem anderen Grunde wieder zum Stellungskrieg übergegangen wird. Die nächsthöhere Einheit ist die
Armee, die im allgemeinen aus drei bis sechs Korps besteht;
mehrere Armeen bilden das Heer.

Was nun den Bewegungskrieg selbst anbetrifft, gelten
für ihn im allgemeinen — wenigstens strategisch — die
gleichen Gesetze wie für den früheren Krieg, denn auf einen
stehenden Verteidigungskrieg, wie ihn etwa Friedrich der
Große bei Bunzelwitz führte, und der dem heutigen Stellungskriege verzweifelt ähnlich sieht, wird man sich um so
weniger einlassen, als ein solcher Krieg lediglich auf die
Eigenart der Gegner und des damaligen Krieges überhaupt
berechnet war. Man wird vielmehr vor- oder zurückgehen,
bis an der entscheidenden Stelle der siegreiche Schlag gefallen
und damit auch den übrigen Heeresgruppen der Anstoß zum
Vor- oder Zurückgehen gegeben ist. Meist wird nur da, wo

die Kriegsschauplätze weit voneinander entfernt liegen, ein Einfluß des einen auf den anderen ausgeschlossen sein. Wo aber auf einem und demselben oder einem in unmittelbarer Nähe gelegenen Kriegsschauplatz eine Entscheidung fällt, da hat sie meist auch für den danebenliegenden ihre Gültigkeit.

Die Verteilung der Truppen erfolgt nach den hierdurch gegebenen Grundsätzen. Immer wird man die Menge seiner Divisionen dahin marschieren lassen, wo man glaubt, durch einen Sieg den Hauptnerv des Gegners zu treffen, und zwar wird man diese Masse schon während des Vormarsches, an die gewünschte Stelle schieben, damit nicht während des letzteren selbst durch bedeutende Seitenmärsche auf der Eisenbahn oder den Straßen der Zweck der ganzen Bewegung verraten wird. Auch wird es nötig sein, möglichst schnell vorzurücken, damit auch dadurch die Zeit abgekürzt wird, in der der Feind seine Gegenmaßregeln treffen kann. Die Kavallerie wird man an die Flügel nehmen, um die feindliche Aufklärung nach Möglichkeit zu verhindern oder die eigene zu betreiben. Im übrigen wird man nur bei Nacht marschieren, um sich der Einsicht durch feindliche Flieger zu entziehen, die man auch in der Luft soviel als möglich bekämpfen wird.

Auch hier tritt der Kampf der Geschütze mehr wie bisher in den Vordergrund; man wird bestrebt sein, möglichst stark an Artillerie auf dem Schlachtfelde zu erscheinen, sowohl was die Zahl, als was die Kaliber anbetrifft. Man wird diese Artillerie daher aus der Heeresreserve der betreffenden Armee angliedern, und es ist klar, daß jede Armee über eine solche Reserve verfügen muß, die hauptsächlich aus schweren Geschützen besteht. Ferner wird der Kampf der Infanterie im wesentlichen als Maschinengewehrgefecht ablaufen, und während des Gefechtes selbst die

Kavallerie eine verhältnismäßig unbedeutende Rolle spielen. Dagegen wird nach dem Kampf ihre Aufgabe desto bedeutender sein; ihr wird die seitliche Verfolgung des geschlagenen Gegners oder die Abwehr dieser Verfolgung zufallen. Für die nachfolgenden Bewegungen ist sie ganz auf die operative Schnelligkeit des Pferdes angewiesen. Bei der Verteilung der Truppen wird man hierauf Rücksicht nehmen müssen und die selbständige Kavallerie dahin ver= legen, wo ein Bewegungskrieg im Gange oder zu erwarten ist. Für das Gefecht ist sie fast ganz auf die Schußwaffe an= gewiesen.

Was den Stellungskrieg anbetrifft, wird man zunächst auf der ganzen für die Verteidigung vorgesehenen Linie so viele Divisionen entwickeln, als man für unbedingt nötig er= achtet, um den ersten Angriff des Feindes aufzuhalten. Wie man im besonderen verfahren soll, wird von den verschieden= sten Verhältnissen abhängen. Sehr wesentlich werden das Gelände, das Verhalten und die Entfernung des Feindes mitsprechen. Ist ersteres zur Verteidigung besonders geeig= net und ist der Gegner weit entfernt, wird man natürlich weniger Truppen brauchen als im anderen Fall. Anderseits wird man mehr Mannschaften nötig haben, wenn der Feind sehr nahe ist oder die Möglichkeit besteht, daß er angreift. Auch die Masse der Artillerie, über die er verfügt, wird dabei von Bedeutung sein.

Für die Verteidigung selbst kann man verschieden verfahren. Entweder man legt die Hauptverteidigung rein defensiv in die vorderste Linie, schiebt nur schwache Horch= posten wenige Schritte vor die Hindernislinie vor, die ziem= lich dicht vor der vorderen Linie liegt — so war es wäh= rend des Weltkrieges in Rußland vielfach der Fall —, oder man besetzt die Hauptverteidigungslinie nur schwach, schiebt

Vorposten beispielsweise auf einen Kilometer weit vor und stellt die Hauptkräfte in mehreren Linien derart auf, daß sie die Hauptwiderstandslinie im Gegenstoß wiedernehmen können. Der Hauptakzent liegt dann auf der Offensive der Reserven. Dazwischen liegen ungezählte Möglichkeiten, die hier nicht alle besprochen werden können.

In die Linie der Reserven, und zwar möglichst weit vom Feinde ab, gehören auch die Feldlazarette, die die Aufgabe haben, die Leichtverwundeten und die aufzunehmen, die sofort operiert werden müssen. Sie stehen wie alle Lazarette unter dem Schutz der Genfer Flagge. Doch geben sie noch zu einer besonderen Betrachtung Veranlassung. Die Divisionen müssen von Zeit zu Zeit wechseln, um den Mannschaften die nötige Ruhe zu lassen. Der fortwährende Aufenthalt in Lebensgefahr und Kanonendonner greift die Nerven sonst zu sehr an. Es entsteht nun die Frage, ob man die Feldlazarette immer mitwechseln oder ob man sie dauernd an Ort und Stelle lassen soll. Im ersteren Falle sind sie während eines großen Teils der Zeit unterwegs und kommen nicht zu einer nutzbringenden ärztlichen Tätigkeit; im anderen Falle bleiben sie zwar fortdauernd in ärztlicher Praxis und behalten immer die gleichen Kranken — was auch ein Vorteil ist —; dafür fehlen sie aber den Divisionen, und diese haben immer von neuem andere Ärzte, was dem Vertrauensverhältnis zwischen leitendem Arzt und Divisionskommandeur nicht zustatten kommt. Am zweckmäßigsten wird man handeln, wenn man einen Teil der Lazarette dauernd an Ort und Stelle beläßt und ein anderer mit den Divisionen wechselt.

Mit diesen Anordnungen ist jedoch die Truppenverteilung im Stellungskrieg im allgemeinen nicht beendet. Hinter den Truppen, die zur unmittelbaren Verteidigung erforderlich sind, wird man noch andere Divisionen versammeln, die bereit sein müssen, einen größeren feindlichen Angriff abzuwehren oder einen eigenen durchzuführen. Vom Gelände und von dem Benehmen des Feindes wird auch hier natürlich vieles abhängen; ferner werden die eigenen Maßnahmen in der Defensive dadurch bedingt sein, ob man die Hauptverteidigungslinie halten oder ob man sie im Gegenstoß wiedererobern will. Häufig — wenn die Aufstellung des Feindes eine dichtere ist — wird man die Divisionen in der Front enger zusammenschieben müssen als unter gewöhnlichen Verhältnissen und stärkere Reserven in Bereitschaft haben. Diese wird man so nahe an den Feind heranführen, daß sie rechtzeitig den Kampf aufnehmen und dennoch überraschend auftreten können. Man wird sie mit Vorliebe an Eisenbahnknotenpunkten aufstellen, um sie rasch an die Stellen befördern zu können, an denen man sie brauchen will.

Kavallerie wird man im allgemeinen nicht zu diesem Zweck verwenden. Sie hat im Stellungskriege in der Regel lediglich den Polizeidienst zu verrichten; nur in Ausnahmefällen, wenn keine anderen Truppen vorhanden sind, wird sie zum Gefecht selbst gebraucht und dann natürlich als Infanterie. Dagegen wird man vor allem Artillerie und Infanterie an solchen Punkten bereithalten. Man wird dazu hauptsächlich Truppen benutzen, die sowieso in Ruhe liegen sollen, oder solche, die eigens zu diesem Zweck herangeführt werden. Besonders ist den Artillerie- und Munitionsbewegungen große Aufmerksamkeit zu widmen, da sie am leichtesten die diesseitigen Absichten dem Feinde verraten; aber auch Nachrichtentruppen und Flieger wird man rückwärts zur Verfügung haben müssen, teils um sie solange als möglich zu schonen, teils weil man wenigstens die Flieger auch von weit rückwärts her benutzen kann, endlich um sie rasch einsetzen zu können, wenn die Anzeichen beim Feinde für diese Not-

wendigkeit sprechen. Einen Teil der Flugzeuge wird man
allerdings dauernd am Feinde haben, um so rasch als möglich
über dessen Absichten unterrichtet zu sein.

Es ergibt sich also nach alledem die Notwendigkeit, im
Stellungskriege über Eisenbahnen zu verfügen, die parallel
mit der eigenen Front verlaufen, und von denen Stichbahnen
nach dieser hinführen; im Bewegungskriege aber über solche,
die möglichst senkrecht von der Heimat zur Front führen;
Querbahnen dagegen sind nur in beschränktem Maße nötig.
Natürlich wird man nicht immer über ein geeignetes Bahnnetz
verfügen; wo das nicht der Fall ist, wird man wohl oder übel
zu seinem Ausbau schreiten müssen. Die notwendigsten — also
im Stellungskriege die Transversalbahnen, im Bewegungskriege die senkrechten — werden zuerst gebaut; später je
nach ihrer Dringlichkeit die übrigen. Von den Transversalbahnen aus, die besonders im Stellungskriege wichtig sind,
müssen — abgesehen von den nach vorn führenden Stichbahnen — einzelne Bahnen nach der Heimat führen, und
zwar mindestens eine für jede Armee, unter Umständen zwei.
Das richtet sich nach der Größe der Armee, die wiederum von
dem Gelände und den eigenen Angriffsabsichten abhängt. Die
Stichbahnen nach der Front werden meist kleine Feldbahnen
sein, die im Notfall von Pferden, sonst von kleinen Lokomo-
tiven gezogen werden. An diesen und den rückwärtigen Bahnen
sowie in den in ihrer unmittelbaren Nähe gelegenen Ortschaften werden alle die Einrichtungen untergebracht, deren
eine Armee zur Aufrechterhaltung ihrer Schlagfertigkeit bedarf und die meist der Etappe unterstehen: Pferdelaza-
rette, Pferdedepots, Waffenreparaturwerkstätten, Verpfle-
gungsmagazine in verschiedenen Abteilungen hintereinander,
Kranken-, Feld- und Kriegslazarette, Rekrutendepots, Waf-
fendepots, Depots von Lazarettgegenständen und was der-

gleichen mehr ist. Je länger eine Armee an einer bestimmten Stelle zu bleiben denkt, desto mehr häufen sich derartige Einrichtungen an, so daß sie beim Vorrücken, besonders aber beim Zurückgehen, zu einer Gefahr werden können.

Man wird daher so wenig als möglich derartige Vorräte vorschieben und die Angelegenheit so regeln, daß immer nur das Notwendige nach vorn kommt, je nachdem es gebraucht wird. Die Hauptdepots wird man dagegen tunlichst weit zurück, womöglich in der Heimat, belassen. Natürlich müssen die Eisenbahnverhältnisse auf das sorgsamste geregelt sein, denn wo das nicht der Fall ist, da tritt sehr bald auf allen Gebieten Unordnung ein, und die Truppe hat zuerst darunter zu leiden. Jedenfalls ist es außerordentlich schwer, das richtige Maß dessen zu bestimmen, was dauernd aufgestapelt und was der Truppe je nach ihrem Bedarf zugeführt werden muß. Je länger man die betreffende Stellung glaubt halten zu können, desto mehr wird man in dieser Richtung wagen dürfen. Entscheidend dafür ist auch das gesamte Eisenbahnnetz. Je mehr Bahnen senkrecht zur Frontlinie führen, desto größer können die aufgespeicherten Vorräte sein. Jedenfalls muß es sicher sein, daß man das vorhandene Material im Notfall, d. h. wenn ein plötzlicher Rückzug unvermeidlich wird, zurücktransportieren kann. Oft wird man bei der Einrichtung dieser Heeresanstalten in Konflikte kommen zwischen dem Wunsche, der Truppe zu dienen und sie zugleich beweglich zu erhalten.

Auch die Sorge für das Eisenbahnmaterial wird dabei schwer ins Gewicht fallen. Bei der großen Menge der Truppen, die hin und her zu transportieren sind, bei dem riesigen Bedarf der Heimat und der durch die Kriegslieferungen gesteigerten Leistung der heimatlichen Fabriken ist es fast unmöglich, das Eisenbahnmaterial in zufriedenstellendem

Zustande zu erhalten. Es nutzt sich naturgemäß mit der Zeit ab, und es wird vielfach nicht möglich sein, die nötigen Reparaturen eintreten zu lassen, besonders wenn ein Krieg über eine gewisse Zeit hinaus dauert. Diese Frage des Materials ist von großer Wichtigkeit, und es gehört, um es brauchbar zu erhalten, die denkbar größte Systematik dazu, über die man nur bei einem vorzüglichen Beamtenmaterial verfügen kann, wie man es bei einem modernen Kriege, bei dem jeder Waffenfähige eingezogen ist, leider nicht immer zur Verfügung hat.

So ist jede heutige Kriegführung von der Eisenbahnfrage abhängig. Ist schon die Defensive an die Eisenbahnstränge gebunden, so ist es der Angriff in noch höherem Grade. Er ist nicht nur von dem Vorhandensein der Eisenbahnen abhängig, sondern auch von deren Zustande, weil es bei ihm vor allem auf die Schnelligkeit der Bewegungen ankommt. Man wird also bei der Verteilung der Truppen auf das Eisenbahnnetz die weitestgehende Rücksicht nehmen müssen und dabei besonders das feindliche im Auge behalten, da es sonst passieren kann, daß der Feind, der etwa Angriffsabsichten gemerkt hat, mehr Truppen heranbringt, als man selbst heranzubefördern vermag.

Die richtige Verteilung der Truppen ist nach alledem ein äußerst schwieriges Problem, besonders in der Verteidigung, denn hier ist man gezwungen, meist in der Hinterhand zu arbeiten, und verfügt häufig über das schlechtere Eisenbahn- und Straßennetz, da man — wenn der Gegner einigermaßen überraschend auftritt — gewöhnlich nicht die Zeit hat, es genügend vorzubereiten.

Faßt man alles zusammen, was über diesen Punkt gesagt ist, so wird man immer Bewegungs- und Stellungskrieg unterscheiden müssen, obgleich sie oft ineinander übergehen.

Im Stellungskriege wird man — um alles nochmals zusammenzufassen — zunächst so viele Divisionen an der Front dem Feinde gegenüber entwickeln, wie man für nötig hält, um die betreffende Linie zu behaupten. Den Rest der Truppen, besonders aber Infanterie, Artillerie und Nachrichtentruppen, wird man hinter dieser Linie an geeigneten Eisenbahn- und Straßenknotenpunkten aufstellen, um sie nötigenfalls als Reserven zu verschieben und für einen etwa geplanten Angriff bereitzuhaben. Alles übrige und das Heeresmaterial wird man dahinter derart gestaffelt in der Nähe der nach der Heimat führenden Bahnen unterbringen, so daß man es sowohl für den Gebrauch der Armeen als auch für den plötzlichen Abtransport zur Hand hat.

Für den Bewegungskrieg dagegen werden zwar die Reserven ebenfalls auf die Armeen verteilt, diese Verteilung aber findet von Anfang an vor Beginn der Operationen statt. Da man dann schon genau weiß, wo man die Hauptkraft einsetzen will, können die Reserven von Hause aus dahin dirigiert werden, wo man sie zur Entscheidung brauchen will. Auch Kavallerie wird man auf alle Fälle an die Flügel der Armeen schieben, und zwar in die vorderste Linie; während man sie im Stellungskriege nur dann, und zwar hinter dem Hauptangriffsflügel, bereitstellen wird, wenn man einen entscheidenden Angriff plant, wenn also der Übergang zum Bewegungskriege unmittelbar bevorsteht, wie wir das im nächsten Abschnitt sehen werden. Die Masse der Kavallerie aber wird man da vereinigen, wo man im Angriff den Schwerpunkt hinlegen will.

Was die rückwärtigen Verbindungen anbetrifft, findet nur der Unterschied statt, daß sie in dem einen Fall ortsständig sind, in dem andern aber sprungweise mit vorgehen. Die Armee muß hier wie da unterhalten werden. Die Depots sind also im Bewegungskriege dauernd nachzuschieben, bis sie endlich im Stellungskriege gewissermaßen wieder erstarren. Daß sie sich in beiden Fällen an die stehenden Eisenbahnlinien anlehnen, versteht sich von selbst. Dieses Eisenbahnnetz muß aber um so weitläufiger ausgebaut werden, je mehr man dauernd in der Nähe des Feindes zu bleiben gedenkt. Es untersteht der Etappe und wird in ihr zusammengefaßt.

Der Nachschub im Bewegungskriege ist in meinem Buch „Vom heutigen Kriege" eingehend behandelt*).

---

*) Vom heutigen Kriege. Bd. 1. II. Kap., 6. Berlin 1912. E. S. Mittler & Sohn.

8. Der Kampf.

Es ist ein großer Fehler, der leider nur allzuoft begangen wird, den jüngsten Krieg immer auch für den Krieg an sich zu halten und daher den kommenden nach der Schablone des vergangenen gestalten zu wollen. Dieser Fehler ist doppelt groß in Rücksicht auf den Weltkrieg, den wir eben erst im Beginn einer neuen Weltperiode erlebt haben, und zwar aus einem zweifachen Grunde. Erstens stellt dieser Krieg offenbar den Anfang einer neuen Entwicklung dar, er ist ein Entwicklungskrieg, nicht der Abschluß einer abgelaufenen geschichtlichen Periode. Es ist daher anzunehmen, daß manche der Erscheinungen, die er gezeitigt hat, noch sehr wesentliche Veränderungen erleiden werden, bevor sie zu einer gewissen Ruhe gelangen; daß der Krieg weiterhin verschiedene Formen annehmen wird, die aus den bisherigen Erfahrungen noch nicht bekannt sind. Es ist aber zweitens zu bedenken, daß der letzte Krieg unter Bedingungen aufgetreten ist, wie sie sich so leicht nicht wiederholen werden.

Deutschland und Österreich standen allein einer ganzen Welt in Waffen gegenüber. Alle ihrer Macht wegen irgend in Betracht kommenden Staaten hatten sich, dank einer verfehlten Politik unserseits, gegen uns vereinigt, und selbst wilde Völkerschaften waren gegen uns aufgeboten. Sie alle haben wir siegreich überwunden, bis wir schließlich dem eigenen Volk erlagen und die Revolution dem Kriege ein Ende machte. Wir waren von allem Seeverkehr abgeschnitten, auf allen Seiten von Feinden umstellt, und unsere Verbündeten trugen den Keim des Zerfalls in sich. Der Krieg ist infolge dieser Erscheinungen als solcher gar nicht zu Ende geführt worden, sondern er ist politisch zu Ende gegangen. Das sind Verhältnisse, wie sie sich schwerlich jemals wiederholen werden. Wir werden infolge einer veränderten Bündnispolitik eine andere Stellung in der Welt einnehmen als bisher. Es ist hier nicht der Platz, die politischen Möglichkeiten zu besprechen, die sich aus der jetzigen Lage für die Zukunft ergeben werden, aber unsere internationale Stellung wird zweifellos eine veränderte sein. Wir müssen Verbündete finden, auf die wir uns verlassen können, und wir müssen vor allen Dingen selbst so weit erstarken, daß wir uns selbst behaupten können und unsere Nachbarn Vertrauen zu uns gewinnen. Eine Vereinigung aller Staaten gegen uns bei völligem Zusammenbruch unserer schwachen Verbündeten wird also schwerlich in Zukunft wieder stattfinden. Wo sonst aber Kriege entstehen werden — und trotz aller sozialistischen Theorien werden sie niemals ganz zu vermeiden sein —, da werden sie sicher unter anderen Bedingungen stehen wie der Weltkrieg. Es sind unzählige Möglichkeiten denkbar, in denen ein Krieg unter ganz anderen bedingenden Verhältnissen geführt werden wird als der Krieg Deutschlands gegen die Welt. Man kann sich Kriege in der verschiedensten Form bei der jetzigen politischen Lage in der Welt denken, aber keinen, der auch nur annähernd mit dem verflossenen verglichen werden kann.

Es ist weiter zu bedenken, daß — wie wir sahen — jeder zukünftige Krieg offensiv geführt werden muß, wenn man das eigene Land einigermaßen schützen will, und daß daher die jetzige Kriegführungsweise unserer Gegner völlig veraltet erscheint. Es muß ferner berücksichtigt werden, daß Festungen für die Verteidigung nicht mehr mitsprechen. Es ist allerdings in dem vergangenen Kriege noch vielfach ein Festungskrieg geführt worden — ich brauche nur an die

Belagerung von Antwerpen zu erinnern —, im großen und ganzen ist aber der Unwert der Festungen zu allgemein erkannt worden, als daß in Zukunft sich jemand auf die Behauptung einer Festung einlassen könnte. Es erübrigt sich daher auch, einen besonderen Abschnitt über den Festungskrieg zu schreiben. Die Lehren, die sich aus den verschiedenen Belagerungen ziehen lassen, sind hinfällig geworden, weil Belagerungen von Festungen überhaupt nicht mehr stattfinden werden. Für den Kampf um befestigte Abschnitte dagegen, der an die Stelle des Kampfes um Festungen getreten ist, gelten die gleichen Grundsätze, die im Stellungskriege im Kampf um örtliche Vorteile maßgebend sind. Es darf also auf den betreffenden Abschnitt verwiesen werden, mit dem einzigen Unterschiede, der wohl zu beachten ist, daß einerseits die Verteidigungswerke permanent ausgebaut, also verhältnismäßig stark sein werden, anderseits die Artillerie, die sie bekämpfen soll, aus entsprechend schweren Kalibern bestehen muß. Man wird die schwersten Geschütze heranbringen müssen, die überhaupt vorhanden sind, und man wird anderseits die Unterkunft für die Besatzung derart ausbauen, daß diese selbst das schwerste Feuer aushalten und dennoch gefechtsfähig bleiben kann. Wer in diesem Wettstreit siegen wird, ist ebenso klar als der Umstand, daß die Artillerie der Befestigungskunst bis heute überlegen gewesen ist und es wohl auch in Zukunft bleiben wird; Zeit aber wird auf alle Fälle gewonnen, und darauf kommt es ja in der Verteidigung besonders an. Soll eine Entscheidung herbeigeführt werden, wird auch auf seiten des bisherigen Verteidigers eine entsprechende Offensive einsetzen müssen.

Charakteristisch für den heutigen Krieg ist es ferner, daß die Entscheidung durch die Artillerie gegeben wird, und daß die Infanterie nur die Früchte des artilleristischen Sieges zu

pflücken hat. Sie bleibt deswegen doch die Hauptwaffe, weil
ohne sie ein Krieg überhaupt undenkbar ist, und weil ihr
Vorgehen immer das Maß angibt, bis zu dem ein erfochte-
ner Erfolg reicht. Ohne Infanterie ist ein entscheidender Sieg
unmöglich. Das ändert aber nichts an der Tatsache, daß
man nur auf Grund einer artilleristischen Überlegenheit einen
Sieg überhaupt erfechten kann.

Alle diese Verhältnisse sind dem Kriege der Gegenwart,
wie er sich vor unseren Augen abgespielt hat, eigentümlich;
ob sie in Zukunft die gleiche Bedeutung haben werden, kann
niemand ohne besondere Überlegung voraussagen. Es ist
daher einerseits erforderlich, den heutigen Krieg eingehend
zu studieren, um sich den bleibenden oder wechselnden Wert
der Erscheinungen klar zu machen, die für ihn charakteristisch
sind; anderseits ist es nötig, sich darüber ein Urteil zu bilden,
in welcher Richtung wir Veränderungen bestimmt zu erwarten haben, wie die Entwicklung sich vollziehen wird.

In letzterer Hinsicht soll eine künftige Arbeit das Nötige
bringen; was aber den jüngst vergangenen Krieg anbetrifft,
ist es Aufgabe der vorliegenden Schrift, dessen kennzeichnende
Erscheinungen so zu erörtern — soweit das bei der jetzigen
Kenntnis der Tatsachen möglich ist — daß sie nicht nur ein
Bild der gesamten Kriegführung geben, sondern daß auch
ein jeder sich selbst ein Urteil über das bilden kann, was er
von der Zukunft zu erwarten hat.

In dem Kriege, wie er sich heute gestaltet hat und wie
er übrigens in dieser Hinsicht immer gewesen, ist die Verteilung der Truppen im allgemeinen abhängig vom Kriegsplan, und dieser war durch die Ereignisse bestimmt, die ich
bereits geschildert habe. Es war ein Krieg, der als Zwei-
frontenkrieg begann — Frankreich und Rußland —, und der
sich allmählich — leider hauptsächlich infolge der Fehler un-

ferer Kriegführung — durch den Hinzutritt Englands, Ita-
liens, Rumäniens und schließlich Amerikas zu einem Weltkrieg
erweiterte. Bei einem solchen konnte ein bestimmter Kriegsplan nicht eingehalten werden. Man war von dem Verhalten der anderen kriegführenden Mächte mehr oder
weniger abhängig. War der Kampf anfangs als Zwei-
frontenkrieg gedacht, bei dem man zunächst gegen Rußland
defensiv bleiben wollte, bis in Frankreich die Entscheidung
gefallen sein würde, so drehte dieses Verhältnis sich allmählich um. Infolge der Truppenverschiebungen von Westen
nach Osten, der Marneschlacht und der Hilfe, die man den
Österreichern angedeihen lassen mußte, war man gezwungen
in Frankreich defensiv zu bleiben und anderseits angriffsweise in Rußland, Rumänien und Italien vorzugehen, bis
man nach glänzenden Siegen auch dort wieder zur Verteidigung überging und es nun endlich unternahm, in Frankreich
die Entscheidung zu suchen, die leider nicht erreicht werden
konnte, bevor die Amerikaner in Masse auf dem Kriegsschauplatz erschienen und in Deutschland selbst die Revolution aus-
brach. So kam es, daß der heutige Krieg sich im wesentlichen
als Stellungskrieg erwiesen hat, über dessen taktische Entstehung ich an anderer Stelle das Nötige gesagt habe.

Im Westen war die Marneschlacht für diese Entwicklung
entscheidend, im Osten ergab sie sich allmählich aus der
numerischen Überlegenheit der Russen, bis sie schließlich den
ganzen Krieg beherrschte.

Beim Stellungskriege, wie er uns zunächst interessiert,
muß man anfangs mit einer gleichen Kraft, einer Art Gleich-
wertigkeit der beiderseitigen Streitkräfte — wenigstens einer
moralischen — rechnen, die sich nur allmählich verändern
kann. Der Bewegungskrieg aber entsteht erst dann, wenn sich
entweder die zusammenhängenden Linien noch bilden, oder

wenn es einer der beiden Parteien gelungen ist, die feindliche Stellungslinie zu zerreißen und so die Bedingungen des Bewegungskrieges aus dem Stellungskampf wieder herzustellen.

Solange nun der letztere im Gange ist, wird es sich bei allen Gefechten weniger um ein entscheidendes Ringen als im allgemeinen um ein Vor- oder Zurückdrängen der beiderseitigen Linien handeln. Das kann natürlich von großer Tragweite sein; es kann große Vor- und Nachteile zeitigen; aber niemals wird auf diese Weise eine Entscheidung gegeben werden können. Diese bringt nur der Bewegungskrieg. Wenn die Kraft des Angreifers erschöpft ist, wenn eine Umfassung von ihm nicht mehr angestrebt werden kann, wenn es anderseits dem Verteidiger gelingt, den Zusammenhang seiner Linien durch Truppen, die von beiden Seiten herangeführt zu werden, zu wahren, dann kann wohl von Geländeverlust, von zahlreichen verlorenen Geschützen, Maschinengewehren und Gefangenen die Rede sein, niemals aber von einer wirklichen Entscheidung.

So ist es uns denn auch bei allen siegreichen Kämpfen in Frankreich ergangen; so bei unserer großen Offensive im Frühjahr 1918, so bei den Kämpfen an der Lys — der sogenannten Schlacht bei Armentières —, so im Sturm auf den Kemmel. Unsere Truppen haben fast Übermenschliches geleistet, das unterliegt keinem Zweifel; aber dennoch kann von einer wirklichen Zertrümmerung der feindlichen Armee nicht die Rede sein, wenn es dieser gelang — wie das tatsächlich geschehen ist —, ihre Linien örtlich und taktisch wiederherzustellen. Den ganzen Krieg gegen Frankreich, von der Marneschlacht an, haben wir durchgefochten, ohne daß es zu einer Entscheidung gekommen wäre trotz aller unserer glänzenden Siege an einzelnen Stellen, trotzdem wir den Feind fast bis zur Vernichtung geschwächt hatten. Darüber darf man sich — wenn man den Krieg als Ganzes betrachtet — nicht täuschen. In allen unseren Kämpfen ist es uns nicht gelungen, den Feind zu durchbrechen, und allem Anschein nach wäre uns das auch schwerlich jemals geglückt, nachdem die Amerikaner auf dem Kriegsschauplatz erschienen waren und damit die Zahl unserer Feinde sich sehr erheblich vermehrt hatte. Ein voller Sieg war dann freilich ausgeschlossen; immerhin aber wäre es möglich gewesen, den Kampf auf ehrenvolle Weise zu beendigen.

Anders lagen die Verhältnisse auf der russisch-rumänischen Seite. Auf den dortigen Kriegsschauplätzen ist es uns wiederholt· gelungen — ganz abgesehen natürlich von den Kämpfen zu Beginn des Krieges — die feindlichen Linien zu durchbrechen und auch eine dementsprechende Entscheidung herbeizuführen, wie sie schließlich — nachdem die Revolution genügend vorgearbeitet hatte — zum Frieden von Brest-Litowsk geführt hat.

Doch sei dem, wie ihm wolle: hier kommt es lediglich darauf an festzustellen, daß eine Entscheidung nur im Bewegungskriege möglich ist, daß also alles davon abhängt, aus dem Stellungskriege, den die Verhältnisse nötig machen können, wieder zum Bewegungskriege überzugehen, bei dem man den Feind wenigstens auf einer Seite umfassen und auf seine rückwärtigen Verbindungen drücken kann. Nur ein solcher Krieg trägt die Entscheidung in sich, denn nur auf solche Weise ist es möglich, wirklich vernichtende Unordnung in die Reihen der feindlichen Armeen zu tragen. Darauf aber kommt im Kriege alles an.

Wir müssen also vor allem den Stellungskrieg mit beschränktem Ziel ins Auge fassen, weil er dem Raume nach den größeren Teil des heutigen Krieges ausmacht, dann den Stellungskrieg mit dem Endzweck der Ent-

ſcheidung betrachten und ſchließlich den Bewegungskrieg beſprechen, weil er und mit ihm die Entſcheidung der Endzweck
jeden Krieges iſt.

Dabei müſſen wir uns aber immer bewußt bleiben, daß
wir bei allen unſeren Betrachtungen ſtets nur den Krieg
im Auge haben, wie er im h e u t i g e n Entwicklungsſtadium
iſt, nicht aber den Krieg an ſich, wie ihn die Zukunft vielleicht
von uns fordern wird.

I. Der Kampf im Stellungskriege um örtliche Vorteile.

Wenn wir jetzt zunächſt den Kampf um örtliche Vorteile
im Stellungskriege ins Auge faſſen, weil ein ſolcher für die
heutige Kriegführung beſonders charakteriſtiſch iſt, müſſen
wir von Anfang an feſtſtellen, daß es ſich bei ihm nur um
reinen Raumgewinn und darum handeln wird, den Feind
nach Möglichkeit zu ſchädigen, oder um die Wegnahme eines
wichtigen Geländeabſchnitts. In jedem dieſer Fälle wird
ganz frontal vorgegangen werden müſſen; das liegt in der
Natur der Sache. Es wird alſo nötig ſein, für den Angriff
eine ſolche Übermacht zu vereinigen, daß der Verteidiger reſtlos niedergekämpft wird, bevor der eigentliche Angriff der
Infanterie einſetzt, und daß dieſer letztere von einer Feuerwalze begleitet wird, die dazu beſtimmt iſt, den letzten Wider-
ſtand der feindlichen Infanterie zu brechen, wenn er wieder
aufleben ſollte.

Am ſchwierigſten iſt hierbei, wie ſchon geſagt, der Auf-
marſch der Artillerie. Sie muß herangeführt werden, ohne
daß der Gegner etwas davon merkt. Sie muß ſo ſtark ſein,
daß ſie den Feind in kürzeſter Zeit kampfunfähig machen kann;
die feindliche Infanterie darf nicht mehr in der Lage ſein, den
Angreifer zum Stehen zu bringen. Die Feuerwalze muß ſie
endgültig erledigen. Man muß ferner dafür ſorgen, daß die

Batterien der vorstürmenden Infanterie rasch folgen können, damit die feindliche Artillerie nicht die Möglichkeit gewinnt, außerhalb des Schußbereichs der eigenen von neuem aufzumarschieren und — nach Möglichkeit von seitwärts und von rückwärts her unterstützt — die Wirkung der eigenen Geschütze lahmzulegen. Auch gegen die feindlichen Flieger wird man sich in geeigneter Weise zu sichern haben. Die Bewegungen, die für einen solchen langwierigen Aufmarsch erforderlich sind, und die Vorbereitungen zum Überschreiten des sogenannten Niemandslandes werden sich daher nur in der Nacht ausführen lassen. Das Überschreiten des Niemandslandes besonders wird viele umständliche Einrichtungen erfordern, wie das schon nachgewiesen worden ist: Brückenmaterial muß bereitgelegt, Straßen müssen gebessert und gebaut, Arbeitsmannschaften und Arbeitsgeräte müssen bereitgestellt werden; kurz, es muß eine ungeheure und schwierige Arbeit geleistet werden, wenn der Angriff überraschend wirken und tatsächlich gelingen soll.

Auch die Stellung selbst — ganz abgesehen von den Wirkungen des Artilleriefeuers — wird vielfach durch Gräben und Drahthindernisse gegen die Angriffsseite hin schwer gangbar gemacht worden sein. Es muß ferner die Munition, die der Angreifer in großer Menge nötig hat, in die erste Stellung und dann beim Vorgehen nachgeschafft werden. Bezüglich der Lebensmittel aber wird man zwar bis zu einem gewissen Grade auf die Vorräte rechnen können, die man beim Feinde vorfinden wird. Sich ganz auf diese zu verlassen, ist aber keinesfalls ratsam, denn man kann nie genau wissen, was man vorfindet. Man wird daher immer ein bestimmtes Maß an Lebensmitteln den vorgehenden Truppen nachführen müssen, um einigermaßen sicher zu gehen. Im übrigen wird für den Aufmarsch ein Gelände wünschenswert sein, das dem Feinde möglichst wenig Übersicht gewährt und das Verbergen der Batterien und Munitionsstapel ermöglicht. Man kann sich also denken, wie schwierig ein solcher Aufmarsch zu bewerkstelligen, wie vieles dabei zu beachten ist.

Am besten wird man ferner allem Anschein nach verfahren, wenn man die Artillerie — wie das schon früher dargelegt worden ist — in zwei Wellen aufmarschieren läßt: die erste stark genug, allen Aufgaben zu genügen, die der Angriff stellen kann, die zweite, ebenfalls mit der nötigen Munition versehen, bereit, die Angriffsinfanterie sofort bei ihrem Vorgehen zu begleiten. Infolge einer solchen Anordnung finden die feindlichen Geschütze niemals Zeit, sich in der erforderlichen Anzahl zur Abwehr bereit zu machen, sondern der Angriff rollt ununterbrochen vorwärts. Dabei wird die Artillerie, die bestimmt ist, später als Feuerwalze die Infanterie zu begleiten, sich anfangs an der Bekämpfung der feindlichen Artillerie beteiligen und erst dann zur Betätigung als Feuerwalze übergehen, wenn die gegnerische Artillerie als niedergekämpft angesehen werden kann und die eigene Infanterie zum Sturme antritt.

Was diese anbetrifft, wird man für sie eine gleiche Anordnung zweckmäßig erachten wie für die Artillerie. Man wird sich also nicht damit begnügen, sie in einer einzigen Welle vorgehen zu lassen, die gerade stark genug ist, um ihre Aufgaben zu lösen, man wird vielmehr mehrere Wellen der gleichen Waffe bereitstellen, so daß, wenn die Kraft der ersten erschöpft ist, die zweite beziehungsweise die dritte sofort bereitsteht, um den Angriff fortzusetzen. Dabei wird man sie, ganz abgesehen von den sonstigen für die Artillerie getroffenen Anordnungen, von Stoßbatterien begleiten lassen, die — wie schon früher dargelegt — die Aufgabe haben, sie bei ihrem Vorgehen unmittelbar zu unterstützen, wenn auch in anderer Weise, als es durch die Feuerwalze geschieht.

So wird der Angriff vorgetragen, bis er sein Ziel erreicht hat. Dann muß die Truppe noch stark genug sein, um
dem feindlichen Gegenstoß gewachsen zu sein und das gewonnene Gelände behaupten zu können gegen Angriffe, die
mit der Zeit recht stark werden können. Als ein sehr erheblicher Fehler muß es daher bezeichnet werden, wenn zu dem
geplanten Angriff die Truppen zu schwach bemessen werden
oder ihnen mehr zugemutet wird, als sie in Wirklichkeit
leisten können. Auch wird man niemals Halt machen dürfen,
bevor man einen Abschnitt im Gelände erreicht hat, der zur
Verteidigung geeignet ist. Sonst befindet man sich — nachdem der Angriff seine Kraft erschöpft hat — in einer äußerst
ungünstigen Lage. Läßt man z. B. überhöhendes oder un-
übersichtliches Gelände vor der Front, so ist es nach been-
detem Angriff höchst schwierig, sich der Einsicht des Gegners
zu entziehen oder selbst Einblick in dessen Maßnahmen zu
gewinnen. Man muß also v o r der Anordnung eines Angriffs genau berechnen, wieviel feindliche Truppen in der Stellung selbst vorhanden sind und wie viele von dem Augenblick
an herangeschafft werden können, in dem der Angriff als
solcher erkannt ist.

Der Verteidiger wird jedoch vollends machtlos sein, wenn
die Überraschung wirklich gelingt und der Angriff gut vorbereitet ist. Er kann dann nur von seitwärts oder rückwärts
her Verstärkungen heranziehen; diese werden aber nicht ausreichen, um den Angriff aufzuhalten, wenn er zweckmäßig
angeordnet war; dann wird er vielmehr sein Ziel erreichen.

Ganz anders liegen die Verhältnisse, wenn der Feind
die Anordnungen zum Angriff bemerkt und auf ihn vorbereitet ist. Dann kann er seinerseits Infanterie und Artillerie rechtzeitig heranführen und dem Angriff wenigstens
mit einigermaßen ebenbürtigen Truppen entgegentreten. Es

gibt dann aller Wahrscheinlichkeit nach ein unentschiedenes Gefecht, wenn der Angriff überhaupt durchgeführt wird.

Viel günstiger aber noch steht der Verteidiger da, wenn er in dem genannten Fall darauf verzichtet, die vorderste Linie zu halten, und sich gleich von vornherein darauf beschränkt, eine weiter rückwärts gelegene Stellung zu behaupten. Natürlich darf der Gegner nichts von dieser Absicht merken. Man wird also die vorderste Besatzung wenigstens zum Teil beibehalten und unter Umständen opfern müssen; ebenso einen Teil der Artillerie, die ihre Stellung natürlich nicht ganz aufgeben kann, ohne sich zu verraten, und sie wenigstens mit Arbeitsgeschützen besetzt halten muß. Dagegen sind die Vorteile in anderer Richtung weit überwiegend. Die gesamte Verstärkungsartillerie kann außerhalb der Reichweite der Angriffsartillerie aufmarschieren und mit Munition versehen werden; ebenso die Infanterie, die bestimmt ist, die Linie zu verteidigen, die ernstlich gehalten werden soll. Die feindliche Feuerwalze wird nur einen kleinen, vorher bestimmten Teil der Infanterie fassen; ein Vorführen von Munition und Lebensmitteln, wie die Verstärkung der vorderen Linie sie notwendig machen würde, braucht nicht stattzufinden; kurz, der Verteidiger hat es viel bequemer als der Angreifer und kann die Opfer gewissermaßen vorher festsetzen, die er zu bringen bereit ist.

Dieser wird mit seiner Artillerie allerdings den Teil der Infanterie teilweise vernichten, der bestimmt war, zum Zwecke der Demonstration die vorderste Linie zu halten. Er wird auch den stehengebliebenen Teil der gegnerischen Artillerie niederkämpfen können. Unverletzt wird aber die Verstärkungsartillerie bleiben und der Teil der Infanterie, der zur Behauptung der gewählten Hauptverteidigungslinie bestimmt ist. Im Gegenteil: der Teil der Angriffsinfanterie, der die erste Stellung des Verteidigers mit verständlicher Leichtigkeit genommen hat und die vorderste feindliche Artillerielinie vielleicht rasch überrannte, kommt nunmehr in das vernichtende Feuer der feindlichen Verstärkungsartillerie und der Hauptinfanteriemasse, die beide völlig unversehrt sind, da sie außerhalb der Reichweite der feindlichen Geschütze aufgestellt waren. Man kann annehmen, daß hier der Angreifer die schwersten Verluste erleiden und seinen Zweck nun und nimmer erreichen wird. Nur wenn er rechtzeitig seinen Irrtum erkennt und von dem verhängnisvollen Ansturm auf die feindliche Hauptverteidigungslinie absteht, kann er dem Verderben entrinnen. Er wird allerdings eine vorderste feindliche Stellung nehmen, selbst aber Verluste erleiden, die diesen begrenzten Vorteil niemals aufwiegen können. Der Verteidiger hingegen wird nur Gelände verlieren, das nicht einmal sehr wertvoll zu sein braucht. Die verhältnismäßig geringen Verluste aber, die er haben wird, werden im Verhältnis zu denen des Angreifers kaum mitsprechen. Wiederholt sich endlich ein ähnliches Ereignis häufiger, dann werden die Verluste des Angreifers schließlich so groß werden, daß er den e n t s c h e i d e n d e n Kampf nicht mehr wagen kann und eventuell den Krieg verloren gibt.

Das muß unter allen Umständen vermieden werden. Da es aber außerordentlich schwer ist — trotz aller Vorsicht, aller Gunst des Geländes und aller Demonstrationen — die Vorbereitungen des Angriffs zu verbergen, besonders wenn der Feind schon gewitzigt ist und alle Anzeichen richtig zu bewerten weiß; da er auch durch Überläufer und Gefangenen-Nachrichten nur allzuoft über einen bevorstehenden Angriff unterrichtet sein wird, sehe ich nur ein Mittel, den Zweck zu erreichen: die Verbindung von Rückzug und Angriff.

Der Kern des Gedankens besteht darin, den Aufbau der

großen Angriffsmaschine hinter einer rückwärtigen, als Aus=
gangsstellung des Angriffs bestimmten Linie durchzuführen
und ihn damit der feindlichen Erkundung und Beobachtung
sowie dem feindlichen Feuer vollkommen zu entziehen. Nach
restloser Schlagbereitschaft der Angriffslinie würde die Front
dorthin zurückgenommen werden und nach erfolgtem Auf=
rücken des Gegners der Angriff überraschend einsetzen.

Bedingung für das Gelingen eines derartigen Planes ist
natürlich, daß der Rückzug als solcher dem Gegner in jeder
Hinsicht begründet erscheint, daß er also eine Frontver=
kürzung oder die Aufgabe strategisch und taktisch ungünstiger
Stellungen oder ähnliches darstellt. Da es außerdem schwer
fallen wird, zu verhindern, daß der Gegner durch Überläufer
oder Gefangene von einem bevorstehenden Angriff erfährt,
wird man des ferneren so verfahren müssen, daß die eigene
Truppe selbst an keinen solchen glaubt.

Man sieht also, daß es vor allem darauf ankommt, den
Angriff der Aufmerksamkeit des Feindes zu entziehen, so daß
er überraschend wirkt und den Gegner in möglichst unvor=
bereiteter Stellung trifft.

Diesen Zweck wird man erreichen, wenn man an der
ganzen zur Verfügung stehenden Front die Stelle für den
geplanten Angriff derart wählt, daß einerseits der Rückzug
aus ihr, wie gesagt, natürlich erscheint und dem Gegner einen
nicht zu schmal zu bemessenden Geländestreifen preisgibt
— ohne ihm allerdings leicht zu verteidigende Stellungen zu
überlassen —, wenn man anderseits aber hoffen kann, durch
den nachfolgenden Angriff dem Feinde große — wenn mög=
lich vernichtende — Verluste beizubringen und auch operativ
wichtige Ziele zu erreichen.

Hinter einer solchen Linie nun, die man also ohne we=
sentlichen Nachteil dem Gegner eine Zeitlang überlassen kann,

wird die eigentliche Stellung geschaffen, von der der Angriff ausgehen soll. Sie muß, wenn irgend möglich, ein für die feindliche Verteidigung ungünstiges Vorgelände aufweisen, zugleich aber die eigenen, dahinter sich abspielenden Vorgänge der Beobachtung seitens des Gegners durch günstige Geländeverhältnisse entziehen.

Die Gräben werden ausgeworfen und die nötigen Unterkünfte erbaut; die Batterien werden eingemessen, die Batteriepläne hergestellt; die Munitionierung wird vorgenommen; die für den späteren Angriff bestimmten Divisionen werden in zweckmäßigem Abstand dahinter untergebracht; das Wegenetz wird ausgebaut; die Artillerie allmählich herangeführt; kurz in möglichst unauffälliger Weise werden alle Anordnungen für den Angriff getroffen, und zwar unter dem Vorwande, daß man selbst einen feindlichen Großangriff erwartet und bei seinem Einsetzen oder Bevorstehen auf diese rückwärtige Stellung zurückgehen wolle, wie beispielsweise Hindenburg seinerzeit auf die Siegfriedstellung zurückging.

Da hinter der vorderen Linie scheinbar keinerlei Angriffsvorbereitungen getroffen werden, ist es natürlich, daß die eigene Truppe an solche Absicht auch nicht glaubt und unter Umständen in diesem Sinne aussagt. Auch der Feind wird vorn keinerlei Angriffsvorbereitungen, dagegen aber den Bau einer rückwärtigen Stellung aller Wahrscheinlichkeit nach wahrnehmen und daraus unmöglich auf Angriffsabsichten schließen können. Verstärken kann man diese Täuschung dadurch, daß man an anderer Stelle hinter der vordersten Linie wenigstens scheinbar die Vorbereitungen für einen Großangriff und Maßnahmen trifft, die auf eine solche Absicht schließen lassen: Bau von Förderbahnen, Kolonnenbewegungen bei Nacht, Vorführen von Verstärkungsbatterien, Anlage scheinbarer Munitionsstapel u. dgl.

Während die Vorbereitungen für den wirklich geplanten Angriff aus der rückwärtigenStellung im Gange sind, müssen in der noch gehaltenen vorderen Linie dennoch einige Maßregeln getroffen werden, die dem späteren Vortragen des Angriffs dienen sollen, aber dem Gegner als solche nicht auffallen dürfen. Es handelt sich um das Einmessen und Versteinen der Batterien, die, wenn der Angriff die ursprüngliche vordere Linie überschritten hat, bis dahin vorgezogen werden sollen, um dann für den weiteren Angriff die artilleristische Unterstützung sicherzustellen. Auch die Batteriepläne müssen hergestellt und Meßstellen eingemessen und bezeichnet werden, um ein rasches noch weiteres Vorschieben der Angriffs- artillerie zu ermöglichen. Ferner kann man in dem Zwischen- gelände, falls die Verhältnisse es wünschenswert erscheinen lassen, auf diese Weise Artilleriestellungen vorbereiten, um die Batterien rasch staffelweise vorziehen zu können.

Sehr wünschenswert ist es, wie bereits erwähnt, hinter der für den ersten Angriff bestimmten Angriffsartillerie noch eine zweite Artilleriewelle bespannt bereitzustellen, so daß man ein Vorverlegen des Feuers vornehmen kann, ohne das Feuer der für den ersten Angriff bestimmten Artillerie zeit- weise — während der Vorbewegung — schwächen zu müssen.

Auch dürfte es sich empfehlen, nicht allzu ideale An- forderungen an die Angriffsinfanterie zu stellen. Die In- fanterie wird nach einem längeren Kriege nicht mehr so leistungsfähig sein wie zu Beginn eines solchen. Die Art der heutigen Gefechtsführung fordert zudem eine große Selb- ständigkeit aller Unterführer, die bei verringertem Offizier- und Unteroffiziermaterial doch nur eine beschränkte sein kann, wenn man bedenkt, wie wenig Zeit im allgemeinen auf die Ausbildung zur Selbständigkeit verwendet werden kann. Auch sollte man im Kriege stets mit unvorhergesehenen Verhältnissen und Umständen — überraschendem Auftreten von feindlichen Reserven u. dgl. — rechnen und ebenso die auf» lösende und teilweise demoralisierende Wirkung der heutigen Kampfart auf eine minder festgefügte Truppe in Rech» nung stellen.

Wünschenswert ist es daher, für den Angriff so viele Divisionsstaffeln bereitzustellen, als es die Gesamtkräfte irgend gestatten und die Verhältnisse erfordern. Es wird dadurch eine sehr viel höhere Sicherheit erzielt, das operative Ziel, das man sich gesteckt hat, wirklich zu erreichen und nicht auf halbem Wege stecken zu bleiben, weil die Infanterie versagt. Lieber als sich in dieser Hinsicht Beschränkungen aufzuerlegen, muß man auf die Zahl und den Umfang der Angriffe verzichten.

Sind in der geschilderten Weise alle Anordnungen getroffen, die von der eigenen Truppe zweifelsohne als Vor» bereitung zum Zurück bewertet werden würden, dann tritt man wirklich diesen Rückzug auf die fertiggestellte Angriffs» stellung an, vernichtet hinter sich alle schußsicheren Einbauten und geht abschnittsweise zurück, so daß man den Feind lang» sam hinter sich herzieht und ihm die Zeit gewährt, auch mit seiner Artillerie zu folgen.

Alle Mittel, den Gegner zum Nachrücken zu veranlassen, müssen aufgeboten werden. Seinem militärischen Ehrgeiz müssen Höhenstellungen, Ortschaften, früher verlorenes Ge» lände angeboten werden; durch unauffällige Ankündigung unserer Rückzugsabsicht muß das feindliche Nachdrängen von vornherein herausgefordert und durch offensive Gegenstöße während des ganzen Zurückgehens in Fluß gehalten werden. Die feindliche Artillerie muß vor dem Rückzug ausgiebig ver» gelbt (d. h. mit Gelbkreuzgranaten) beschossen werden, um sie auch dadurch zur Aufgabe ihrer alten Stellungszone zu

veranlaſſen. Dieſe Vergelbung wird nicht nur dem eigenen
Rückzug ſelbſt zugute kommen, ſondern ihre Nachwirkung
wird ſich ſogar bei dem ſpäteren Angriff ſelbſt fühlbar
machen; ſie wird den Feind zunächſt zum raſchen Aufgeben
ſeiner Stellungen veranlaſſen und es ihm ſpäter unmöglich
machen, in dem gleichen Gelände aufzumarſchieren. Doch
ſpielt es im allgemeinen keine Rolle, daß uns der Feind beſonders raſch folgt; ja, es wird ſich empfehlen ihm einige Tage
Zeit zu laſſen, um ſeine Kampfkräfte, beſonders ſeine Artillerie, auf das angebotene Gelände vorzuziehen.

Dabei wird es nicht leicht ſein, den richtigen Zeitpunkt
für den Angriff zu erfaſſen; denn um alle Vorteile der Lage
ausnutzen zu können, kommt es darauf an, den Feind in dem
Augenblick zu überraſchen, in dem ſein durch den allgemeinen
Stellungswechſel gelockertes Abwehrſyſtem — insbeſondere
ſein Feuerſchutz und ſein Nachrichtenapparat — noch nicht
wieder gefeſtigt ſind. Zu langes Zaudern läßt ihn un-
nötig erſtarken und gefährdet die angehäuften Maſſen von
Gerät und Munition. Weit gefährlicher aber iſt ein ver-
frühter Vorſtoß ins Leere. Deshalb ſind vom Tage des
Rückzuges an ſämtliche Beobachtungsorgane — Meßplan,
Ballon, Flieger, Erdbeobachtung — angeſtrengt zur Erkun-
dung des Gegners, insbeſondere des Nachkommens ſeiner
Artillerie — heranzuziehen. Vertrautheit mit dem Feindgelände, die man ſich durch Erkundungen und durch Begehen
der Stellungen vor dem Rückzuge aneignen kann, wird allen
Chargen ſpäter zugute kommen. Für die artilleriſtiſche
Leiſtung geben die Erkundungsergebniſſe dieſer wenigen
Tage die Grundlage.

Iſt man daher in der geplanten Angriffsſtellung an-
gekommen, dann gönnt man ſich nur ſo lange Zeit, bis es
gelungen iſt, wenigſtens den Hauptteil der feindlichen Ar-

tillerie durch Flieger und die sonstigen Beobachtungsmittel festzustellen, zieht in der letzten Nacht die Angriffsinfanterie mit den Begleitbatterien in die Ausgangsstellung und bricht unmittelbar darauf zum Angriff vor. Man wird damit folgende Vorteile erzielen:

Der Artillerieaufmarsch und das Heranführen der Angriffsdivisionen werden dem Gegner verborgen bleiben. Die Präzisionsarbeiten in der gewählten Stellung, wie Erkundung und Vermessung der Artilleriestellungen, Festlegen der Richtpunkte usw. werden außerhalb des feindlichen Feuerbereichs weit sorgfältiger, die Schwerarbeiten, wie der Geschützaufmarsch und das Munitionieren aus dem gleichen Grunde und, begünstigt durch die guten Straßen des Hintergeländes, leichter, sicherer und ohne Ausfälle an Mannschaften, Pferden, Gerät und Munition vor sich gehen. Dieser letzte Gesichtspunkt gestattet auch die planmäßige Verteilung des gesamten Materialaufmarsches auf die ganze vor dem Angriffstage verfügbare Zeit. Dadurch läßt sich in Verbindung mit einer straffen, bis in die vordere Linie durch Offiziere überwachten Verkehrsregelung jeder außergewöhnliche Kolonnenverkehr vermeiden, der nur allzuoft zum Verräter wird. Etwaige Spuren einer besonderen Tätigkeit wird der Gegner im allgemeinen als Ausbau einer rückwärtigen Stellung ansprechen. Unter diesem Deckbegriff wird sich — wie gesagt — auch der eigenen Truppe die Angriffsabsicht verbergen lassen. Sämtliche Vorbereitungsarbeiten werden bis in alle Einzelheiten unter der persönlichen Aufsicht der höheren Vorgesetzten stehen. Man wird völlig überraschen und den Feind in unvorbereiteter Stellung finden. Mit starken Reserven des Gegners braucht man zunächst nicht zu rechnen, ihr späterer Einsatz wird wenig planmäßig sein können.

Ein ausgedehntes Trichtergelände ist nicht zu überwinden. In dem eben geräumten Gebiet findet man
ein gut ausgebautes Straßen- und Schienennetz vor.
Was etwa zerstört sein sollte, wird der Gegner selbst
sich bemühen herzustellen. Die Einsatzmöglichkeit schwerer
Artillerie in vorderster Linie sichert unserer Feuervorbereitung die erforderliche Tiefenwirkung, um auch die fern-
stehende feindliche Artillerie auszuschalten und besetzte rückwärtige Stellungen zu fassen. Diese Vorbereitungen lassen
sich — wie wir sahen — zum Teil auch auf das künftige
Feindgelände ausdehnen. Batterien können festgelegt
werden, Führer und Truppe sich mit dem Gelände vorher vertraut machen; der Artillerist kann Ziele, Beobach-
tungs- und Stellungsmöglichkeiten voraus erkunden. Der
Nachrichtendienst wird den Vorbau der Nachrichtenmittel ins
Feindgelände bis in die Einzelheiten voraus bearbeiten
können. Die späteren Vormarschstraßen können instand gesetzt, Schottermaterial kann in unauffälliger Weise bis tief
ins spätere Feindgelände hinein bereitgelegt werden. Sogar
an eine heimliche Bereitlegung kleiner Munitionsstapel für
die Stoßbatterien läßt sich denken. Schließlich kann infolge
der günstigen Aufmarschverhältnisse als Angriffsmittel auch
die Verwendung von Gasbatterien in großem Maßstabe ins
Auge gefaßt werden.

Für jeden Kilometer eine Salve von etwa 1000 Gasminen wird von durchschlagender Wirkung sein und bei
günstiger Witterung den Feind bis tief ins Hintergelände
hinein in Verwirrung bringen. Die Vorbereitungen zum
Einbau unter sorgfältiger Fliegerdeckung können von langer
Hand getroffen werden. Die Gasmunition selbst darf erst
in der Angriffsnacht in Stellung kommen.

Unter diesen Umständen wird die Massierung unserer

Angriffsmittel einerseits, die Deckungslosigkeit des noch nicht eingebauten Gegners anderseits eine bedeutende Verkürzung der artilleristischen Feuervorbereitung ermöglichen und uns damit einen bedeutenden Vorsprung vor den anmarschierenden feindlichen Reserven sichern. Die artilleristische Feuervorbereitung selbst wird nach allem Gesagten ungewöhnlich heftig und daher kurz sein können; die schon dargelegten günstigen Aufmarschverhältnisse gestatten einen alles bisher Dagewesene übertreffenden Masseneinsatz von Gerät und Munition. Ein voller Erfolg ist nach alledem höchst wahrscheinlich. Ein solches Manöver wird man jedoch schwerlich zweimal mit gleichem Erfolge durchführen können. Es empfiehlt sich daher, diese Art des Angriffs zugleich zu einer entscheidenden Offensive zu gestalten und mit ihr die Entscheidung des ganzen Feldzuges zu erstreben.

Wenn ich mich in den letzten Darlegungen unwillkürlich auf den deutschen Standpunkt gestellt und im übrigen die Kämpfe geschildert habe, wie sie den Hauptteil des Krieges gekennzeichnet und wie ich sie selbst kennen gelernt habe, so darf doch nicht vergessen werden, daß es noch andere Methoden des Angriffs gibt als die hier geschilderten, während die Verteidigung im allgemeinen nicht anders verfahren kann, als in den vorstehenden Auseinandersetzungen angegeben. Diese anderen Methoden können hier natürlich nicht in der gleichen Weise besprochen werden wie die bisher erwähnten, weil mir darin die persönliche Erfahrung fehlt, auf der die verschiedenen Besprechungen beruhen müßten. Auch würde es vielfach zu Wiederholungen führen, wenn sie des näheren erörtert werden sollten. Die Mittel, die zur Anwendung kommen, sind doch schließlich alle die gleichen: Artillerie, Tanks und Infanterie, nur in verschiedenartigem Zusammenwirken. Einiges läßt sich immerhin sagen.

Stets kommt es auf Überraschung an. Die Tanks lassen sich viel leichter zusammenziehen wie die Infanterie, wenn das nötige Straßennetz vorhanden ist. Man kann also mit ihnen viel leichter überraschend auftreten als mit Infanterie. Das scheint unseren Feinden auch vielfach geglückt zu sein; was aber die Artillerie anbetrifft, hängt natürlich ungeheuer viel von der Geschützzahl ab, über die man verfügt. Nun waren vier europäische Armeen gegen uns verbündet, zu denen im letzten Kriegsjahr noch die Amerikaner kamen, während auf unserer Seite die Türken und Bulgaren insofern nicht eigentlich mitzählten, als wir ihnen selbst Geschütze und Munition liefern mußten. Die Industrie der ganzen Welt war außerdem unseren Gegnern zu Diensten: da ist es nicht zu verwundern, daß sie schließlich eine bedeutende Überzahl von Tanks und Geschützen zur Verfügung hatten, d. h. sie brauchten weder zum Angriff noch zur Verteidigung Truppen in derselben Zahl zu transportieren wie wir, um den gleichen Zweck zu erreichen. Das ist natürlich ein ungeheurer Vorteil, der mit der Zeit auf alle Fälle zur Geltung kommen mußte.

Das hat sich denn auch bei den letzten Kämpfen des Jahres 1918 geltend gemacht. Besonders an Tanks war die Überlegenheit schließlich sehr groß. Aber auch die Artillerie der Verbündeten war der deutschen weit überlegen.

Das muß bei der Betrachtung der letzten Ereignisse in Rechnung gestellt werden. Je länger der Krieg dauerte, je mehr Deutsche fielen und verwundet wurden, je schlechter anderseits der Ersatz wurde, desto mehr nahm die Überlegenheit der Verbündeten zu trotz der gewaltigen Verluste, die sie erlitten, desto mehr ging das Vorrecht der Offensive in ihre Hände über, desto verschiedenartiger gestaltete sich auch der Angriff selbst. Der nunmehrige Verteidiger anderseits gebot

nur noch über schwindende Mittel. Den Tanks und der ver=
stärkten Feuerwalze gegenüber verfügte er über keine neuen
Verteidigungsmittel, und während der Krieg sich fortwährend
in der Anwendung der technischen Hilfsmittel veränderte,
war er selbst im großen und ganzen stets auf die gleichen
Verteidigungsmittel angewiesen. Der Verteidiger konnte
nichts anderes tun, als seine Truppen konzentrieren, sobald
ein feindlicher Angriff erkannt war, die verschiedenen Kampf=
formen anwenden, die den feindlichen Angriffsarten ange=
messen waren, und im übrigen auf die Tapferkeit seiner
Truppen vertrauen. Es war der deutschen Heeresleitung
durch die Verhältnisse selbst untersagt, mit neuen Methoden
des Kampfes hervorzutreten und die Initiative an sich
zu reißen, während es der gegnerischen freistand. Viel=
leicht hätte sie beispielsweise die Feuerwalze vorteilhafter
gestalten können, so daß die Leistungsfähigkeit der Geschütze
noch besser ausgenutzt wurde, als es in Wirklichkeit der Fall
war. Es sei daher gestattet, einige Worte über diese selbst
hinzuzufügen.

II. Die Feuerwalze.

Wir haben gesehen, daß kein Infanterieangriff ohne vor=
ausgehende Feuerwalze möglich ist, die den letzten feindlichen
Widerstand dicht vor der stürmenden Infanterie brechen soll,
Der große Nachteil einer jeden ist aber der, daß ihre
Schnelligkeit ein für allemal festgesetzt ist. Ob die In=
fanterie rasch oder langsam vorschreitet: die Walze geht
immer in gleichem Tempo vorwärts und gewinnt daher
nur allzuleicht — wie das auch in Wirklichkeit vorgekommen
ist — einen Vorsprung vor der Infanterie, hinter dem der
Widerstand der feindlichen Truppe unbehindert rasch wieder=
aufleben kann. Anderseits kann sie die Infanterie auch

zwingen, langsamer vorzugehen, als es die Umstände sonst
gestatten würden. Die Aufgabe des Angreifers besteht also
darin, die Walze beweglich zu machen, so daß sie sich dem
Vorwärtskommen der Infanterie anschmiegen kann. Diese
Aufgabe ist praktisch noch nicht gelöst worden; man kann also
nur Vorschläge machen, die die Feuerprobe noch nicht bestanden haben.

Wenn man nun die Notwendigkeiten der Lage überlegt,
so drängt sich vor allem der Gedanke auf, dem Regimentskommandeur der Infanterie durch einfache Leuchtzeichen unmittelbaren Einfluß auf das Tempo der vor seinem Regiment
liegenden Walze zu ermöglichen. Dieser Gedanke scheint
praktisch durchführbar.

Das Angriffsfeld muß in genau begrenzte Walzenstreifen
eingeteilt werden, die sich mit den Regimentsstreifen im allgemeinen decken und mit den gleichen Farben bezeichnet
werden.

Rechnet man für jede Division zwei Angriffsregimenter
vorderster Linie, so würden innerhalb zweier Divisionen nur
vier Leuchtkugelfarben nötig und damit jede Verwechslung
ausgeschlossen sein. Bilden — wie das gewöhnlich der Fall
sein wird — mehr Divisionen als zwei die Angriffslinie, so
wird der Farbenwechsel höheren Orts geregelt werden
müssen; immer aber werden rot, gelb, weiß und grün genügen. Möglich ist es allerdings, daß zwischen zwei Regimentern ein Zwischenraum entsteht, daß bei dem einen die
Walze des einen, je nach der Anforderung, langsamer oder
schneller vorgeht als bei dem andern; doch diese Differenz
kann immer nur unbedeutend sein, wenn der Regimentskommandeur mit der nötigen Rücksicht verfährt, und wird
vom Gegner zum Durchbrechen durch die Infanterielinie niemals benutzt werden können.

Wechſelt ein Regiment im Verlaufe des Angriffs auf einen benachbarten Streifen über, ſo muß es ſich zur Verſtändigung mit der in dem betreffenden Streifen befindlichen Geſchütz-Abteilung ſelbſtverſtändlich auch der benachbarten Farbe bedienen, wenn es der Artillerie Zeichen geben will. Da es immerhin fraglich iſt, ob dieſe die betreffenden Zeichen ſehen wird, müſſen beſondere Überwachungsballone, beiſpielsweiſe einer pro Diviſion, die Weitergabe der Leuchtzeichen an d i e Teile der Artillerie übernehmen, die die Walze in dem betreffenden Geländeabſchnitt bilden. Auf ein Leuchtzeichen ihrer Farbe würde dann z. B. die betreffende Artillerie mit ihrem Feuer in 50-m-Sprüngen von je 5 Minuten Dauer auf ihre vorletzte 200-m-Linie zurückgehen und dann wieder automatiſch vorwärtsrollen, wenn keine weiteren Leuchtzeichen erfolgen. Natürlich können die Zeiten auch anderweitig beſtimmt werden; das kommt ganz darauf an, wie ſchnell man glaubt mit der Infanterie vorgehen zu können. Es empfiehlt ſich, in dieſer Hinſicht keine allzu idealen Anforderungen zu ſtellen. Die Gründe dafür liegen auf der Hand; auch wird eine Verſtändigung mit den Nebenregimentern empfehlenswert ſein.

Eine langſam gehende Walze iſt einer raſch vorſpringenden jedenfalls vorzuziehen. Man hat dann größere Sicherheit, daß die Infanterie auf jeden Fall mitkommt, und wird ſeltener gezwungen ſein, von den Leuchtzeichen Gebrauch zu machen. Jedenfalls aber wird eine ſolche bewegliche Feuerwalze nur möglich ſein, wenn man die Vorbereitungen in aller Ruhe und weithin treffen kann. Das läßt ſich aber nur voll erreichen, wenn die Armee vor dem Angriff zurückgezogen wird. Nur dann wird es ſich im allgemeinen ermöglichen laſſen, daß keine Batterien aus dem Rahmen ihres Farbſtreifens herausfallen und die Batterien ſenkrecht zur

Schußrichtung eingebaut sind. Ebenso notwendig ist eine genaue Kenntnis der festgelegten Streifen bei den Infanterie-Regimentskommandeuren und den Kommandeuren der Geschütz-Abteilungen. Beide werden gewöhnlich nur dann eine genügende Kenntnis des Feindgeländes haben können, wenn sie vor dem Rückzuge Gelegenheit hatten, es genügend zu studieren.

So wird im allgemeinen die bewegliche Feuerwalze nur dann anwendbar sein, wenn vor dem Angriff ein Rückzug geplant ist, und wenn die einzelnen Farbstreifen durchaus senkrecht vorwärts gehen, da es sonst unmöglich sein dürfte, die senkrechte Schußrichtung der Batterien zu erhalten, die durchaus erforderlich ist, abgesehen von geringen Abweichungen, wie sie bei jeder Feuerwalze, hauptsächlich aber bei einer beweglichen, stattfinden werden.

III. Der Entscheidungskampf im Stellungskriege.

Der Kampf, der eine Entscheidung bringen soll, ist an sich im Stellungskriege eigentlich genau der gleiche wie der Kampf ohne Entscheidung; nur in der allgemeinen Anordnung ist er ganz verschieden. In dem einen Fall ist die Verteilung der Truppen fast auf der ganzen Linie eine gleichmäßige; lediglich das Gelände und das Verhalten des Feindes werden hier oder da eine größere Ansammlung von Truppen zur Folge haben. Eine operative Absicht liegt nur dann zugrunde, wenn ein besonderer Geländeabschnitt gewonnen werden soll; ganz anders aber ist es, wenn die gesamte Anordnung durch eine entscheidungsuchende Absicht bedingt ist. Jetzt wird man die Truppen hinter d e m Flügel massieren, auf dem die Entscheidung gesucht werden soll, und zwar werden hier die Streitkräfte eine doppelte Richtung haben müssen. Die vorderste Linie wird den Auftrag erhalten, geradeaus vorwärts zu gehen und den Gegner möglichst weit zurückzuwerfen; die zweite Staffel wird die Aufgabe haben, nach außen abzu= schwenken und den Flügel des Feindes, auf den sie stößt, auf= zurollen.

Das, worauf es dabei ankommt, ist, daß wirklich die Linien des Feindes an der Bruchstelle auseinanderreißen, daß ein wirkliches Durchbrechen der feindlichen Aufstellung stattfindet, daß jeder Zusammenhang zwischen den Truppen, die seitwärts aufgerollt, und denen, die geradeaus zurück= geworfen werden, in Wirklichkeit aufhört. Der Gegner wird natürlich sein Möglichstes tun, um das zu verhindern. Er wird von allen Seiten Truppen heranfahren oder sonst her= anzubringen suchen, um den Riß zu verhüten und das etwa entstandene Loch zu stopfen. Gerade das aber muß ver= hindert werden. Zu diesem Zweck müssen Truppen bereit= stehen und also die hinter den Flügeln massierten Trup= pen stark genug sein, um — wenn nötig — noch einen Überschuß an Kraft in die entstandene Lücke werfen zu können. Hierzu wird man im allgemeinen Kavallerie ver= wenden, die rasch vorwärtsgehen und den etwa in die Lücke vordringenden Feind zurückwerfen kann. Auch wird man ihr Artillerie in genügender Stärke mitgeben, um den etwaigen Gegner rasch niederkämpfen zu können.

Es ist also völlig verständlich, wenn die Engländer und die Franzosen Kavallerie hinter ihrer Schlachtlinie bereit= stellten, um den Durchbruch vollenden und ausnützen zu können; sie haben nur nicht richtig mit dieser Waffe operiert und sie immer in Augenblicken losgeschickt, in denen sie auf zu starke Kräfte des Feindes und noch dazu frontal stieß. Das ist natürlich zu vermeiden. Die Kavallerie muß im Gegenteil so lange zurückgehalten werden, bis die Gegend so gut wie ganz frei vom Feinde ist, und muß sich dann in zwei Gruppen teilen, die sich nach ganz verschiedenen Richtungen wenden: die eine gegen den Teil der feindlichen Streitmacht, der aufgerollt werden soll, die andere gegen den Teil, der nur frontal zurückzuwerfen ist; beide Teile müssen mit aller Energie vorwärtsdringen, damit zwischen ihnen der Platz frei wird, und die Kavallerie die erforderliche Bewegungsfreiheit gewinnt.

Es wird also nötig sein, an dieser Stelle große Truppenmassen zu versammeln und so schnell wie möglich vorzubringen, um den Gegner zu verhindern rechtzeitig Verstärkungen heranzuziehen. Man wird daher gerade hier die artilleristische Vorbereitung in der Front so viel als tunlich steigern und auch eine starke Artillerie bespannt bereithalten, um sie — während man in der Front unaufhaltsam vorwärtsdrängt — sofort gegen die aufzurollende Linie des Feindes einsetzen zu können.

Das Wege- und Straßennetz muß der Aufgabe entsprechend so weit als möglich ausgebaut und der Munitionstransport geregelt sein; denn natürlich wird man sehr viel Munition brauchen, einmal um in der Front rasch vorwärts zu kommen, dann aber auch, um nach der Flanke das Nötige zur Verfügung zu haben; denn gerade darauf wird es besonders ankommen, an dieser Stelle rasch vorwärts zu gehen. Das aber wird bedeutend erleichtert werden, wenn es gelingt, gegen diesen Teil des Feindes, der zugleich frontal angegriffen werden muß, ein konzentrisches Feuer zu richten, damit man ihn hier besonders schnell zum Weichen bringt und rasch die Lücke erweitert, in die dann die Kavallerie einbrechen kann.

Diese darf nur so lange geradeaus — also auf der Mittellinie — vorgehen, bis sie dem Feuer des Feindes einigermaßen entzogen ist, und muß sich dann — ihrer Zweiteilung entsprechend — gegen die rückwärtigen Verbindungen des

Gegners wenden. Beſonders die Eiſen- und Kleinbahnen muß ſie ins Auge faſſen und zerſtören, ſoweit ſie zum Heranführen von feindlichen Verſtärkungen, Munition und Lebensmitteln dienen können. Doch darf man natürlich nicht d i e Schienenſtränge unterbrechen, die man ſpäter ſelbſt nötig hat, um raſch vorwärts zu kommen.

Man ſieht alſo, daß es eingehender Vorbereitungen bedarf, um an einer gegebenen Stelle wirklich durchbrechen zu können; einer eingehenden vorherigen Überlegung, um ſich in jeder Richtung vollkommen klar zu ſein. Nichts darf dem Zufall überlaſſen werden. Das Hauptgewicht liegt nach vollendetem Durchbruch auf der Tätigkeit gegen des Feindes Flanken, denn nur an dieſer Stelle iſt — das dürfte ſich aus dem Vorhergehenden ergeben — ein durchſchlagender Erfolg zu erringen. Auf welcher Seite man dieſen ſucht, wird von den Verhältniſſen abhängen. Im allgemeinen aber wird er gegen den Heerteil zu ſuchen ſein, gegen den ſich der urſprüngliche frontale Angriff n i c h t richtete. Gegen dieſen Teil der Geſamtfront wird ſich vornehmlich die Angriffskraft zu wenden haben, weil der Feind hier auf einen Angriff am wenigſten vorbereitet ſein wird. Es kann aber natürlich auch der Fall eintreten, daß der bis dahin nur frontal angegriffene Teil offenſiv aufgerollt werden ſoll, daß alſo der Schwerpunkt auf dem inneren Flügel des Feindes liegt, und daß man ſich nach außen hin mehr oder weniger defenſiv verhalten will. In beiden Fällen werden ſehr bedeutende Streitkräfte durch die geriſſene Lücke hindurchbringen müſſen, um den Kampf in Fluß zu erhalten und die Entſcheidung wirklich zu erzwingen; immerhin iſt im letzteren Falle die Gefahr des Mißerfolges wahrſcheinlich größer: denn — wie ſchnell man auch vorgehen mag — immer wird es dem Gegner aller Wahrſcheinlichkeit nach

möglich gewesen sein, Verstärkungen an die durch den Frontalangriff gefährdete Front heranzuziehen, und gegen diese
wird man fortan zu kämpfen haben.

Außerdem wird der durchbrechende Angreifer im
weiteren Vorschreiten immer weiter nach außen aufmarschieren müssen, um sich gegen eine Umfassung
seiner eigenen äußeren Flügel zu sichern, und zwar
nach beiden Seiten, denn der Gegner wird immer wieder
versuchen, von beiden Seiten her Unterstützungen heranzuziehen und so die entstandene Lücke zu schließen. Es wird
also vor allem darauf ankommen, weithin die Bahnen zu zerstören, die parallel zur angegriffenen Front laufen, und man
wird leicht verstehen, daß Kavallerie dazu am meisten geeignet ist. Sie allein kann so rasch vorgehen, wie es für den
genannten Zweck erforderlich ist. Daß sie dabei rücksichtslos
vorwärtsreiten und aus dem Lande und von den darin vor-
gefundenen feindlichen Vorräten leben muß, ohne sich um die
eigenen rückwärtigen Verbindungen zu kümmern, versteht
sich unter den gegebenen Verhältnissen von selbst. Man sieht
ferner, wie wichtig es ist, den durchgebrochenen Truppen
schnell mit der Eisenbahn zu folgen, und wie eingehend dieses
Folgen vorbereitet sein muß, wenn der Durchbruch wirklich
gelingen soll.

Es ist demnach nur allzu verständlich, daß solcher Versuch nicht oft wiederholt werden kann, und daß man es sich
daher doppelt und dreifach überlegen muß, bevor man zu
dieser mehr wie zweischneidigen Waffe greift, die oft zu gewaltigen Truppenanhäufungen zwingen und es damit
doppelt schwer machen wird, diese Versammlung der Kenntnis des Feindes zu entziehen.

Es wird daher vor allem wichtig sein, die Richtung zu
bestimmen, in der der Durchbruch stattfinden soll; denn davon

wird der Erfolg der ganzen Operation — abgesehen von den sachgemäßen Vorbereitungen — im allgemeinen abhängen. Hierbei aber tritt die Frage nach der entscheidenden Richtung in den Vordergrund der Erwägung. Wer sich näher über diese Frage unterrichten will, der lese das betreffende Kapitel im zweiten Bande meines Buches „Vom heutigen Kriege"*) nach. Hier sei nur soviel gesagt, daß es sich dabei einerseits um rein taktische Fragen handelt, anderseits — sobald die Entscheidung des ganzen Krieges in Frage steht — um Fragen geographischen und politischen Inhalts, daß man aber niemals an und für sich die schlechthin entscheidende Richtung nach theoretischen Gesichtspunkten bestimmen kann. Diese also läßt sich nur an einzelnen Beispielen klarmachen, weil sie sich in jedem einzelnen Fall ändert.

Deutscherseits führte sie gegen Rußland durch die Ostsee=provinzen auf Petersburg, mit genügender Sicherung in der rechten Flanke, österreichischerseits von Galizien in der all=gemeinen Richtung auf Moskau. Im Westen dagegen muß man mehrere Richtungen unterscheiden, je nach der Lage der politischen Verhältnisse. Solange England nicht beteiligt war, nur mit der Teilnahme drohte oder nur seine schwache Friedensarmee auf französischem Boden hatte, war die Rich=tung auf Calais die zweifellos entscheidende, wie Graf Schlieffen das auch immer betont hat; sobald aber die n e u = g e b i l d e t e englische Armee den Boden Frankreichs be=treten hatte, lag die entscheidende Richtung auf der Linie, die die englische und die französische Armee voneinander trennte.

England war entschieden der gefährlichere Gegner, der, dessen Willen am schwersten zu brechen war. Es kam also darauf an das englische Heer vor allem zu vernichten und

*) Bd. II. IV., Kap. 5.

damit England, dessen Kohlennot zugleich auf das höchste gesteigert werden konnte, weil es seine Verbündeten fast ganz
mit den schwarzen Diamanten zu versorgen hatte, zum
Frieden zu zwingen. Man konnte sich dazu unmittelbar nach
erfolgtem Durchbruch gegen die englische Armee wenden,
diese vernichten und sich gegen die französischen Kräfte zunächst in der Defensive halten. Man konnte aber auch umgekehrt erst die französische Armee angreifen und sich gegen
England defensiv verhalten, wenn man Frankreich als den
gefährlicheren Gegner ansah.

Als die Amerikaner in Sicht waren, kam es darauf an,
die Entscheidung sobald als möglich herbeizuführen, bevor
die amerikanische Armee in den Kampf eingreifen konnte.
Ob freilich die Kräfte hierzu genügten, das ist eine andere
Frage, die hier nicht untersucht werden soll. Dazu reichen
die heutigen Quellen nicht aus. Eine Kritik an der Heeresleitung soll aber keineswegs geübt werden, da sich ihre Be-
weggründe noch gar nicht übersehen lassen; es handelt sich
hier nur um rein theoretische Auseinandersetzungen. Es
kommt lediglich darauf an, festzustellen, daß sich eine bestimmte Richtung als entscheidende nicht ein für allemal angeben läßt, und daß die Entscheidung hierüber jedem einzelnen Fall vorbehalten werden muß. Hierbei ist auch die taktische Seite der Frage mit zu berücksichtigen. Die taktischen
Nachteile oder Vorteile können so bedeutende sein, daß sie die
operativen oder strategischen Rücksichten überwiegen. Zu
beurteilen, ob man diesen oder jenen folgen soll, ist einzig
und allein Sache des Feldherrn, und die Art seiner Persönlichkeit wird dabei eine bedeutende Rolle spielen. Der eine
kann mehr wagen als der andere und wird dennoch größere
Aussichten auf Erfolg haben.

Die entscheidende Richtung wird also stets festgelegt

werden müssen nach Rücksichten, die sich im voraus nicht bestimmen lassen; der Verteidiger aber wird schwerlich jemals
mit Bestimmtheit voraussehen können, wo sie vom Gegner
gesucht werden wird. Unter Umständen wird es für ihn eben
nur darauf ankommen, den Krieg so lange hinzuziehen, bis
der Angreifer sich vielleicht zum Frieden entschließt, d. h.
einen hinhaltenden Krieg zu führen. In diesem Falle gibt
es für den Verteidiger eine entscheidende Richtung nur insofern, als es darauf ankommt, das Handeln des Feindes richtig
zu beurteilen und rechtzeitig festzustellen, an welcher Stelle der
Front er durchzubrechen beabsichtigt. Dorthin wird man
dann alle Reserven heranfahren; wichtig aber wird es sein
— was übrigens für alle herangebrachten Reserven zu-
trifft —, diese Truppen nicht allzunahe an der vorderen Gefechtslinie auszuladen, damit sie beim Eintreffen nicht gleich
in das Gefecht verwickelt werden, solange sie noch nicht zu
größeren Massen vereinigt und anderseits noch nicht in der
Lage sind, eine Stellung einzunehmen, in der sie wirklich
Widerstand leisten oder zur Gegenoffensive schreiten können.
Man läuft sonst Gefahr, die Reserven tropfenweise zu ver-
ausgaben, ohne doch den Zweck zu erreichen. In diesen Verhältnissen liegen die Vorteile des Angreifers, zugleich aber
die des Verteidigers.

Dieser muß die Gefahr rechtzeitig erkennen, in der er
schwebt; er muß ferner beurteilen können, ob es sich um
einen gewöhnlichen oder einen entscheidenden Angriff handelt, wieviel Truppen er also heranzubringen hat; er muß
die Richtung erkennen, in der der entscheidende Stoß geführt
werden soll, und er muß schließlich aus lauter unsicheren
Faktoren berechnen können, wie nahe er seine Verstärkungen
auf den Parallelbahnen heranfahren darf, ohne sie einer
frühzeitigen Niederlage auszusetzen. Er bewegt sich also in

einem Meer von Ungewißheiten und kann nur mit schwer be-
ftimmbaren Faktoren rechnen.

Man wird aber zugleich zu feinem Vorteil zugeben
müffen, daß alle diefe Nachteile nur dann voll in die Er-
fcheinung treten, wenn es dem Angreifer gelingt, die Vorbereitungen für den Angriff wenigftens fo lange unbemerkt
vom Feinde auszuführen, daß diefer nicht mehr in der Lage
ift, rechtzeitig zweckmäßige Gegenmaßregeln zu treffen. Das
ift natürlich an und für fich fehr fchwer, doppelt fchwer aber,
wenn es fich um fo große Truppenzufammenziehungen handelt, wie fie zu einem Durchbruch erforderlich find und einem
Zweck dienen follen, der entfcheidend für die gefamte Kriegführung fein foll. Es müffen alfo alle denkbaren Vorfichts-
maßregeln getroffen werden, um die beftehende Abficht dem
Feinde zu verheimlichen, und zu diefen gehört vor allen die
Verbindung des Angriffs mit einem vorhergehenden Rückzug. Wenn man alfo den kriegentfcheidenden Angriff ins
Auge faßt, weil die allgemeine Lage zu einem folchen drängt,
wird man gut tun, einen Rückzug damit zu verbinden. Um
fo leichter wird es fein, unbemerkt die gewaltigen Truppen-
maffen zufammenzuziehen, die zu einem folchen Unternehmen
erforderlich find.

IV. Der Angriff und die Verteidigung im Bewegungskriege.

Der Bewegungskrieg ift ftets auf das Ganze gerichtet,
oder er hat die Tendenz, in einen Stellungskrieg überzugehen. Das liegt in der Natur der Sache. Der Angreifer
fucht, folange er vorwärtsfchreitet, ftets die Entfcheidung mit
der Waffe herbeizuführen; der Verteidiger weicht entweder
dem Stoß aus oder er nimmt den Kampf an. In letzterem
Falle kann er wählen, ob er fchlechthin entfcheidend fechten
oder ob er einen Stellungskrieg herbeiführen will. Zum

erſteren wird er ſich entſchließen, wenn der Rückzug, bei dem er auf ſeine Verſtärkungen zurückgeht, die Kräfte ſoweit ausgeglichen hat, daß er glaubt, es auf einen Kampf ankommen laſſen zu können, wie die Ruſſen bei Borodino; zum Stellungskampf wird er greifen, wenn er genug Truppen zur Verfügung und genügend Zeit hat, um die Stellung, die er einnehmen will, gehörig vorzubereiten. Auch die Art des Geländes — ob es ſich zur Verteidigung eignet oder nicht — wird dabei mitſprechen. In dieſem Falle gelten die Geſetze des Stellungskrieges.

Wenn aber der Bewegungskrieg beſtehen bleibt, muß der Feldherr eben auch die für dieſen geltenden Geſetze berückſichtigen, und dann kommt es auf eine Entſcheidung an. So hat ſich denn die Sache in Wirklichkeit auch abgeſpielt, zu Beginn des Krieges ſowohl wie auch ſpäter auf dem ruſſiſchen und auf dem rumäniſchen Kriegsſchauplatz. Wo die Truppen aufeinanderſtießen, ohne daß zuſammenhängende und befeſtigte Linien einander gegenüberſtanden, wo eine gewiſſe Freiheit zum Operieren vorhanden war, da iſt die Entſcheidung ſtets geſucht worden und auch bald gefallen: ſo bei den erſten Kämpfen in Belgien und Frankreich, ſo bei Hindenburgs berühmtem Feldzug in Oſtpreußen, bei dem Rückzuge auf Schleſien, bei dem Einbruch in die Walachei, dem Vormarſch auf Breſt-Litowsk und dem Feldzuge, der mit der Einnahme Rigas und der ruſſiſchen Oſtſeeprovinzen endete. Solche Operationen allein alſo haben wir jetzt zu beſprechen. In ihnen kommt die Umfaſſung wieder voll zur Geltung, und zwar um ſo mehr, je weittragender die Waffen ſind, und je mehr der Krieg ohne die Befeſtigungen und ohne die übrigen Hilfsmittel des Stellungskrieges geführt wird.

Was den ſtrategiſchen und operativen Teil dieſer Kriegführung anbetrifft, können wir uns ruhig an das halten, was

in meinem Buche „Vom heutigen Kriege", das kurz vor dem
Weltkriege erschien, dargelegt ist; die taktischen Veränderungen aber, die diesen Krieg kennzeichnen und ihn von
allem unterscheiden, was vorher gewesen ist, müssen wir besonders ins Auge fassen und berücksichtigen.

Hier nun fallen folgende Punkte besonders ins Gewicht:
die Verbesserung und Vermehrung der Artillerie; die tiefgreifenden Veränderungen in der Kampfweise der Infanterie
und Kavallerie; das Flugwesen und endlich der durch die verwendeten Massen notwendig gewordene vermehrte Nachschub. Alles übrige kommt für den Bewegungskrieg weniger
in Betracht, weil es meistenteils schon der knappen Zeit wegen
nicht benutzt werden kann.

Eine besondere Berücksichtigung verlangen eigentlich nur
die Tanks. Irgendwelche Erfahrungen über deren Verwendung im Bewegungskrieg liegen mir nicht vor. Es gibt
jedoch keinen Grund, dessentwegen sie nicht wie andere
Truppen in die Marschkolonnen eingesäbelt und später im
Gefecht ihrer Natur nach verwendet werden sollten. Wir
werden also auch in späteren Bewegungskriegen voraussichtlich mit Tanks rechnen können, besonders, wo das Wegenetz
ihre rücksichtslose Verwendung möglich macht. Wir werden
auf die Fechtweise gefaßt sein müssen, die die Bekämpfung
der Tanks erfordert, und wir werden sie unter Umständen
selbst benutzen. Wie weit sich deren Anwendung ausdehnen
wird, läßt sich zur Zeit noch nicht übersehen; um so mehr
wird man mit den anderen Faktoren rechnen müssen, die
jeden künftigen Krieg zu beeinflussen berufen sind.

Zunächst wird man auf dem entscheidenden Punkt eine
sehr viel größere Masse Artillerie vereinigen müssen als
früher, auch schwere Kanonen, denn es wird nicht nur darauf
ankommen, die feindliche Infanterie bloß zu erschüttern, wie

vordem, sondern auch darauf, die Artillerie des Gegners zum Schweigen zu bringen und seine Infanterie mit dem Artilleriefeuer möglichst vollständig niederzukämpfen, um der eigenen Truppe die Annäherung an den Feind zu ermöglichen. Schnelligkeit ist dabei die Hauptsache, damit der Verteidiger nicht in der Lage ist, Verstärkungen heranzuziehen. Das gleiche war zwar früher auch schon der Fall, man darf aber nicht vergessen, daß auch der Gegner eine verstärkte Artillerie hat und daher nicht mehr so leicht niederzukämpfen ist wie ehedem. Man wird mit einer verhältnismäßig viel größeren Übermacht als in früheren Kriegen an dem entscheidenden Punkt auftreten müssen. Der Umstand aber, daß man eine verstärkte Artillerie nötig hat, erschwert zugleich alle Bewegungen und macht damit ein Straßennetz nötig, wie es vordem nicht der Fall war. Wo ein solches aber nicht vorhanden ist, nimmt die Vorbereitung für den Angriff mehr Zeit in Anspruch als früher, schon weil die Straßen unter Umständen erst gebaut werden müssen. Es wird also viel darauf ankommen, diese Zeit nach Möglichkeit abzukürzen.

Der zweite Punkt, der zu erörtern ist, betrifft die veränderte Kampfweise der Infanterie und Kavallerie. Der Kampf beider Waffen wird mehr wie früher mit Maschinengewehren und Handgranaten ausgefochten, deswegen aber muß die angreifende Truppe näher an den Feind heran, und um das zu ermöglichen, ist die Artillerie vermehrt worden. Eines ist hier eben durch das andere bedingt. Da die Kavallerie nur selten Gelegenheit haben wird, den Gegner zu Pferde anzugreifen, sondern meistens zu Fuß wird fechten müssen, kann die Entscheidung nicht so früh fallen als bisher. Nach dem Kampfe wird demnach die Truppe einen erhöhten Gebrauch von ihrer operativen Schnelligkeit machen müssen, um ihre Zwecke dennoch zu erreichen. Mit ihrer Aufklärung aber und ihrer Einwirkung auf die rückwärtigen Verbindungen des Gegners wird man trotzdem rechnen können, nur mit dem Unterschiede, daß auch hierbei von der Schußwaffe ein erhöhter Gebrauch gemacht und daher die nötigen Gefechte sich nicht so schnell abspielen werden, als dies bisher der Fall war.

Man wird daraus ersehen, wie wichtig diese Aufklärungsorgane sind. Während des Weltkrieges haben wir freilich die Kavallerie so gut wie ganz abschaffen müssen; das ist aber nur aus Not geschehen, weil eben der Train und die Infanterie noch wichtiger sind als die Reiterei, und man ohne sie den Krieg überhaupt nicht führen kann. An und für sich aber ist die Reiterei bitter notwendig, wenn man den Krieg einigermaßen mit Aussicht auf Erfolg führen will. Ich lege auf diesen Punkt besonderen Wert, weil ich es kommen sehe, daß gerade auf ihn die modernen Volksbeglücker in ihrer völligen Unkenntnis des wirklichen Krieges ganz besonders Bedacht nehmen und die völlige Abschaffung oder mindestens äußerste Verringerung der Kavallerie mit allen Mitteln betreiben werden. Dennoch wird gerade die Reiterei vor der Front und vor den Flügeln der Armeen fortdauernd tätig sein müssen, um den Feind zu verhindern, Einsicht in die diesseitigen Verhältnisse zu gewinnen. Sie wird dabei mit Vorliebe offensiv verfahren, denn taktisch kann sie nur in der Offensive einen Erfolg erringen. Sie wird, wenn irgend möglich, zu Pferde fechten, denn nur dann kann sie rasch zu einem Erfolge gelangen, wie das operativ nötig ist. Darin ist sie freilich von der feindlichen Kavallerie bis zu einem gewissen Grade abhängig, die ihrerseits zur Schußwaffe greifen und damit das Feuergefecht zu erzwingen suchen kann. Da wird es darauf hinauslaufen, es auf einen frontalen Kampf nicht ankommen zu laſſen, ſondern durch umgehende Bewegungen den Kampf zu Fuß zu vermeiden und dennoch die Aufklärung fortzuſetzen. Freilich wird man dabei Gewicht darauf legen müſſen, daß der Rückzug gewahrt und die Verſchleierung nicht unterbrochen wird, denn dieſe iſt bei jeder Offenſiv-Operation im allgemeinen die Hauptſache. Doch läßt ſich dieſe doppelte Aufgabe wohl durch eine geſchickte Teilung der Kräfte und durch Patrouillen erreichen. Man kann hundert gegen eins wetten, daß der Feind zurückgehen wird, wenn er ſich umgangen ſieht, und es iſt ſehr fraglich, ob er genügend Patrouillen vorſchicken wird, um ſeinerſeits die Aufklärung fortzuſetzen. Wagemut aber iſt für den Kavalleriſten doppelt erforderlich.

Der dritte Punkt, um den es ſich handelt, iſt die Verbeſſerung und Vermehrung der Luftſtreitkräfte, ja ihre operative Einwirkung überhaupt. Ihr Vorhandenſein hat die Kriegskunſt auf einen durchaus neuen Boden geſtellt. Wenn man bisher das Marſchieren bei Tage als das Gewöhnliche anſah, wurde jetzt das Marſchieren bei Nacht zu einem notwendigen Hilfsmittel der Kriegskunſt. Zwar wurde auch früher manchmal in der Nacht marſchiert. Friedrich der Große wagte z. B. einen Nachtmarſch vor der Schlacht bei Hohenfriedberg. Das war aber immer ein Ausnahmefall, während heute das Marſchieren bei Nacht zu den gewohnheitsmäßigen Gepflogenheiten der oberen Truppenleitung gehört. Was man dem Feinde verheimlichen will, das führt man bei Nacht aus. Man läßt eben nur einen Teil der Truppen bei Tage marſchieren, ſoviel, wie man den Feind zur Not ſehen laſſen kann, und marſchiert mit dem Reſt während der Nacht. Vor allem wird man dem Gegner auf dieſe Weiſe die Verſammlung der Kräfte nach der für entſcheidend erachteten Seite hin zu verheimlichen ſuchen, und man kann sich denken, wie sehr ein solches Verfahren die gesamte Kriegskunst beeinflussen muß.

Noch wichtiger aber ist vielleicht die eigene Aufklärung und die Verhinderung der feindlichen, besonders im Bewegungskriege, wo es sich für die eine Partei stets um Offensivoperationen handelt. Es kommt alles darauf an, Einsicht in die Kräfteverteilung des Gegners zu gewinnen, die feindliche Aufklärung aber zu verhindern. Die Flieger können nur bei Tage und günstigem Licht arbeiten; für die Kavallerie aber ist es unter modernen Verhältnissen fast unmöglich, den Feind g e n ü g e n d aufzuklären, denn bei dem heutigen Kriege muß man im allgemeinen so breite Fronten voraussetzen, daß sie selten Punkte erreichen kann, von denen aus sie etwas im Zusammenhange zu sehen und rechtzeitig Nachricht zurückzubringen vermag. Die Aufklärung in der Luft ist also eine Notwendigkeit, und ein Zusammenarbeiten mit der Reiterei geboten. Aus den Angaben beider Waffen wird sich dann ein möglichst richtiges Bild ergeben. Man wird mit den Flugzeugen so weit als möglich über die feindlichen Linien vorstoßen, um, wenn angängig, alles zu erkunden, was hinter der feindlichen Front vorgeht. Man wird anderseits alles daran setzen, um das eigene Heer und dessen Maßnahmen zu verschleiern. Auch das wird der Kavallerie fast unmöglich sein und jedenfalls sehr schwer werden, wenn sie nicht sehr stark ist.

Beiden Gesichtspunkten — der Aufklärung wie der Verschleierung — kann man nur dann gerecht werden, wenn man die feindlichen Flugzeuge derart niederkämpft, daß sie nicht mehr in der Lage sind, ihre Aufträge zu erfüllen. Es ist demnach die Aufgabe des Angreifers, die Überlegenheit in der Luft ebenso zu erkämpfen, wie sie auf der Erde die feindliche Kavallerie niederhalten muß, und daher empfiehlt es sich vielleicht, im Bewegungskriege der Angriffstruppe vor allem Jagdflieger beizugeben, deren besondere Bestimmung darin besteht, die feindlichen Flieger anzugreifen und unschädlich zu machen. Sie werden reichlich Arbeit haben. Erst später, wenn der Bewegungskrieg wieder zum Stillstand gekommen, weil die Entscheidung bereits gefallen ist, oder weil der Übergang zum Stellungskrieg sich vollzogen hat, werden auch andere Flugzeuge, die im wesentlichen andere Aufgaben haben, wieder am Platze sein.

Allerdings können die Flieger auch bei Nacht über unsere Linien gehen, wie es Bombengeschwader fast immer tun; dann sind sie aber für die Aufklärung wenig gefährlich, weil dann Um- und Übersicht gering sind. Immerhin empfiehlt es sich, alle Feuer in der Nacht zu löschen, damit der Feind aus ihrem Vorhandensein keine Schlüsse ziehen kann. Auch müssen die Straßen während der Nacht einen gewissen Fliegerschutz haben, denn wenn es heute auch nur möglich ist, die Gegend auf kurze Entfernungen bei sehr niedrigem Fliegen zu beleuchten, so kann eben doch an den Straßen entlang geleuchtet werden, und der Feind kann wahrnehmen, ob diese belegt sind oder nicht.

Endlich ist der Nachschub zu besprechen, der für den Angreifer bedeutende Schwierigkeiten bietet. Aus dem Lande zu leben, wird im allgemeinen nicht möglich sein, da kein Kriegsschauplatz reich genug ist, mehr als etwa den einmaligen Durchmarsch eines modernen Heeres zu ertragen. Man wird also den gesamten Bedarf an Munition und Lebensmitteln mitführen müssen; wie schwierig das aber ist, kann man aus meinem Buch „Vom heutigen Kriege" ersehen. Allerdings wird man sich durch zeitweise vermehrtes Angreifen der Eisernen Portion einigermaßen zu helfen suchen; immerhin wird man auch zum Marschieren der Kolonnen die Nacht in ausgiebigem Maße in Anspruch nehmen, und man wird unter Umständen Straßen und Eisenbahnen neu bauen müssen, um die nötigen Bewegungen ausführen zu können; ja, man wird, wo es die Verhältnisse des Kriegsschauplatzes bedingen, sogar bewegliche Bahnen mit sich führen müssen, um sie im Notfall rasch strecken zu können, wie ich das schon früher auseinandergesetzt habe. Man besitzt in ihnen sogar ein gewaltiges Mittel, um den Gegner zu täuschen.

Wenn man auf der ganzen Front, auf der man vorgeht, von vornherein Bahnen vorbaut, kann der Gegner niemals wissen, welche von ihnen dem Hauptangriff dienen, besonders wenn es dem Angreifer gelingt, die Bewegungen auf diesen Bahnen erfolgreich zu verschleiern. Erst von dem Augenblick solcher Erkenntnis an wird der Verteidiger seine Abwehrmaßregeln zweckmäßig treffen und seine Hilfsbahnen entsprechend bauen können. Auch wird er dann gezwungen sein, diese Bahnen mehr oder weniger als Parallelbahnen zu führen und sie unter Umständen bei seiner Rückzugsbewegung wieder aufzunehmen, während der Angreifer von Anfang an mit seinen Bahnen senkrecht zur Front und ununterbrochen vorgehen kann.

Was den Verteidiger anlangt, ist manches, was ihn betrifft, schon bei Gelegenheit des Angriffs besprochen worden. Im Kampfe von Infanterie und Kavallerie hat er die gleichen Erfolgsaussichten wie der Angreifer, und dasselbe ist bezüglich der Artillerie und der Flieger der Fall; der größte Nachteil aber erwächst ihm daraus, daß er jede Versammlung dieser Waffen nur aus der Nachhand vornehmen kann. Alles kommt also darauf an, r e c h t z e i t i g die Maßregeln des Angreifers zu erfahren; nur dann kann man, wie gesagt, zweckmäßige Gegenmaßregeln treffen. Man wird dann die zur

Abwehr nötige Infanterie und Artillerie auf dem Entschei-
dungsflügel versammeln, und zwar als Staffel hinter dem
bedrohten Flügel, und man wird die Masse der Kavallerie
eben dort vorgehen lassen. Die gestaffelte Aufstellung seit-
wärtsrückwärts des Flügels aber wird man wählen, einmal
weil sie längere Zeit zur Versammlung gewährt als eine einfache Verlängerung der Front, zweitens aber, weil man aus
ihr die Verteidigung offensiv führen kann, nachdem der
Gegner seinerseits bereits zur Umklammerung der zuerst erkannten Front geschritten ist. Das aber muß auf alle Fälle
angestrebt werden, denn es bietet die weitaus größten Erfolgsaussichten.

Gelingt es jedoch nicht, rechtzeitig die Truppenverteilung
des Gegners zu erfahren, wird man gut tun, die Entscheidung
erst weiter rückwärts zu suchen bzw. anzunehmen, da nur
eine gestaffelte Reserve entscheidend einzugreifen vermag, in
dem heutigen Kriege noch mehr wie früher.

Bezüglich der Flieger sind die Versammlungs- und Erfolgsaussichten ziemlich die gleichen bei Verteidiger und Angreifer; es wird im allgemeinen darauf ankommen, wer
überhaupt über die meisten Flieger zu verfügen hat, denn
zusammengezogen sind sie schnell, auch in der Hinterhand.
Vorteilhaft aber scheinen für den Verteidiger zunächst die
Nachschubverhältnisse zu sein.

Er geht auf seine Vorräte zurück und braucht sie nicht
vorzuziehen, kann sie vielmehr dem möglichen Rückzug entsprechend verteilen. Die Sache ändert sich aber, sobald eine
unerwartete Truppenverschiebung nach einer oder der anderen
Seite notwendig wird. Dann muß die ganze Bewegung in un-
vorhergesehener und daher unvorbereiteter Weise durchgeführt
werden, und das bietet immer die größten Schwierigkeiten,
besonders bei den Massen des heutigen großen Krieges. So

verwandelt sich auch dieser Vorteil unter Umständen in einen Nachteil.

Wenn man alles zusammenfaßt, was sich über die Erfolgsaussichten des Angreifers und die des Verteidigers sagen läßt, wird man gestehen müssen, daß der erste zweifellos im Vorteil ist, weil der Verteidiger seine Reserven auf der ganzen Heeresfront verteilt halten muß, bis er die Truppenverteilung des Gegners erkannt hat, der Angreifer aber von Anfang an nach einem bestimmten Plane handeln kann. Es ist also zweifellos geboten, wenn irgend möglich, offensiv zu verfahren. Daß dabei die Art des Kriegsschauplatzes sehr viel ausmacht, liegt auf der Hand; die Wegsamkeit wird in mancher Hinsicht sogar entscheidend sein, ebenso wie die Fruchtbarkeit an Vieh und Viktualien. In Frankreich z. B. wird man ganz anders operieren müssen wie in Rußland, weil in jeder Hinsicht ein großer Unterschied zwischen beiden Kriegsschauplätzen besteht. Auch wird man zugeben, daß in Rußland die Mehrbelastung des Generalstabes sehr bedeutend ist und überhaupt die Marschdispositionen außerordentlich erschwert sind. In allen diesen Beziehungen aber ist der Angreifer im Vorteil. Der Verteidiger hat nur den einen möglichen Vorzug, nämlich den, daß er im allgemeinen mehr Zeit und bessere Aussicht hat, den Kriegsschauplatz nach seinen Bedürfnissen einzurichten. Das haben wir in Rußland genügend erfahren, wo es dem Feinde stets gelang, sich unserem Angriff zu entziehen oder uns in vorbereiteten Stellungen zu erwarten. Diese waren meist nicht unmittelbar anzugreifen und brachten dem Gegner immer einige Tage Zeit, in denen er seinen weiteren Rückzug vorbereitete. Da konnte man recht lernen, daß es im Angriff vor allem auf Schnelligkeit und Überraschung ankommt. Der Angreifer hat eben das lebhafteste Interesse daran, rasch vorwärts zu gehen und jeden beabsichtigten Angriff rasch durchzuführen. Das Moment der Überraschung muß auf das äußerste ausgenutzt werden, und daher ist rasches Vorwärtseilen eine unbedingte Notwendigkeit.

Rücksichtslos müssen die Flieger angreifen; ohne Zögern, aber stets wohlunterrichtet, muß die Heereskavallerie gegen Flanke und Rücken des Feindes vorgehen und das äußerste Maß operativer Schnelligkeit dabei entwickeln; die Eisenbahnen, die vorhandenen wie die neugebauten, müssen auf das äußerste ausgenutzt werden; vor allem aber muß der Feldherr der Lage gewachsen sein. Er soll genau wissen, was er tun will; er muß den Mut haben, soweit es die Verhältnisse gestatten, seine Front zu entblößen und alle Kraft gegen einen der feindlichen Flügel zu verwenden; kurz, er muß die Entscheidung anstreben, wo immer sie sich ihm bietet.

9. Schlußwort.

Ich bin zu Ende. Ich habe den Krieg geschildert, wie er wirklich ist, und glaube alles berührt zu haben, was die Jetztzeit für einen großen Kampf zwischen Völkern nötig macht. Ich habe gezeigt, daß man Krieg nicht führen kann, wie man Räuber und Soldaten spielt, sondern daß es der jahrelangen, niemals nachlassenden Anstrengung eines ganzen Volkes bedarf, um ihn erfolgreich zu Ende zu bringen. Es müssen Massen aufgeboten werden, wie sie bisher noch niemals vereinigt worden sind. Was wollen Napoleons Heere, was die vereinigte Macht des großen antifranzösischen Völkerbundes dagegen sagen? Heute werden ganze Völker zu den Waffen gerufen, scheinbar um nationale und finanzielle Bedürfnisse zu befriedigen, in Wirklichkeit, um die höchsten Interessen der Menschheit auszufechten. Es wird eine Artillerie in Bewegung gesetzt, wie sie die Welt noch nicht gesehen hat! Auf über 100 Kilometer schießen die heutigen Geschütze und decken zugleich ein beliebiges Gelände derart zu, daß sich kein lebendes Wesen darin aufhalten und von einer Waffe Gebrauch machen kann! Kein Kriegsschauplatz ist so reich, daß er diese Massen auf die Dauer erhalten könnte. Keiner verfügt über ein genügendes Eisenbahn- und Straßennetz. Dennoch muß der gesamte Bedarf den Armeen nachgeführt werden, ungeheure Massen an Munition und Lebensmitteln! Dazu sind Eisenbahnen und Straßen nötig, die im Notfall gebaut werden müssen. Bewegliche Bahnen müssen zu diesem Zweck mitgeführt werden, um rasch zum Stellungskrieg übergehen zu können, wenn es die Verhältnisse gebieten, oder um die Massen auf den entscheidenden Punkt zu bringen.

Die technischen Mittel der Kriegführung haben sich mehr wie verdoppelt. Es wird heute im Himmel gekämpft und unter der Erde. Auf der einen Seite sucht man sich gegenseitig in die Luft zu sprengen, auf der anderen, sich auf die Erde hinabzustürzen in Tod und Verderben. In tiefen Gräben sucht man sich gegen das feindliche Feuer zu decken, und trotzdem muß man mit Handgranaten und blanken Waffen dem Gegner auf nächste Entfernung entgegengehen und ihn im Handgemenge niederzuringen suchen. Niemals sind die Opfer, die unser Volk bringen mußte, so groß gewesen wie in dem jetzigen Kriege, niemals ist das Blut in reicheren Strömen geflossen. Durch die Leitungskräfte der Erde sucht man die feindlichen Absichten zu ermitteln, und über Tausende von Kilometern hinweg teilt man seine Gedanken den Staaten mit, mit denen man im Verkehr steht. Nur noch offensiv kann der Krieg geführt werden, wenn er einige Aussicht auf Erfolg haben soll. Die reine Verteidigung führt unweigerlich zur Niederlage.

Es ist unmittelbar klar, daß ein solcher Kampf nur von Sachverständigen geführt und geleitet werden kann; daß ein jahrelanges Studium dazu gehört, um den ganzen Umfang des Wissens zu beherrschen, das erforderlich ist, um einen Krieg der Neuzeit leiten zu können, daß ein ganzes Menschenleben ausgefüllt wird, um dieses Können sich anzueignen. Wer einen derartigen Krieg als Dilettant in Szene setzen will, hat ihn schon verloren, noch bevor er ihn in Gang gebracht hat.

Auch die Politik, die zu einem solchen Kriege führt, weil sie ihn nicht vermeiden kann, muß von Männern geleitet werden, die die Bestrebungen der europäischen Staaten kennen, die also wissen, mit welchen Kräften sie zu rechnen haben, welche Machtmittel ihnen anderseits selbst zu Gebote stehen; die den Krieg rechtzeitig herbeizuführen verstehen und den Mut haben, die Dinge so zu sehen, wie sie wirklich sind, und nicht, wie sie sie ihren Wünschen entsprechend sich vorstellen; von Männern, die so weit militärisch gebildet sind, daß sie wissen, was sie unternehmen, wenn sie an die Entscheidung der Waffen appellieren, die den Darlegungen des Chefs des Generalstabes, der immer zu Rate gezogen werden muß, verständnisvoll zu folgen vermögen. Ohne Mut und Entschlossenheit kann man weder ein Heer leiten, noch einen Staat im europäischen Ränkespiel an das gewünschte Ziel führen.

Mögen die Leute, die jetzt die Geschicke Deutschlands lenken, sich die Frage vorlegen, was für den wirklichen Krieg notwendig ist, und ob ihre Fünfmark-Freiwilligen, die vielleicht lediglich des Geldes wegen dienen, sich bei ernstem Gefecht so gut schlagen wie alte Truppen, Leute, die nur gehorchen, wenn sie wollen, und sonst tun, was ihnen gefällt — ob die imstande sind, einem Heere standzuhalten, wie es die Neuzeit fordert und wie es zweifellos auch bei unseren Gegnern entstehen wird. Mögen sie die Frage beantworten, ob bei einem Soldatenrat, der selbst nicht weiß, was er will, und aus lauter Leuten besteht, die keine Ahnung vom wirklichen Kriege haben, die Leitung eines Feldzuges besser aufgehoben ist als bei einem Generalstabschef, der sein ganzes Leben mit dem Studium der einschlagenden Fragen zugebracht hat und von den berufensten Männern beraten wird.

Ich weiß sehr wohl, daß wir augenblicklich ganz von dem Willen unserer Feinde abhängen, daß wir ein wirkliches Heer überhaupt nicht aufstellen können, nachdem unsere jetzige Regierung uns mit gebundenen Händen der Willkür der Feinde preisgegeben hat; ich weiß sehr wohl, daß das Interesse unserer Gegner im Augenblick es erheischt, uns auf möglichst lange Zeit wehrlos zu machen; aber ich weiß auch, daß ein Volk von annähernd 70 Millionen, das sich noch um ein Erhebliches vermehren kann, wenn sich die Deutschen Österreichs anschließen, auf die Dauer nicht unterdrückt werden, nicht zum Sklavenvolk herabgewürdigt werden kann, wie es jetzt den Anschein hat; ich weiß, daß auch die Politik sich verändert; daß nur allzubald der Augenblick kommen wird, in dem man uns auf der einen oder der anderen Seite braucht, und daß sich dann die Verhältnisse günstig für unsere Auferstehung gestalten werden. Ich hoffe bestimmt, daß der deutsche Mensch, der jetzt in Selbstsucht und Genußsucht versunken zu sein scheint, sich ermannen, und daß dann die Zeit ein geläutertes Volk vorfinden wird, das sich seiner großen Ahnen würdig erweist und auch den Krieg ins Auge faßt, wie ihn die Wirklichkeit gestaltet.

Ich selbst werde diese große Zeit schwerlich noch erleben. Mein Dasein ist hingegangen, indem ich den Staat aufbauen half, der heute zusammengebrochen ist; aber ich schreibe getrost für die Zukunft. Eine kommende Zeit wird das zu würdigen wissen, was ich hier niederlege, und meine Worte, die bisher immer ungehört verhallten, werden sich als Samenkörner erweisen, die nicht in die Dornen fallen. Das ist die Zuversicht, mit der ich für den Augenblick die Feder niederlege:

Deutschland wird auferstehen; es hat noch eine große Zukunft vor sich!